# Schöner Sichtschutz selbst gemacht

20 Projekte für jeden Garten von einfach bis anspruchsvoll

Lars Weigelt

# INHALT

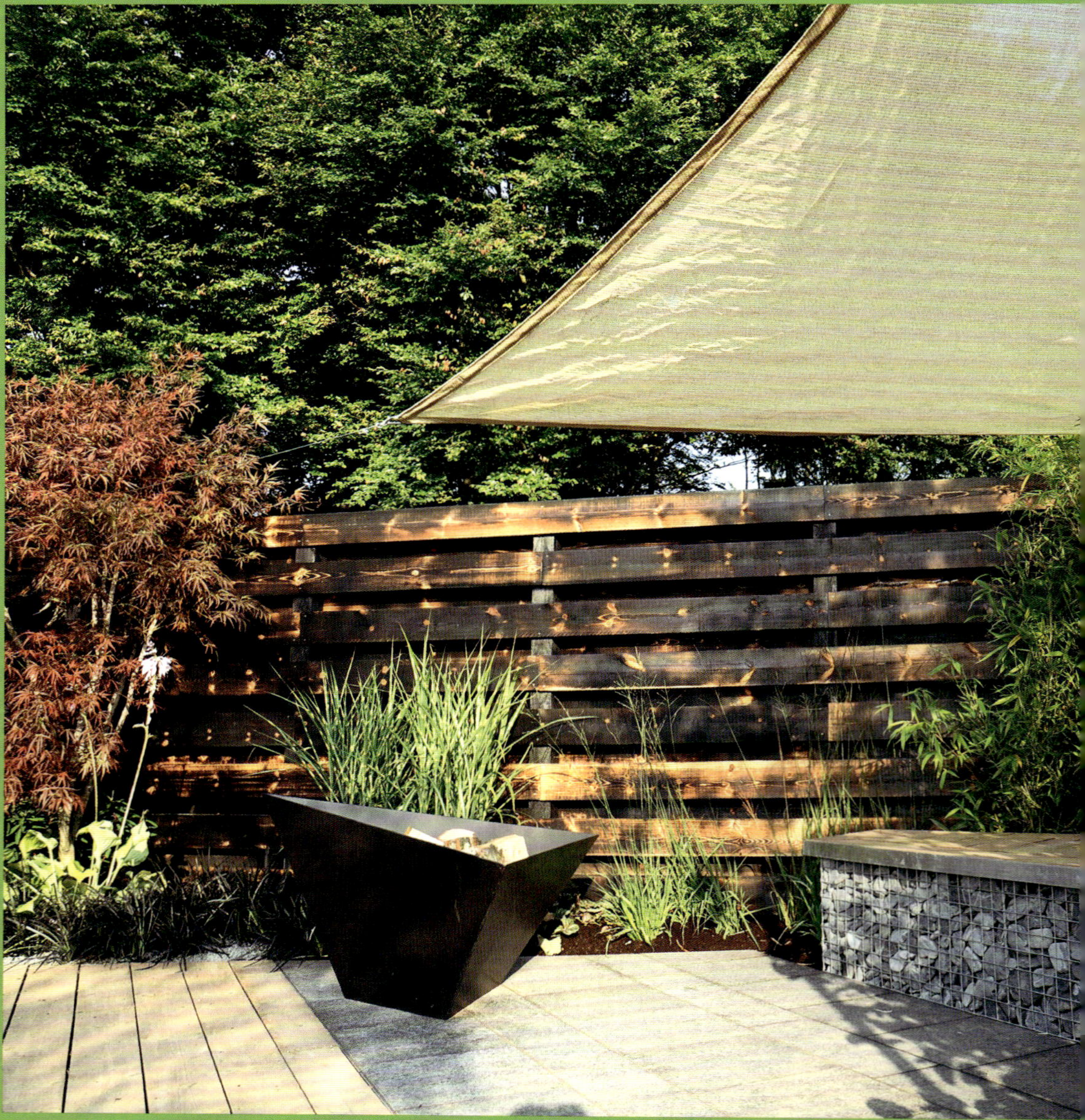

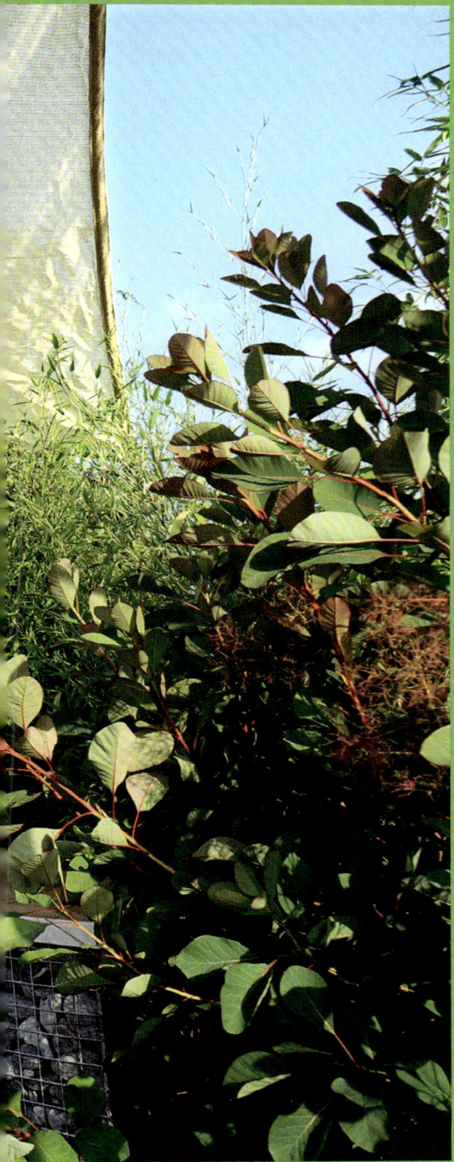

# Sichtschutz und Privatsphäre

Im Garten bin ich Mensch, hier kann ich ganz ich selbst sein. Im Garten zu sein, bedeutet Eintauchen in die eigene, grüne Welt. Das besondere Gartenwohlfühlgefühl stellt sich aber erst ein, wenn die Außenwelt so gut wie möglich draußen bleibt, man sich ganz auf sich selbst konzentrieren kann. Ein bisschen Abschottung muss also sein, damit Herz und Seele unbeschwert bleiben.

# SEHEN UND NICHT GESEHEN WERDEN

## Was wollen Sie zeigen – und was eher nicht?

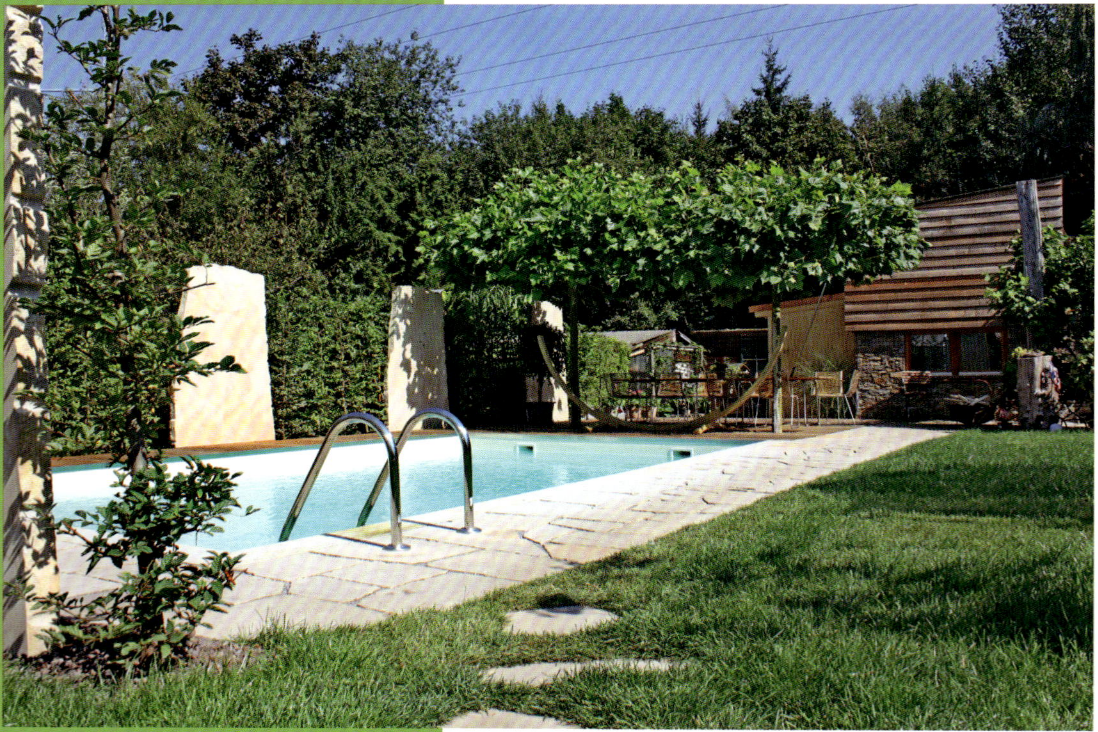

Attraktiv-effektive Kombination aus Sandsteinplatten, Buchenhecken und Dach-Platanen

TIPP

### ERSTMAL SCHAUEN, DANN BAUEN

Geben Sie nicht dem ersten Reflex nach und entscheiden sich für das günstigste Angebot. Schauen Sie sich zuerst einmal um, wie Freunde, Nachbarn, professionelle Gartengestalter und kreative Handwerker sich den Themen Sichtschutz und Privatsphäre nähern. Es gilt, nichts zu überstürzen. Dann können Sie nach dem Motto „gute Vorarbeit, gute Ergebnisse" überlegt zur Tat schreiten.

Sichtschutz ist wesentlich für die Gartengestaltung. Warum das Thema trotzdem oft vernachlässigt wird, ist unverständlich, denn kaum ein anderes Element bietet mehr Gelegenheit zur kreativen Entfaltung.

Die Frage, warum ohne durchdachten und gut gemachten Sichtschutz kein richtiges Gartengefühl aufkommen kann, beantwortet sich von selbst: Wer sitzt schon gern auf dem Präsentierteller? Zudem übernimmt er im Garten noch andere, für das Gartenvergnügen wichtige Funktionen, er schützt auch vor Wind und Lärm. Sichtschutz ist also ein multifunktionales Gestaltungselement. Nach außen hin eine Visitenkarte, nach innen ein strukturierender Faktor, der die eigenen Blicke auf sich zieht und fremde abwehrt. Es lohnt sich, dem Thema Sichtschutz bei der Gartengestaltung volle Aufmerksamkeit zu schenken. Die folgenden Seiten zeigen, wie vielfältig die Möglichkeiten sind, sich fremden Blicken wirkungs- und stilvoll zu erwehren. Wir laden Sie herzlich ein, einen Blick hinter die Gartenpforte zu werfen und sich aus der Palette an attraktiven und effektiven Abschirmungen zu bedienen, um Ihr eigenes, grünes Gartenreich zu gestalten.

Wie so oft, kommt es auf die Perspektive (des Betrachters) an. Alles, was den beabsichtigten Zweck erfüllt, hat seine Berechtigung. Das kann sehr puristisch sein, etwa eine klassische Heckenpflanzung, es kann aber auch eine extravagante Konstruktion aus Glas, Metall und Kunststoff sein. Was das Ganze aber erst richtig interessant macht: Zwischen diesen Varianten der Abschirmung gibt es viele spannende Nuancen, Überschneidungen und Zwischentöne. Mal sind sie kreativ und überraschend, mal multifunktional und mehrdimensional und manchmal auch einfach nur zweckmäßig.

Je nach Erfordernis, Zweck, Prämissen, Platzangebot, persönlichem Geschmack, handwerklichem Können und natürlich dem zur Verfügung stehenden Budget rücken rasch Varianten ins Bild, die aus subjektiven und objektiven Gründen als Sichtschutz für das eigene Gartenreich besonders infrage kommen. Dabei gilt es vor allem, die Frage nach dem „Wie“ überlegt zu beantworten. Aus gestalterischer Sicht spricht alles dafür, den Sichtschutz so anzulegen, dass die Bereiche vor und hinter der Gartenpforte eine stimmige Einheit bilden. Sichtschutz im Garten ist keine Frage der Priorität, sondern der Perspektive.

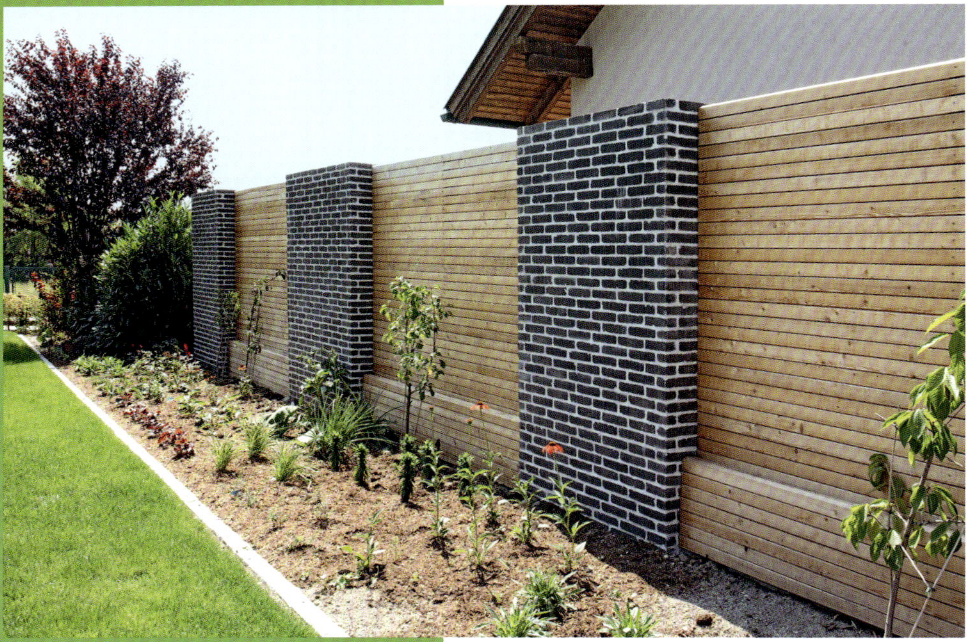

Sehr geradlinige und sehr wirkungsvolle Kombination aus Klinkern und Holzlamellen

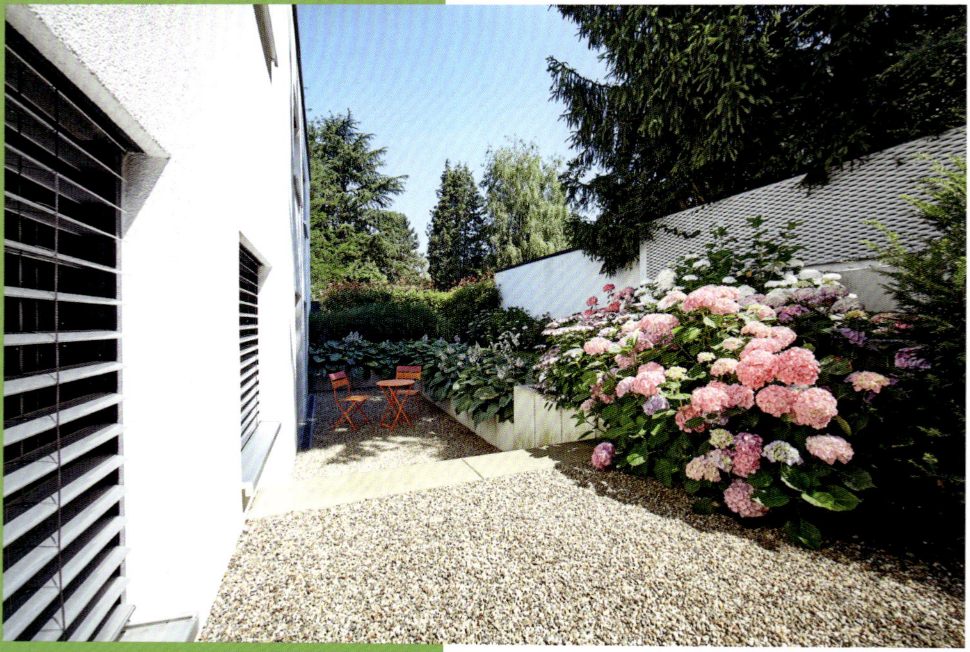

Tolles Blütenspektakel und wirkungsvoller Sichtschutz in einem – eine Win-win-Situation

## Gebaut oder gewachsen, einladend oder abwehrend?

Wie hätten Sie Ihren Sichtschutz denn gerne? Die Möglichkeiten, einerseits Einblicke zu verwehren, andererseits staunende Blicke auf sich zu ziehen, sind nahezu unbegrenzt. Für Sie und Ihren Garten ist das ein Glücksfall, vor allem, wenn es etwas mehr sein soll als die typische, schnellwachsende Koniferenhecke.

Bevor Sie sich an die Arbeit machen, sollten Sie einen kleinen, aber nicht unwesentlichen Fragenkatalog durchgehen, damit sich auf beiden Seiten des Sichtschutzes ein stimmiges Bild ergibt, und Sie hinter Ihrem Schutzwall die Zeit im Garten unbeschwert genießen können. Gut ist es auch, wenn der Sichtschutz ohne großen Pflegeaufwand und sonstige Anstrengungen dauerhaft funktionsfähig gehalten werden kann. Das ist eine hohe Messlatte, aber richtig geplant und ausgeführt, ist es nicht allzu schwierig. Und weil alles im Garten einer gewissen natürlichen Dynamik unterliegt, gibt es immer auch Gelegenheiten und Möglichkeiten zur Optimierung. In puncto Dynamik sind Pflanzen das konkurrenzlose Mittel der Wahl.

Also, worauf kommt es an, wenn man das Projekt Sichtschutz mit guten Erfolgsaussichten in Angriff nehmen möchte?

Folgende Grundfragen müssen geklärt werden: Geht es nur um maximalen Sichtschutz oder gilt es auch, vor Lärm oder Staub zu schützen? Soll der Sichtschutz ein markant hervorstechendes Gestaltungselement sein oder sich eher dezent im Rückraum des Gartens befinden, vielleicht nur zeitweise zum Einsatz kommen? Gibt es funktionelle Überschneidungen mit der Einfriedung? Welche konstruktiven Rahmenbedingungen sind zu beachten? Wie schaut es mit der Nachbarschaft und örtlichen Besonderheiten aus? Für welche Bereiche benötige ich eigentlich Sichtschutz, wie soll das Verhältnis von Einblicken zu Ausblicken sein? Erst danach sollten Dinge wie persönlicher Geschmack und die generelle Gestaltung des Sichtschutzes geklärt werden. Um hier planungssicher zu sein, lohnt sich ein Blick auf die nähere Umgebung, den täglichen und jahreszeitlichen Sonnenverlauf und auf den Garten selbst (Familiengarten, Feierabendgarten, Garten für Feste und Feiern, Selbstversorger-Nutzgarten oder anderes; wann und wie oft sind Sie gewöhnlich im Garten?).

Nicht zuletzt sollte der Sichtschutz zu Ihnen und Ihrem Garten passen, funktionell und praktisch sein.

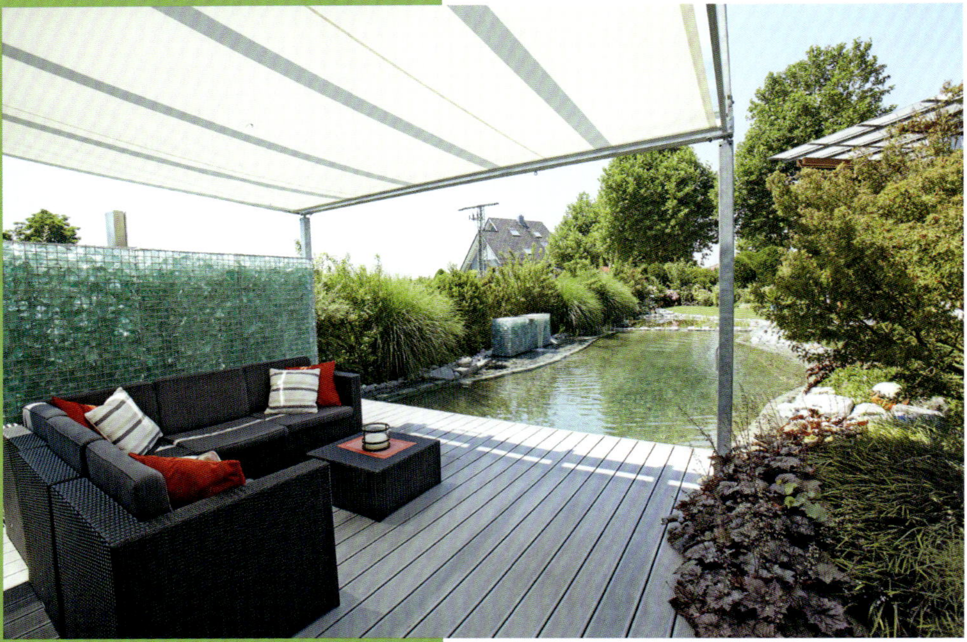

Glasbefüllte Gabionen sind blickdichte Eyecatcher mit tollen Lichteffekten.

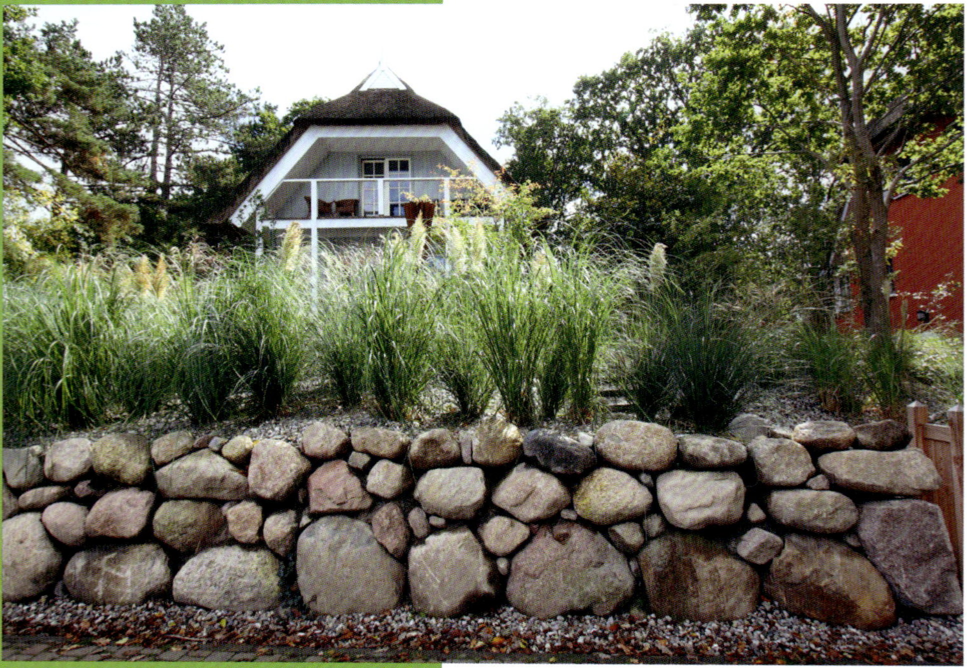

Der klassische Friesenwall ist ein steinstarker Hingucker (und Sichtschutz).

## Selbst machen oder machen lassen?

Das ist keine einfach zu beantwortende Frage. Sie ist jedoch wichtig. Schon die einfachste Sichtschutzvariante, die Pflanzung einer Hecke, muss mit ausreichend Fach- und Sachverstand angepackt werden. Ohne Know-how wird es nichts, und ohne ein Minimum an Geduld auch nicht.

Übergeordnete und entscheidende Faktoren sind Zeit, die Verfügbarkeit helfender Hände und das Gartenbudget. Wenn Sie das Projekt Sichtschutz selbst angehen, dann sollten Sie das mit Bedacht und ohne Zeitdruck tun. Schließlich soll der Sichtschutz möglichst lange verlässlich funktionieren, und Schnellschüsse gehen hier besonders oft daneben. Oder das Projekt wächst Ihnen buchstäblich über den Kopf – Stichwort Schnitt von übermäßig hohen, außer Form geratenen Gartenhecken. Also überschätzen Sie sich bitte nicht, sondern versuchen Sie realistisch einzuschätzen, ob Sie den Sichtschutzzaun, das Sonnensegel, die Gartenmauer oder den Holzlamellenzaun selbst errichten oder vielleicht doch eine Fachfirma zu Rate ziehen wollen. Denken Sie, bevor Sie sich entscheiden, etwa an Arbeitsschutz oder die Werkzeugausstattung. Sie können auch nur gewisse Arbeiten, etwa Fundamentierungen oder technisch anspruchsvolle Konstruktionen in Auftrag geben, um Druck aus der Sache zu nehmen. Kommen Wasser- und Strominstallation ins Spiel, dann lässt sich der Einsatz von zertifizierten Fachbetrieben definitiv nicht vermeiden. Übrigens: Wenn der Perfektionsanspruch nicht zu hoch ist, dann kommen Sie mit Fachlektüre, Rat und Hilfe von Freunden und Bekannten, Webtutorials in Verbindung mit dem Prinzip „*learning by doing*" schon sehr weit.
Kurz zusammengefasst: gut informieren und planen (Abmessungen, Mengen genau erfassen), gegebenenfalls nachfragen, sich nicht selbst überschätzen und alles gut vorbereiten (Materialien besorgen, Werkzeuge instand setzen).

Das Kapitel „Sichtschutz selbst bauen" ab Seite 55, widmet sich ausführlich allen relevanten Punkten bei der Realisierung eigener Sichtschutz-Projekte. Sie werden erstaunt sein, wie viel Sie letztlich doch selbst machen können, wenn Sie mit Motivation und Freude an die Arbeit gehen. Also, ran ans Werk, oder?

TIPP

### NACHMACHEN? SELBERMACHEN!

Man kann einfach fremde Ideen 1:1 kopieren oder gleich die „Fix-und-Fertig-Lösung" aus dem Handel wählen. Muss man aber nicht. Viel reizvoller sind Selbstbauprojekte, denen man auch ansieht, dass hier jemand engagiert und mit Kreativität am Werk war, sich etwas Besonderes hat einfallen lassen. Die eigene Note macht den Unterschied in puncto Charme.

# MOBILER SICHTSCHUTZ

## Überall da, wo Sie ihn brauchen

Manchmal ist es gut, wenn man spontan reagieren kann, sich zum Beispiel auf wechselnde Windverhältnisse oder verschiedene Sonnenstände einstellen kann. Auch anlassbezogen kann es sinnvoll sein, beim Thema Sichtschutz immer an mobile, in Windeseile aufgestellte Sicht-Wind-Wetter-Sperren zu denken.

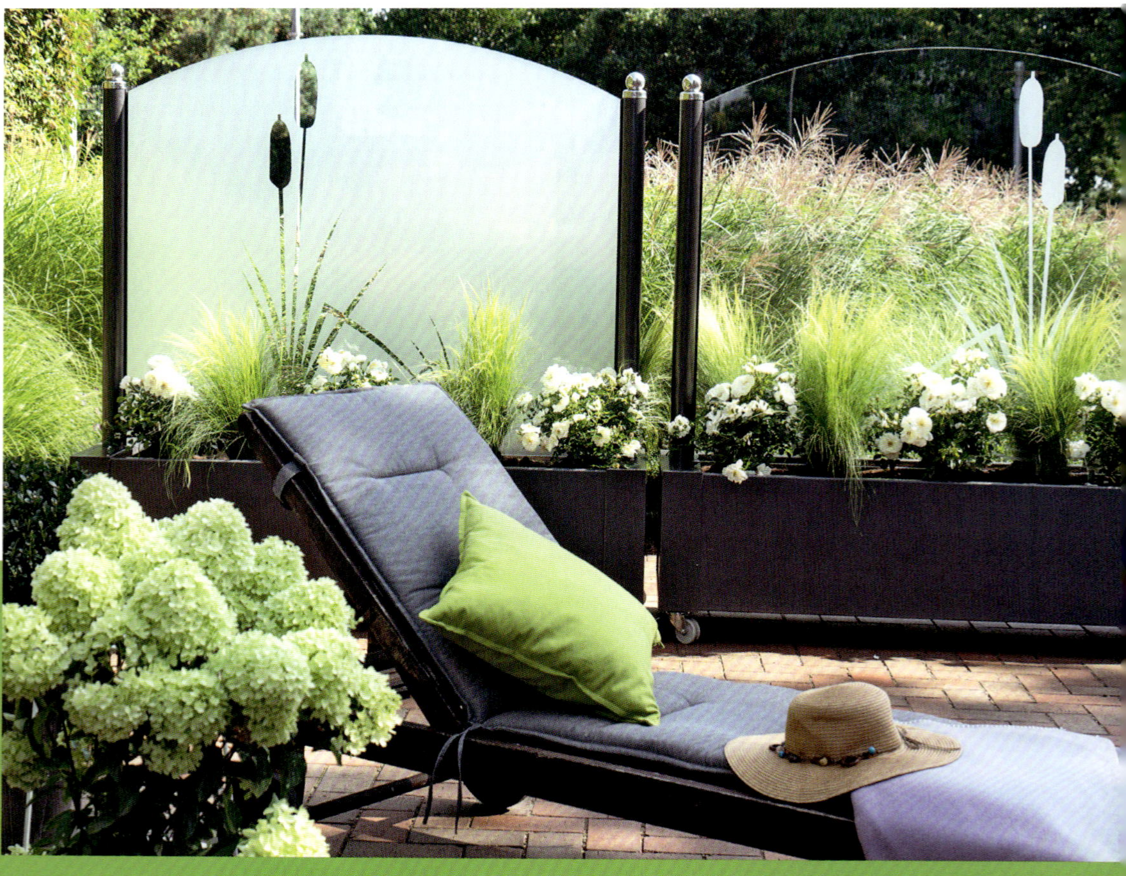

Mit mobilem Sichtschutz ist man immer auf der (blick-)sicheren Seite.

Weil Sichtschutz nicht nur statischer Sichtschutz, sondern auch weit mehr sein kann und manchmal sein muss, gibt es auch immer Fälle, in denen herkömmliche, fest installierte Blickbegrenzer nicht genügen – aufgrund von räumlichen Gegegebenheiten, Witterungsbedinungen oder Anlässen, die zusätzliche blickdichte Elemente erfordern. Hier kommt der mobile Sichtschutz ins Spiel und trumpft mit einer Fülle an Einsatzmöglichkeiten auf.

Das Wunderbare an mobilem Sichtschutz ist die Möglichkeit, schnell, unkompliziert und in den meisten Fällen recht preisgünstig den gewünschten Effekt zu erzielen. Die Möglichkeiten sind nahezu unbegrenzt. Trifft Kreativität auf Improvisationstalent, dann entstehen oft ganz erstaunliche Konstruktionen. Schon mit ein paar größeren Pflanzkübeln sind ruck-zuck Sichtachsen unterbrochen oder Gartenräume definiert. Ein handelsübliches, gut einrollbares, nicht zu schweres Sonnensegel in passender Grundfarbe bietet ohne großen Aufwand optimalen Schutz in jede (Himmels-)Richtung. Idealerweise gibt es eine Pergola oder Wand, an der sich ein, zwei Haken oder Ösen befestigen lassen. So kann das Segel stets gut befestigt werden (dabei die Wind- und Regenlast nicht unterschätzen!) und problemlos immer dann zum Einsatz kommen, wenn es nötig ist. Später wird es mit wenigen Handgriffen wieder abgenommen oder aufgerollt, um Problemen mit Regen- und Schneelasten und Verwitterung vorzubeugen.

Man sollte immer nach Segeln mit Befestigungsösen schauen und generell auf wetterfeste Materialien mit hohem UV-Strahlen-Schutz achten. Überhaupt sind Stoffverspannungen erste Wahl, um schnell und mit geringem Aufwand viel Fläche blickdicht zu bekommen – denken Sie etwa an Windfänger vom Strand. Seitenmarkisen sind eine überaus gute Lösung. Auch der klassische Sonnenschirm, aber auch dreh- und schwenkbare Modelle höherer Preisklassen (am besten in Bodenhülsen) sind effektiv – und per se ein prägendes Gestaltungselement. Was kommt für mobilen Sichtschutz noch infrage? Paneele aller Couleur, rollbare Glas- oder Acrylglaswände, Raumtrenner, Rollenware (Bambusmatten), alte Türen und vieles mehr.

TIPP

### EIN BISSCHEN DESIGN MUSS SEIN

Auch wenn mobiler Sichtschutz nur unterstützend und zu besonderen Anlässen zum Einsatz kommt, so sollte er unbedingt zum Gartenkonzept passen. Schließlich haben Sie sich bei der Gestaltung Ihres Gartens viel Mühe gemacht – unpassende Farben, Oberflächen und Ähnliches fallen dann bei beweglichen Anlagen umso mehr ins Auge.

# LÄRMSCHUTZ

## Krachmacher müssen draußen bleiben

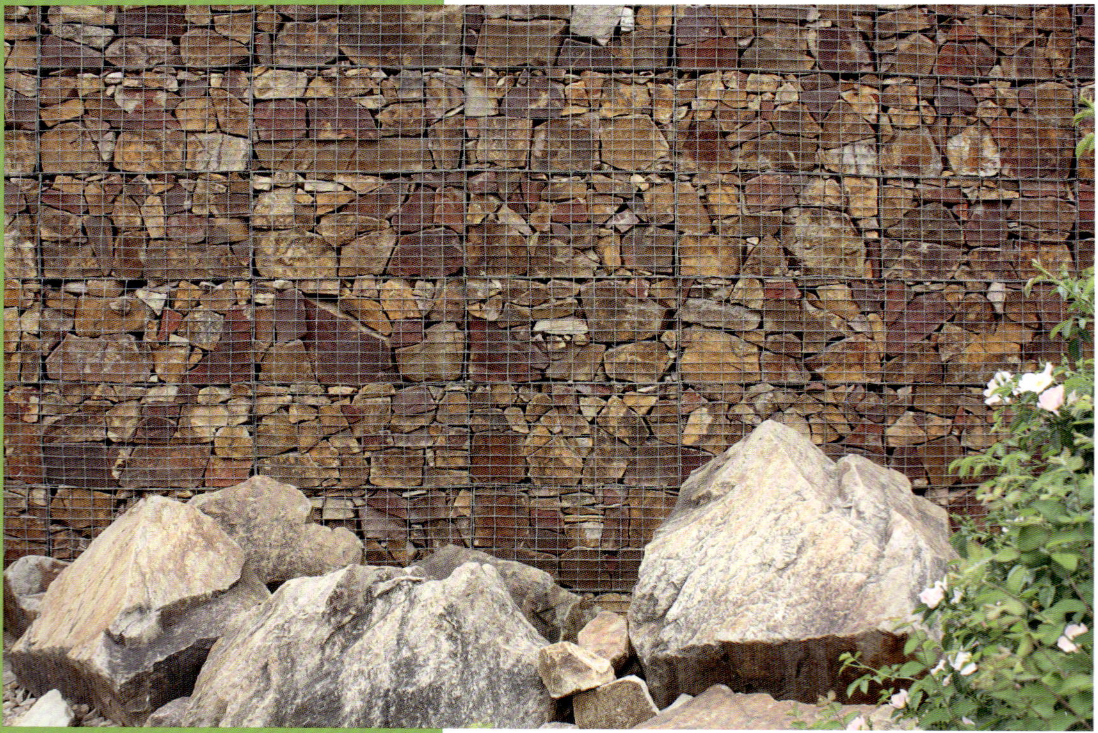

Durch diese handwerklich perfekt gestapelte Gabionenwand dringt fast nichts.

TIPP

### WOHLFÜHLKLÄNGE CONTRA LÄRM

Neben dem Schutz vor Lärm gibt es auch die Möglichkeit, sich im Garten mit angenehmen Geräuschen (Vogelgezwitscher, plätscherndes Wasser, Windspiele und anderes mehr) zu umgeben. Dieses sogenannte Soundscaping setzt auf Plätzen und in Shopping Malls ganz bewusst auf stimulierende Töne und Geräusche. Probieren Sie es einmal aus, erlaubt ist, was Ihren Ohren guttut.

Lärm ist vielfältiger Natur, kann temporär sein, kann stören und lästig sein – kann im Übermaß auch krank machen. Ob Stadt- und Straßenlärm, laute Produktionsstätten, Schulen- und Kindertagesstätten oder die unmittelbare Nachbarschaft: Ist es zu oft (zu) laut, ist die Freude im Garten deutlich getrübt.

Ab einem Lautstärkepegel von ca. 70 Dezibel (dB) werden Geräusche als Lärm und damit als störend empfunden. Je öfter und länger diese Schwelle überschritten wird, desto größer die Störung und auch die Gefahr gesundheitlicher Schäden. Es geht dabei nicht um das zwei-, dreimalige Mähen des nachbarschaftlichen Rasens oder das laute Tosen des Laubbläsers. Vielmehr sind es vor allem konstante Lärmquellen wie vorbeifahrende Autos, Fluglärm und die typische Geräuschkulisse in unmittelbarer Nähe zu Sportstätten.

Wie bleibt es im Garten also so gemütlich und naturnah wie möglich, ohne dass Sie schwere Geschütze (Mauern) für den Lärmschutz auffahren müssen? Pflanzen, möglichst dicht und massig, sind auch hier die erste Wahl. Holzkonstruktionen, fasrige Naturstoffe (Bast, Kokos usw.) oder textile Verspannungen kommen ebenso infrage, denn diese schlucken durch ihre strukturreichen Oberflächen viel Lärm – sie sind jedoch weniger umfangreich (und preiswerter) als etwa massive Lärmschutzmauern. Neben der konstruktiven Anlage ist vor allem der Abstand zur (primären) Lärmquelle entscheidend. Die Formel ist einfach: Je weiter weg eine Lärmquelle ist, desto geringer ist der Lärmeintrag. Lässt es die Gartengröße zu, dann platzieren Sie Sitzplätze stets möglichst weit von potenziellen Lärmquellen entfernt. Falls sich diese in unmittelbarer Nähe zur Grundstücksgrenze befinden, ist eine gewisse Pufferzone bis zum Sitzplatz hilfreich. Mit Heckenstreifen können Sie hier viel erreichen. Eine wirkungsvolle Alternative zu massiven Mauern sind Gabionen (Drahtschotterkörbe), die – innerhalb der üblichen Steinschüttung – mit speziellen Dämmmaterialien befüllt sind. Der Königsweg wäre, mehrere hintereinander gestaffelte Ebenen vorzusehen, um Lärm zu absorbieren. So sieht etwa eine Kombination aus einer tiefengestaffelten Pflanzung und einem effektiv Lärm absorbierenden Sichtschutzelement (in bewusst interessanter Farbgebung oder markanter Strukturierung) nicht nur attraktiv aus, sondern erfüllt den eigentlichen Zweck hervorragend. Der Lärmschutz wird zum Hingucker und ist zugleich Sichtschutz, ohne aber zu aufdringlich und massiv zu wirken.

# WINDSCHUTZ

## Weniger Wind – viel mehr Gartenspaß

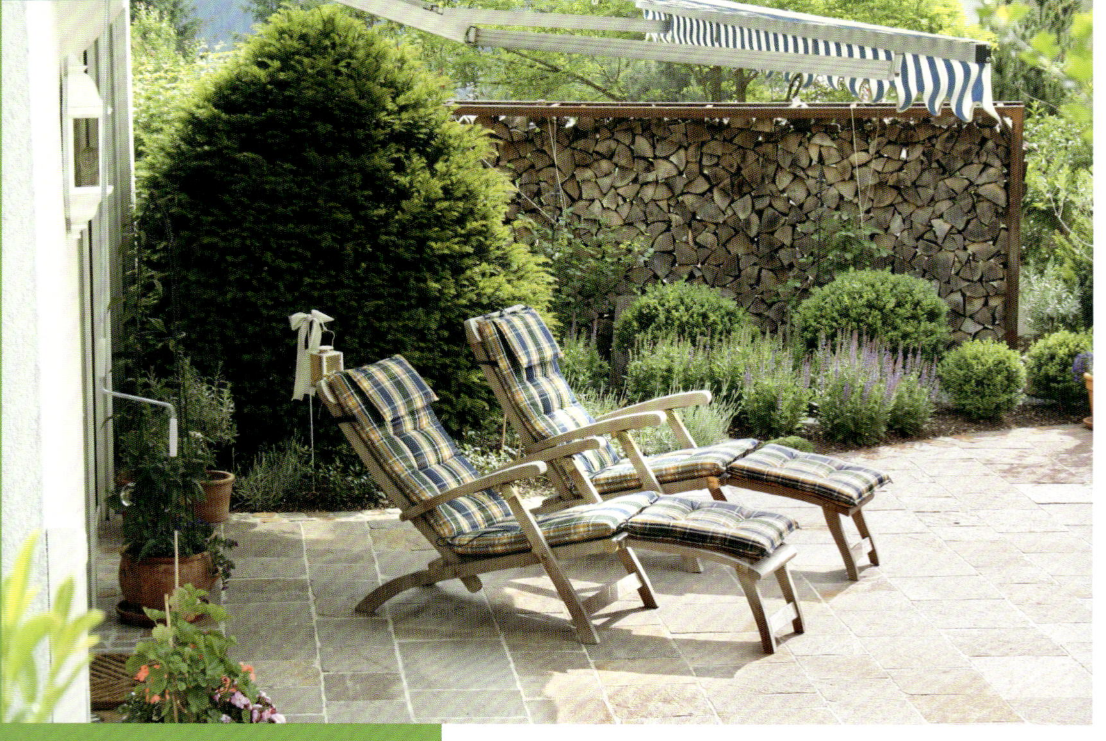

Holzstapelwand und Markise sorgen hier für ein allzeit lauschiges Plätzchen.

TIPP

### HILFT GESCHWIND GEGEN WIND

Da der Wind ja nicht immer aus derselben Richtung pfeift, lohnen sich mobile, aufrollbare Windbrecher. Sie sind schnell aufgestellt und schirmen effektiv gegen Wind und andere Störungen ab. Solche Lösungen sind unschlagbar in Sachen Flexibilität! Achten Sie auf hochwertige Gewebestoffe, um lange Freude an knalligen Farben und guten Schutz vor Wind und Sonne und Blicken zu haben.

Ein laues Lüftchen, eine frische Brise können zur rechten Zeit sehr angenehm sein. Zu häufiger oder zu starker Wind stört jedoch das gute Gartengefühl und beeinträchtigt die Vitalität Ihrer Pflanzen. Stürmische Winde verursachen sogar absehbar Schäden – keine Frage, hier gilt es Schutzmaßnahmen zu treffen.

Ganz ähnlich wie beim Thema Lärmschutz gibt es beim Windschutz zwei Aspekte. Zum einen sollte man den Wind möglichst direkt an der Grundstückgrenze abfangen und zum anderen versuchen, die durch den Garten rauschenden Winde so gut wie möglich abzumildern und zu brechen. Es gilt, offene Flanken gut zu schützen. Damit möglichst wenig Wind in den Garten eindringt, müssen dichte und (natürlich) windfeste Barrieren her, als interne Windbrecher sind Pflanzungen (Hecken, Strauchpartien, windfeste Gräserpflanzungen) und klassische, maximal kniehohe Windschutzzäune probate Mittel.

Ein strukturreicher, gut gegliederter Garten ist deutlich weniger windanfällig als solche, die sich allzu präsentierfreudig und großflächig zeigen. Glaswände sind hocheffektiv für die innere Abschirmung, nach außen hin bedarf es – wenn Sie die Zeit im Garten möglichst von Blicken ungestört verbringen möchten – natürlich anderer Abwehrelemente. So wären eingefärbte, satinierte Gläser gerade für höher liegende Terrassen eine Alternative. Auf jeden Fall gilt jedoch: keine Kompromisse in puncto Statik! Zäune aller Art, spezielle Sichtschutzelemente und vor allem großflächige Stoffverspannungen müssen entsprechend windfest verankert werden! Sehr effektive, höchst ansehnliche und zudem praktische Windfänger sind mit Holzscheiten befüllte Metallrahmen. Sie haben bestimmt schon irgendwo einmal derartiges gesehen; eine nicht ganz preiswerte, dafür aber stilvolle Lösung. Auch exponierte vertikale Metallplatten ohne Zusatzfunktion gibt es in schönen Varianten mit kunstvollen Verzierungen. Sie werden entweder fest über Streifenfundamente im Erdreich verankert oder mit verlässlicher Aufständerung angebracht und bringen den gewünschten Effekt und allerhand Pfiff in den Garten (ohne, dass es lästig um die Ecken pfeift).

Bei allem notwendigen Schutz vor zugigen Winden sollten Sie aber immer auch im Blick haben, dass es nicht zu dicht wird. Dann kann es, vor allem in der lauen Sommerzeit, schnell stickig und schwül werden. Das tut Ihnen und Ihrer Gartenlust nicht gut und stresst obendrein Ihre Pflanzen. Mangel an Frischluft ist die perfekte Voraussetzung für Krankheiten und Schädlinge.

# RECHTLICHE RAHMENBEDINGUNGEN

## Auf allzeit gute Nachbarschaft!

Damit es mit den Nachbarn gut und entspannt läuft, sollten Sie nicht einfach drauflos bauen oder pflanzen, sondern sich vorher erkundigen. Die wichtigsten rechtlichen Rahmenbedingungen sollten Sie unbedingt kennen, um Konflikte erst gar nicht entstehen zu lassen.

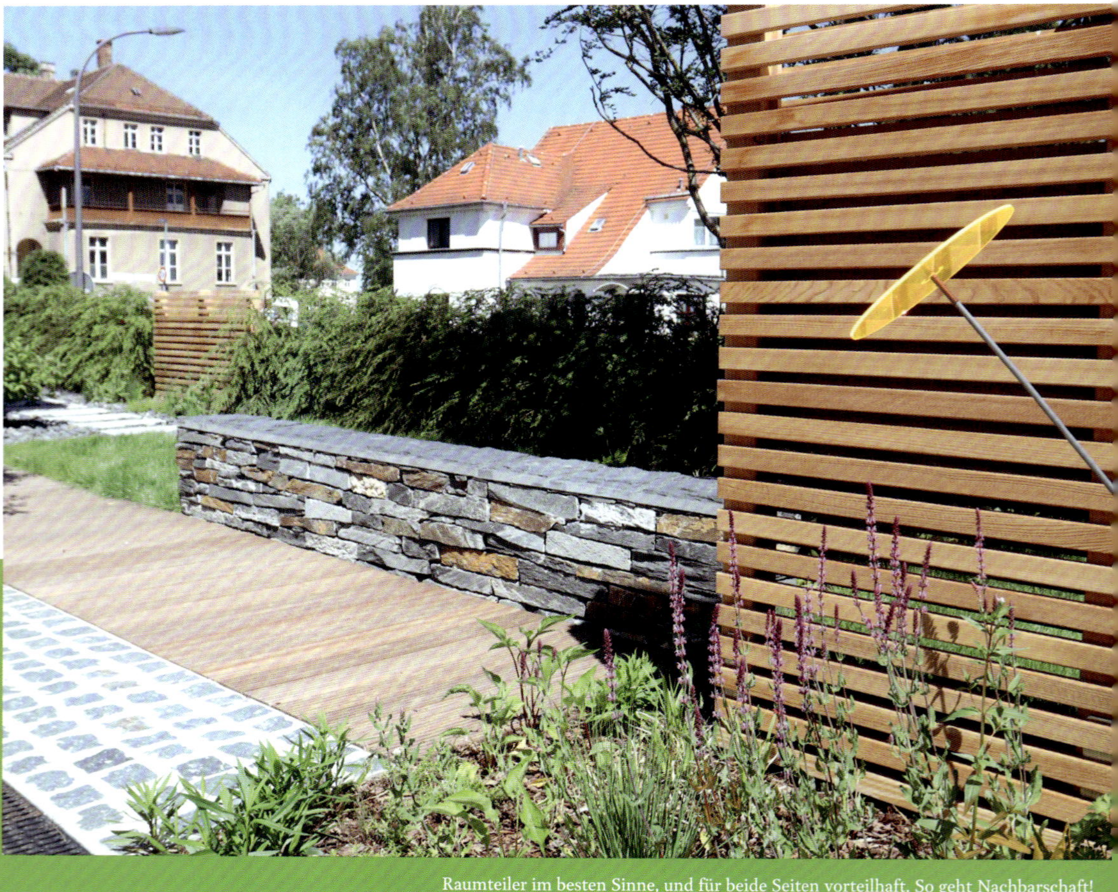

Raumteiler im besten Sinne, und für beide Seiten vorteilhaft. So geht Nachbarschaft!

Grenzenloses Gartenvergnügen ist nicht immer möglich. Wenn man Mauern, Hecken, Zäune und Ähnliches errichten möchte, dann sollten diese ausschließlich auf eigenem Grund stehen, fremden Boden sollten sie überhaupt nicht berühren. Je nach örtlichen Voraussetzungen kommen sonst rasch Fragen nach Wegerecht, Verkehrssicherung oder auch sonstigen grundstücksbezogenen Baulasten und Rechtegewährungen (etwa das Freihalten von Leitungstrassen) auf. Sensibel sind direkte Grenzen zum öffentlichen Verkehrsraum – Stichwort Winterdienst. Grundregel Nr. 1: Wenn Sie sich unsicher sind, ist es besser, einmal mehr nachzufragen. Vagen Aussagen aus der Nachbarschaft und gewissen Gepflogenheiten sollte man lieber nicht zu viel Vertrauen schenken. Über die allgemeine Rechtslage lässt sich mit ein wenig Recherche, etwa über verlässliche Internetseiten, schon Vieles in Erfahrung bringen.

**Webtipps:** www.gesetze-im-internet.de/bgb, www.dejure.org

Zum Nachbarschaftsrecht gibt es ergänzend zu den entsprechenden Paragrafen im Bürgerlichen Gesetzbuch (BGB, z. B. § 910 zu überhängenden Ästen) je nach Bundesland sehr spezifische Regelungen (vor allem bezogen auf Mindestabstände und Größen von Pflanzungen), die zudem oft von örtlichen baurechtlichen Bestimmungen (Gestaltungssatzungen) ergänzt werden.

Neben Baumpflanzungen sind vor allem Hecken ein immer wieder auftauchendes Streitthema. Die jeweilige Grundstücksgrenze ist über die Eintragungen im Grundbuch deutlich festgesetzt und darf – von beiden Seiten – stets nur bis zu einem gewissen Grad bebaut und bepflanzt werden. Das gilt sowohl für den Abstand (stets an überhängende Äste denken) als auch für die Höhe und auch die Art und Beschaffenheit. Die Vorschriften gelten natürlich immer auf beiden Seiten der Grundstücksgrenze. Man sollte seine Rechte und Pflichten kennen, einhalten und (im Streitfall) einfordern. Dabei muss man auch die entsprechenden Regelungen zur Verjährung im Blick haben, gerade wenn man gewachsenen Altbestand übernimmt. Nach fünf, sechs Jahren lässt sich meist nicht mehr viel versetzen.

TIPP

### BRÜCKEN ANSTATT MAUERN BAUEN

Mauern und Wände sind im Zweifel schnell hochgezogen – aber sind sie als drastischstes Mittel auch immer notwendig? Gerade beim Thema Nachbarschaft und Nutzung von Gartengeräten lohnt sich die ausgestreckte Hand. Werden lärmende Gartenarbeiten, größere Bauwerke und Pflanzungen abgestimmt, sparen Sie Kosten und schonen Ihre Nerven. Eine Win-win-Situation!

# Sichtschutz mit Holz

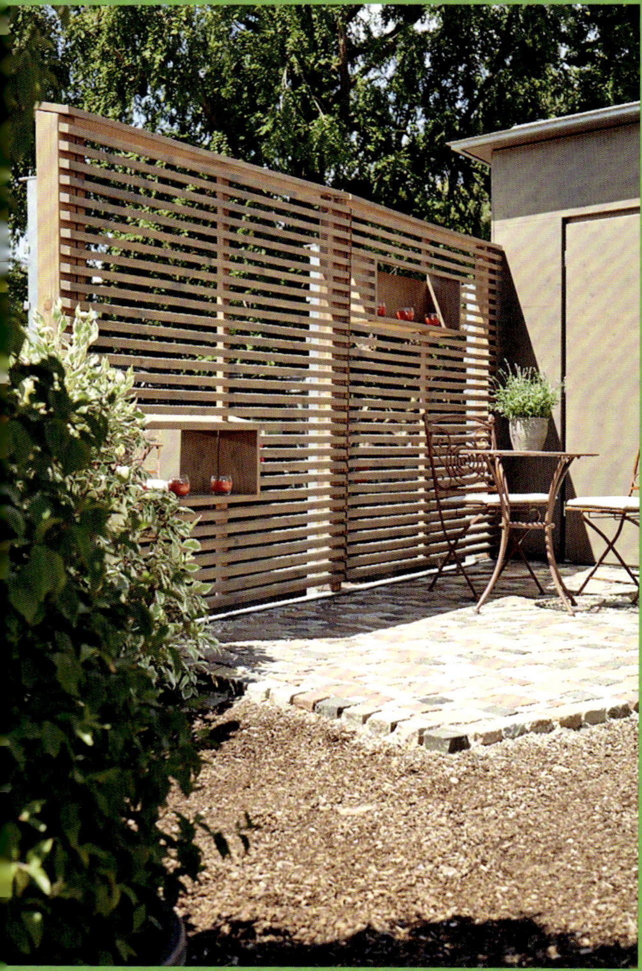

## Beste Wahl für (fast) alle Sichtschutzfragen

Holz ist von Natur aus griffig, charakterstark und charmant, und kein Material bietet mehr Möglichkeiten, sich abzuschirmen, abzugrenzen, einzurichten. Holz und Garten sind per se ein starkes Team, und der lebende Werkstoff überrascht immer wieder aufs Neue mit seinen vielfältigen Facetten.

# KLASSISCH GUT

## Griffiger Alleskönner mit Charme

Ganz gleich, wie Sie Holz im Garten und insbesondere als Sichtschutz einsetzen: Es entfaltet sofort einen angenehm vertrauten Charme. Je naturbelassener, desto charakterstärker wirkt es. Auf den folgenden Seiten erhalten Sie einen kurzen Überblick, wie vielfältig, attraktiv und wirkungsvoll Holz für (fast) alle Sichtschutzfragen ist.

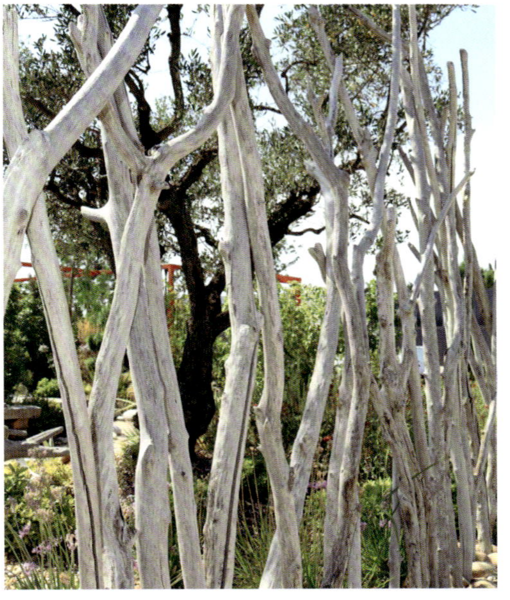

Echte Naturschönheit! Markanter Blickfänger mit besonderem Charme

Sicher kennen Sie die klassischen Sichtschutzelemente, die es in jedem Baumarkt mit Gartenabteilung zu kaufen gibt. Sie erfüllen – bei recht günstigen Konditionen – verlässlich ihren Zweck und sind in der Regel auch leicht aufzustellen. Andererseits kommen die meisten dieser Elemente eher dröge und langweilig daher, sie sind austauschbar und recht beliebig. Der besondere gestalterische Pfiff fehlt einfach. Dabei eignet sich gerade Holz hervorragend, um wirkungsvoll vor Einblicken zu schützen. Wenn dann noch handwerkliches Geschick auf gestalterische Kreativität trifft, spricht absolut nichts gegen Sichtschutz mit Holz – am besten natürlich aus einheimischen Hölzern.

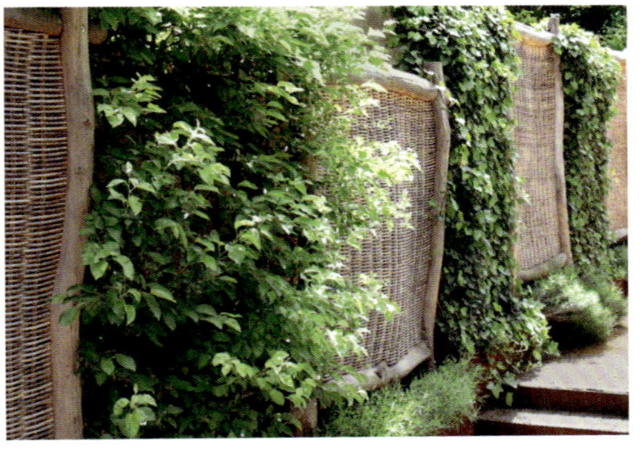

Weidengeflecht zwischen Robinienhölzern. Sieht gut aus und schützt effektiv.

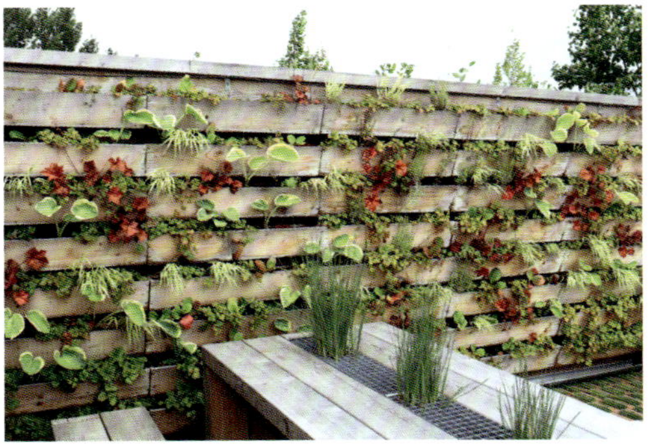

„Grüne Wände" sind ein markanter Blickfang und ein echtes Plus fürs (Mikro-)Klima.

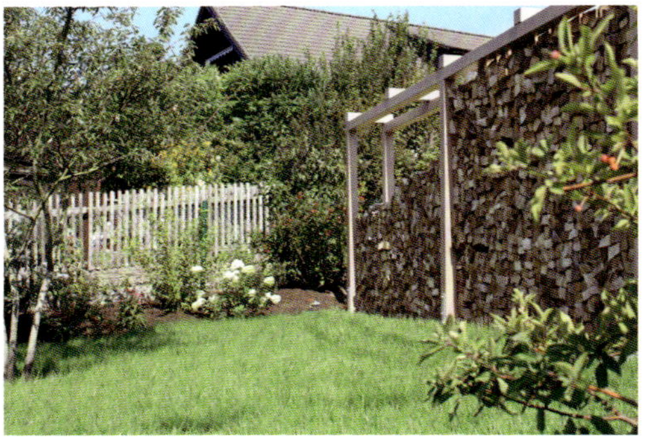

Warum nicht das Praktische (Holzlager) mit dem Notwendigen (Abschirmung) verbinden?

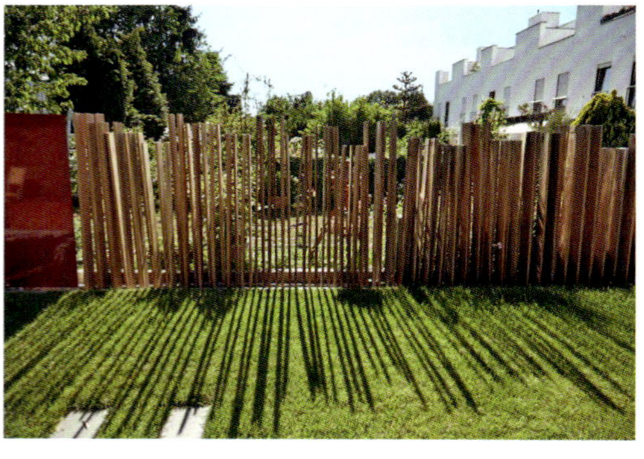

Bretterzaun mit Wow-Faktor: Höhenversatz und Schrägstellung sorgen für Extraspannung.

Gehen Sie kreativ vor, indem Sie zwar einen schnellen und preiswerten Sichtschutz aufstellen, aber perspektivisch ein, zwei Nummern größer denken. Gerade Holz bietet sich für diese Doppelstrategie perfekt an: Vorkonfektionierte Weidengeflechte, Kastanienzäune, rollbare Matten (aus Bambus oder Ähnlichem) oder ein paar grob gehobelte, in definiertem Abstand leicht schräg vertikal in die Erde gerammte Bretter schaffen schnell einen wirkungsvollen Sichtschutz, hinter dem Sie es sich gemütlich machen können. Gerade zu Gärten mit betont natürlich-wild-uriger Note passen derartige Gestaltungen perfekt. Sie können das Thema Sichtschutz natürlich auch direkt an der Grundstücksgrenze über einen genügend dichten Holzzaun erledigen. Die schnelle und im Verhältnis zum traditionellen Holzzaun kostengünstigere Variante ist der rustikal-charmante Staketenzaun (Rollzaun; Haselnuss oder Kastanie), der lässig, aber deutlich für Ab- und Begrenzung sorgt. Besondere gestalterische Effekt entstehen immer durch Farbanstriche, die sich entweder an natürlichen Tönen orientieren (der Sichtschutz somit eher dezent wirkt) oder durch eine expressive Note einen markanten Blickfang entstehen lassen. Schon zwei, drei farbige Holzlatten sorgen für ein gestalterisches Ausrufezeichen. Wenn Sie farbig gestalten, sollten Sie Farben der Umgebung oder Architektur aufgreifen, dann ergibt sich ein insgesamt viel stimmigeres Bild, als wenn die Farben (scheinbar) völlig ohne Zusammenhang gewählt werden.

Evergreen: Klassische Holzpergola mit integrierten Sichtschutzelementen

(Lamellenholzblende, Acrylglasscheiben, Sichtschutzmatten, Stoffverspannungen usw.). In dieser Kombination und gleichberechtigten Partnerschaft mit üppig und freiwachsendem Grün (Rank- und Kletterpflanzen, hohe Stauden oder Gräser), ist dies das gestalterische und funktionelle Optimum. Ideal zum Selbstbau! Auch sauber aufgeschichtete freistehende Holzstapel (Feuerholz), ergeben eine schöne, rustikale Sichtschutzwand. Eleganter und standsicherer sind vorgeformte Metallrahmen. Passende Rahmen in verschiedenen Abmessungen sind leicht über das Internet zu beziehen, allerdings sind sie nicht ganz preiswert. Aber man kann natürlich selbst bauen oder den Metallbauer des Vertrauens fragen. Wichtig ist, dass die Holzscheite nicht zu lang (30 bis 50 cm sind ideal) und weitestgehend gleichförmig sind, damit sich ein gutes Bild ergibt. Außerdem geht dann das Bestücken und Entnehmen für das gemütliche Gartenfeuer leicht von der Hand.

Generell gilt es immer auszuloten, was in welcher Größe und Qualität überhaupt nötig ist und ob Sie entweder alles auf einmal gestalten möchten oder lieber sukzessive Dinge hinzufügen wollen. Sehr wichtig ist dies für technische Anlagen oder die Versorgung des Gartens mit Medien (Bild, Ton, Telekommunikation). Eine Planung mit Weitsicht berücksichtigt aber nicht nur allgemein technische Dinge (Wasser- oder Stromanschluss und Ähnliches): Sichtschutzelemente sollte man so konstruieren, dass eine partielle Ergänzung, Unterbrechung oder auch Austausch nachträglich problemlos möglich sind. Stichworte, die Sie berücksichtigen sollten: Dimensionierung, Statik und Materialqualität. Multifunktionale Garten-Räume sollte man generell strategisch günstig platzieren (Entfernung von Nachbargrundstücken, Gartenerschließung, Raumprofil, Einhaltung behördlicher Vorgaben, auch nach späteren Ergänzungen). Zu bedenken ist auch, ob sich die verwendeten Hölzer oder Holzelemente und gegebenenfalls Farben problemlos wieder beziehen lassen, oder ob später eventuell komplett neu gedacht werden muss?

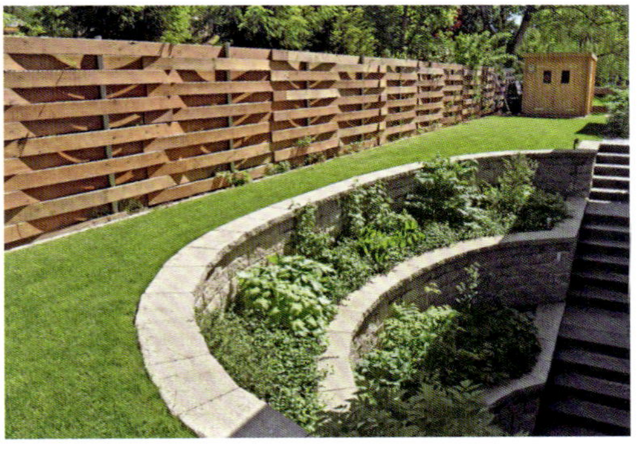

Anders als die meisten Bretterzäune, aber hochfunktionell – und mit toller Raumwirkung

TIPP

### NATUR- ODER DESIGNERLOOK?

Das ist eine entscheidende Frage! Holz in Naturoptik, also grob bearbeitet, offenporig und nur mit minimalem Holzschutz (etwa auf Leinölbasis) versehen, wirkt vollkommen anders als Holz, das glatt gehobelt und mit volldeckenden Farbanstrichen versehen wird. Reizvoll sind Kombinationen aus beidem, einerseits rustikal griffig, andererseits gediegen und auf Maß gearbeitet.

# CHECKLISTE

## Qualität, Herkunft, Haltbarkeit

Um ein Gefühl dafür zu bekommen, ob Holz der richtige Werkstoff für den gewünschten Sichtschutz ist, sollten Sie sich einen Überblick über die verschiedenen Holzarten und ihre spezifischen Eigenschaften und Besonderheiten verschaffen. Neben der Realisierbarkeit sind immer auch die zu erwartenden Kosten zu bedenken.

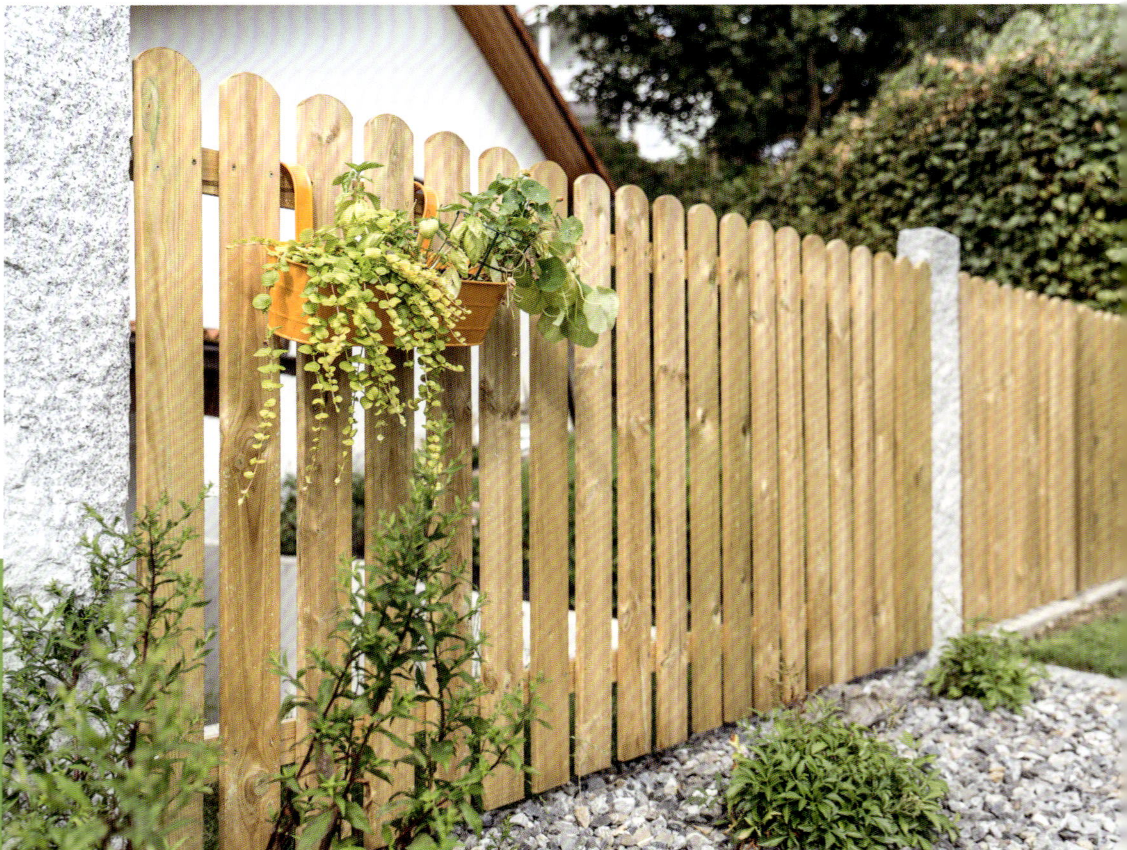

Handwerklich sauber gearbeiteter Holzlattenzaun zwischen Granitsäulen. Klassisch gut!

Es ist keine Frage: Holz hält nicht ewig. Hochwertige Hölzer überdauern aber fast eine halbe Ewigkeit. Prinzipiell sind langsam gewachsene, einheimische Hölzer (Robinie, Eiche, Lärche) wetter- und winterfest. Die beste Alternative zu Tropenholz und überseeischen Hölzer ist unbehandeltes Robinienholz. Als einziges europäisches Holz besitzt es die Resistenzklasse 1 (DIN 350-2), für „sehr dauerhaft" (mindestens 15 Jahre). Mithalten kann hier nur die gute alte Eiche. Letztlich kommt es aber darauf an, welchen (statischen) Zweck das jeweilige Holz erfüllen soll und wie Sie es mit der Optik und Haptik der Oberflächen halten. Für Sichtschutzblenden (Lamellen) empfiehlt sich Lärche (Europäische und Sibirische), die naturbelassen oder farbig lasiert lange Haltbarkeit garantiert. Das Nachgrauen ist ganz natürlich und mindert keineswegs die Funktion. Wenn Sie regelmäßig pigmentiertes Öl verwenden, können Sie das Vergrauen des Holzes sehr lange hinauszögern. Wenn Sie es nicht ölen, bekommt das Holz nach einiger Zeit eine schöne graue Patina. Durch das Öl wird die Wasseraufnahme des Holzes verringert, sodass es weniger quillt und schwindet. Dadurch beugen Sie der Rissbildung vor, die gerade im Sommer bei starken Schwankungen der Luftfeuchtigkeit auftreten kann. Bewährte einheimische Konstruktionshölzer (üblicherweise kesseldruckimprägniert; für Unterkonstruktionen, Stützen und Träger) sind preisgünstiger und leichter erhältlich als Vollholz etwa aus Eiche. Sie bestehen aus Kiefer, Fichte oder Douglasie und werden als sogenanntes Brettschichtholz gefertigt, sind also aus mehreren Lagen fest miteinander verleimte Bretter, wie sie im Ingenieurholzbau oft zum Einsatz kommen. Von den überseeischen Hölzern sind Bangkirai, Cumaru, Bongossi und Ipé die Favoriten. Für Lamellen und Verkleidungen (Rhombusleisten, auf gerundete Kanten achten) sollte man am besten Lärche oder Ipé (wenn es besonders edel aussehen soll) wählen. Die Stärke der Bretter variiert, ein guter Mittelwert ist aber 20 x 65 mm.

TIPP

### HERKUNFT: KEINE KOMPROMISSE, BITTE!

Tropenhölzer überzeugen nicht nur in puncto Optik, sondern auch in Bezug auf Resistenz. Aber auch einheimische Holzarten bieten hohe Festigkeiten und sehr attraktive Oberflächen. Selbst FSC-zertifizierte (Forest Stewardship Council) Hölzer sollten Sie stets kritisch hinterfragen. Das gute Gartengefühl hängt auch vom verantwortungsvollen Handeln auf dem Weg zum Traumgarten ab.

# Sichtschutz mit Stein und Beton

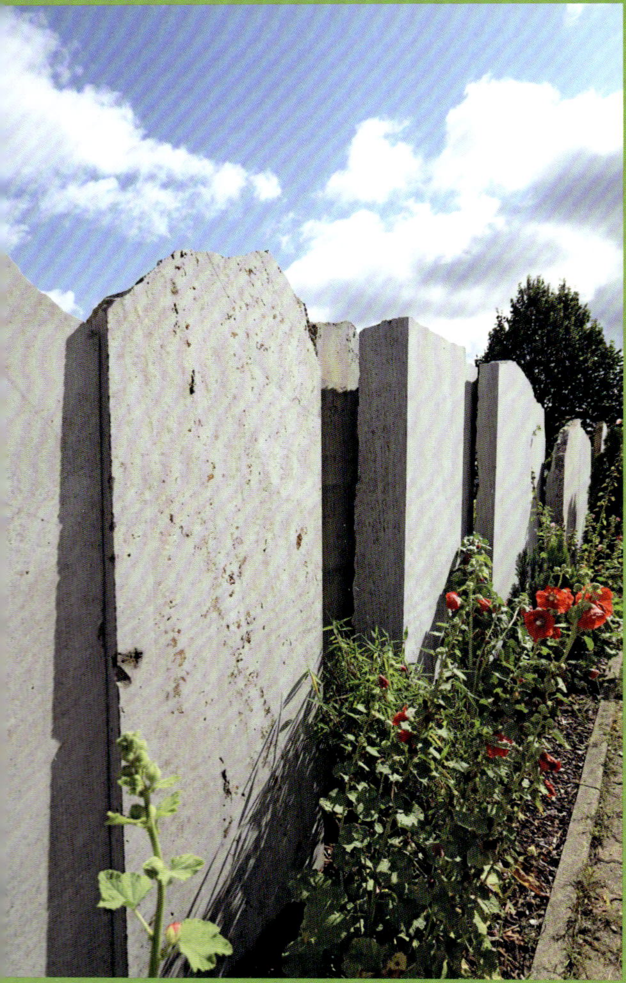

## Wenn es etwas massiver sein soll

Manchmal muss es einfach etwas massiver und handfester sein. Steine aller Art und Beton in verschiedenen Farben bieten sich optimal für besonders schwere Sichtschutzanlagen an. Gekonnt arrangiert, gut auf die Umgebung abgestimmt und fachgerecht gebaut, halten Sichtschutzmauern buchstäblich, was sie versprechen.

# HAND- UND STANDFEST

## Steinstarker Blickfang und Hingucker

Ob glatt geputzte Wände in satten Farben oder wuchtige Steinwälle: Eine steinstarke Wirkung ist garantiert. Argumente für Sichtschutz aus Steinen gibt es zahlreiche, dagegen spricht nur wenig, etwa der hohe Materialeinsatz und der je nach Art hohe baulich-konstruktive Aufwand. Einmal errichtet, ist jedoch jahrelanger Sichtschutz garantiert.

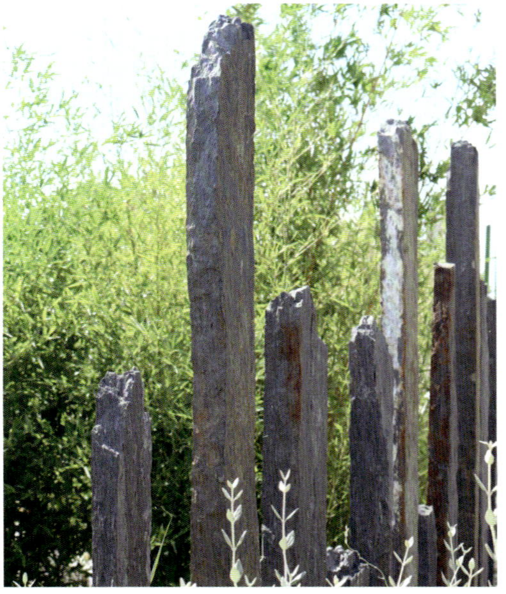

Steinstelen sind per se Blickfänger und Hingucker. Auf die Kombination kommt's an!

Das hält. Es will aber auch gut gemacht sein. Ein großer Vorteil von massiven Mauern und Mauerscheiben ist die Tatsache, dass man problemlos Accessoires, Beleuchtung und nahezu jegliche raumbildende Konstruktion (Pergolen, Überdachungen) an ihnen anbringen kann. Eine massive Bauweise über frostfreier Gründung (also Fundamentsohlen, die mindestens 80 cm unter Geländeniveau liegen) garantiert Haltbarkeit und liefert Ankerpunkte für alles, was Sie noch für Ihren Gartengenuss benötigen (Sitzplatz, Außenküche). Besonders der kulissenhafte Aufbau sorgt für reizvolle Bilder, die einem ein behaglich-wohnliches Gefühl geben. Die direkt dahinter verlaufende Straße, der angrenzende Sportplatz sind

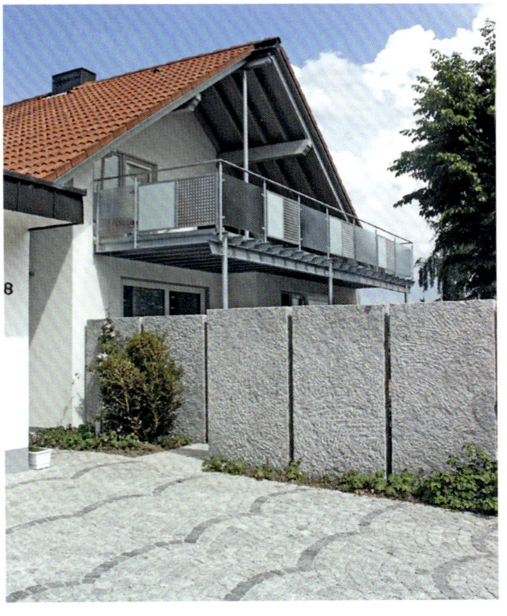

Massiv und effektiv. Mauerscheiben, etwa aus Granit, sorgen für klare Kante(n).

dank komplett dichter und wirkungsvoll Lärm abhaltender Mauern und Wände aus dem Auge, aus dem Sinn.

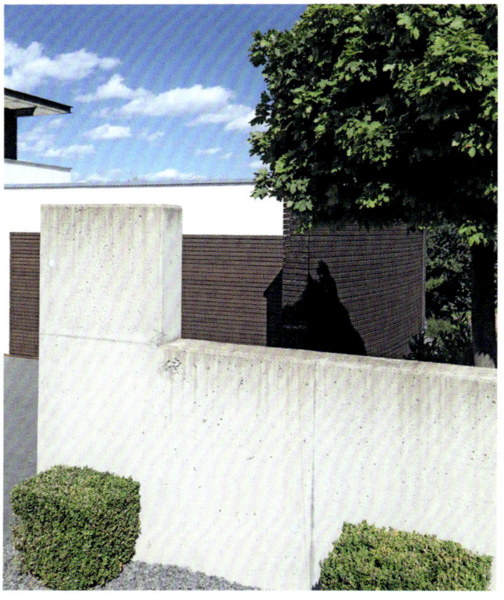

Sichtbeton: das Nonplusultra für modernistisch klare Linien an der Grundstückgrenze

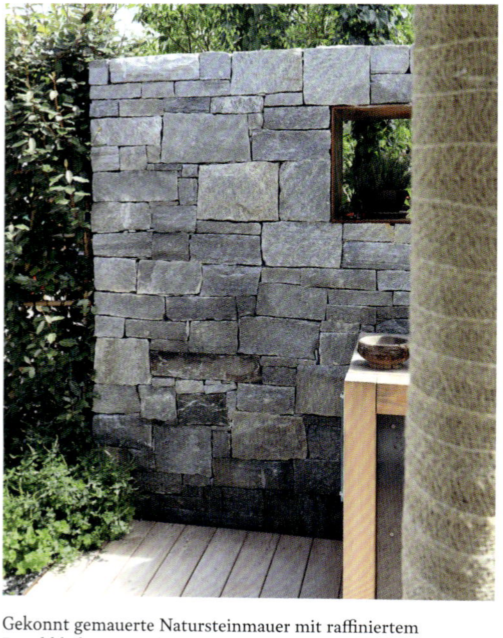

Gekonnt gemauerte Natursteinmauer mit raffiniertem Durchblick. Das wirkt!

Mauern und Wände: Okay, aber manchmal genügt eben auch nur eine markante Stele, eine Mauerscheibe (Fertigteilelement, aufgemauert) oder dergleichen, um als gestalterisches vertikales Statement Blickachsen zu brechen – und im Gegenzug einen attraktiven Blickfang zu liefern. Sind schon Mauern vorhanden oder kann man auf eine massive Abschirmung überhaupt nicht verzichten, dann gilt es kreativ zu werden, um Schwung und Leichtigkeit in die Sache zu bekommen. Eine attraktive Oberflächenstrukturierung (Farbe, Strukturputz, strukturreiche Schalungstafeln, Fugenbild) ist eine spannende Möglichkeit, Mauern und Wände zu verschönern. Eine andere – im Gartenkontext viel naheliegendere – sind Pflanzen. Mit einjährigen oder kurzlebigen, dafür besonders attraktiven Arten (einjährige Kletterpflanzen, Sommerblumenklassiker, Stockrosen, Rittersporn und Ähnliches) erreichen Sie – bei Mauern und Wänden – schnell ansprechende Effekte, ohne größere Schäden (etwa durch aggressives Wurzelwerk oder Pflanzensäfte) an der Konstruktion und Bausubstanz befürchten zu müssen. Das ist gerade bei wichtigen Schutzmauern (Grundstücksgrenzen, Böschungsbereiche) mit entsprechend empfindlichen Oberflächen, in räumlich beengten Situationen und an generell sensiblen Standorten (Nähe zu öffentlichen Verkehrswegen, schwierige Nachbarschaftsverhältnisse) ein ganz entscheidender Punkt! Hier bitte keine Experimente! Also kein Efeu oder andere selbstklimmenden Arten, bei denen Schäden vorprogrammiert sind; kein überhängender Bewuchs an Grundstücksgrenzen und öffentlichen Wegen.

Charmante Kombinationen entstehen immer, wenn Sie massiven Blickfängen natürlich-lebendige Elemente zur Seite stellen (Holz, Pflanzen). Soll es etwas robuster sein, dann sind steinige Einfriedungen erste Wahl. Gabionen (Drahtschotterkörbe), (trockene) Stapelwerke und Steinwälle sind hierbei klassischem Mauerwerk vorzuziehen, allein schon der Kosten und des baulich-konstruktiven Aufwands wegen. Überlegenswert ist eine Abfolge aus vertikalen Steinplatten (Stelen) und Ziersträuchern (Hortensien!). Am einfachsten dagegen ist eine halbhohe Mauer aus locker geschichteten Feldsteinen (wie der sogenannte Friesenwall) kombiniert mit genügend hohen blickdichten Pflanzen, wie Zwergkoniferen, Ilex, Liguster, Spiersträucher, Rosen, Kirschlorbeer, Bambus, Reit- oder Pampasgras, oder, oder, oder. Gehölzpflanzungen beziehungsweise generell ausdauernde Pflanzungen kommen nur dann infrage, wenn genügend Platz zur Verfügung steht und die Mauerfunktion nicht beeinträchtigt wird. Auch etwaige Wartungs- und Renovierungsarbeiten sollten bedacht werden; falls solche notwendig werden, sollten alle Mauerseiten leicht zugänglich sein und für den Fall der Fälle rasch vom Bewuchs befreit werden können.

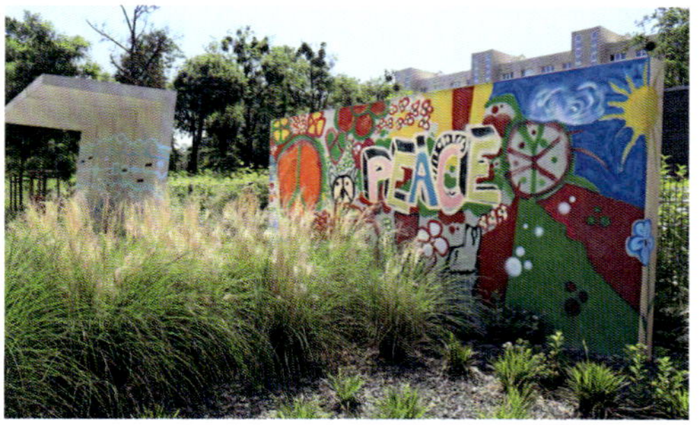


Farbenfrohes auf der einen, robuster Sichtschutz auf der anderen Seite. Warum nicht?!

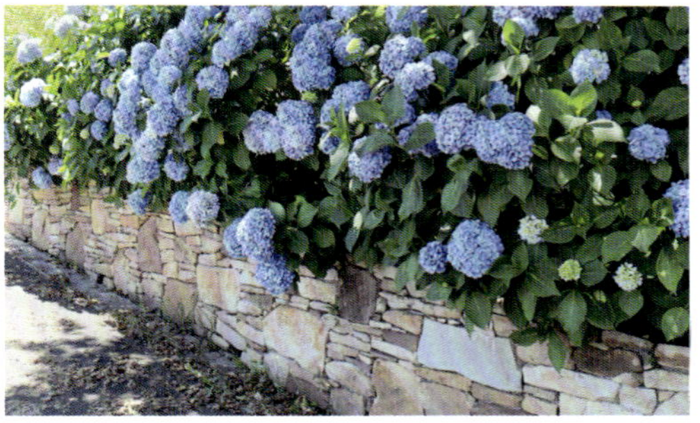

Was für eine Pracht! Hortensien machen auch als Sichtschutz eine mehr als gute Figur.

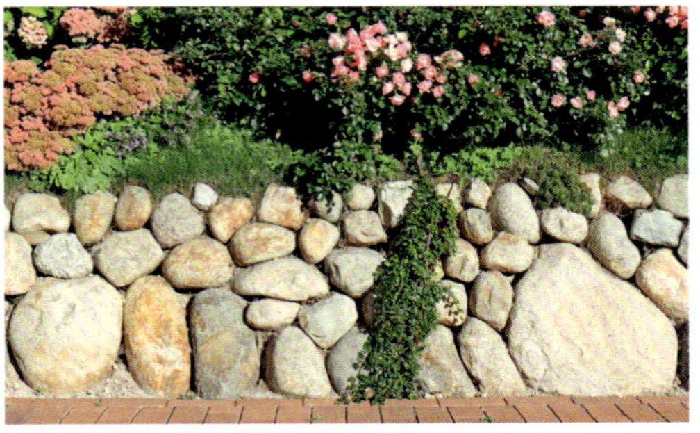

Zu einem Friesenwall aufgetürmte Findlinge mit üppiger Bepflanzung: schönster Sichtschutz

TIPP

## NATURSTEIN ODER BETON?

Das ist die Gretchenfrage schlechthin. Vor- und Nachteile besitzen beide. Betonsteine sind zumeist als systemgebundene modulartige Bausteine verfügbar, beliebig produzierbar und verlässlich maßhaltig, auch um mindestens ein Drittel preisgünstiger als Natursteine. Diese hingegen besitzen immer eine regionaltypische Note, sind ‚steinalt' und immer Einzelstücke (mit all ihren individuellen Merkmalen).

# CHECKLISTE

## Material, Aufwand, Richtkosten

Klar, Stein auf Stein wollen errichtet und schick gemacht sein und ohne Hilfe geht's eigentlich kaum, aber vor allem wird ohne fachgemäßes Fundament und richtige Materialien nichts gelingen – zumindest nichts, was wirklich hält. Dabei ist eine Frage übergeordnet wichtig: Beton oder Naturstein?

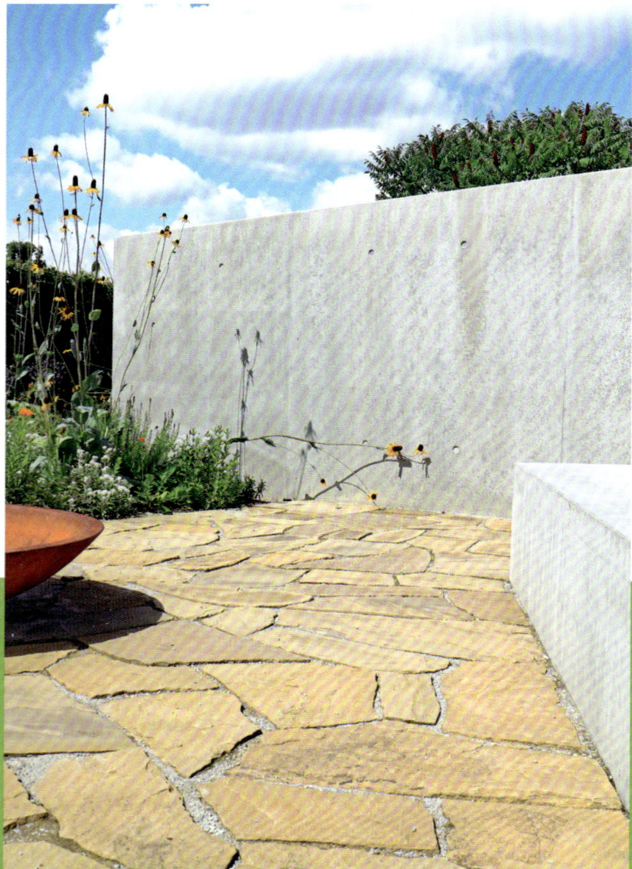

Klare Kanten treffen hier auf natürliche Weichzeichner. Moderne Behaglichkeit.

Die glatte oder betont strukturierte Oberfläche (spezielle Schalungsbretter beziehungsweise unterschiedliche Auftragstechniken), die lange Haltbarkeit und die Möglichkeit unterschiedlicher farblicher Gestaltung (eingefärbt, verputzt und mit Fassadenfarbe versehen) prädestinieren Beton ganz allgemein für die Gartengestaltung (Außenküchen, Sitzbereiche, Arbeitsplätze). Beachten Sie aber, dass ein Rückbau nicht ganz leicht ist, dass Rohre und Leitungen nicht überbaut werden sollten (Revision) und Beton selbst schon ein hohes Flächengewicht besitzt. Man sollte es also immer mit Augenmaß verwenden und immer auch mögliche Alternativen für den Sichtschutz bedenken. Oder man unterteilt längere Abschnitte, etwa mit Holzelementen oder Heckenpflanzungen. Der Aufwand für eine Vollsteinmauer aus Ziegeln oder Natursteinen oder eine Betonmauer aus Schalsteinen (eine Art Hohlblocksteine, die mit flüssigem Magerbeton verfüllt werden) ist natürlich ungleich höher, als ein paar Punktfundamente für die Stützenfüße etwa von Holzsichtschutzzäunen zu setzen. Im Gegenzug erhalten Sie aber auch ein Gestaltungselement, das viel mehr sein kann als reiner Sichtschutz und ohne Weiteres 20 bis 30 Jahre steht. Falls Sie vornehmlich in Richtung Naturstein denken, dann richten Sie Ihren Blick zuerst auf die regionalen Vorkommen. Zum einen können Sie bei Bedarf unkompliziert an Nachschub kommen, und zum anderen haben Sie ein Material, das von sich aus in Ihre Region passt, also einfach orts- oder regionaltypisch ist. Außerdem ist die Wahrscheinlichkeit, günstig an das Material zu kommen, um ein Vielfaches höher, als wenn Sie sich für Steine aus fernen Gegenden entscheiden – ein wichtiger Faktor, wenn Mauerwerk erweitert oder ausgetauscht werden soll. Generell liegen die Kosten für Natursteine (Mauersteinblöcke) mindestens (!) um die Hälfte höher als für modulare Mauersteine der hiesigen Betonsteinproduzenten. Kommen andere Bearbeitungsformen als die bruch- oder spaltraue Variante direkt aus dem Steinbruch hinzu, also etwa gesägt, gestockt, geflammt, geschliffen, bossiert oder anderes mehr, entstehen Aufschläge von mindestens 10% auf die Rohware. Das gilt allerdings auch für Betonsteine, wenn diese anstatt betongrau mit besonderen Farben oder Beschichtungen geliefert werden sollen. Alles, was zugeschnitten werden muss oder von den üblichen Standardmaßen abweicht (Mauersteinblöcke liegen meist um 15/20x20x40 cm), führt zu Preisaufschlägen. Am kostenintensivsten sind freistehende Mauern aus Naturvollsteinen (verlangt entsprechende Steinstärken und Gründung) und Betonmauern mit feinen Sichtbetonoberflächen. Einsparpotenzial bei gutem Aussehen bieten Schalsteinmauern, die mit einer schmalen Schicht aus Natursteinen verblendet sind.

TIPP

## RICHTWERTE MATERIALKOSTEN

(ohne Gründung, Mörtel, Arbeitsleistung) für 1 $m^2$ Wand oder Mauer

- Naturstein, Vollstein (Granit, Sandstein, Kalkstein und dergleichen): Sandstein ab 125 Euro, Granit ab 150 Euro, Basalt und Schiefer sind meist doppelt so teuer
- Naturstein, Verblender: ab 50 Euro
- Klinker: 40 bis 60 Euro
- Ziegel: 30 bis 50 Euro
- Beton, Ortbeton oder Sichtbeton: 150 bis 250 Euro
- Beton, Schalsteinmauer oder Leichtbeton: ab 30 Euro
- Beton, Mauersystem: 40 bis 100 Euro

# Sichtschutz mit Metall

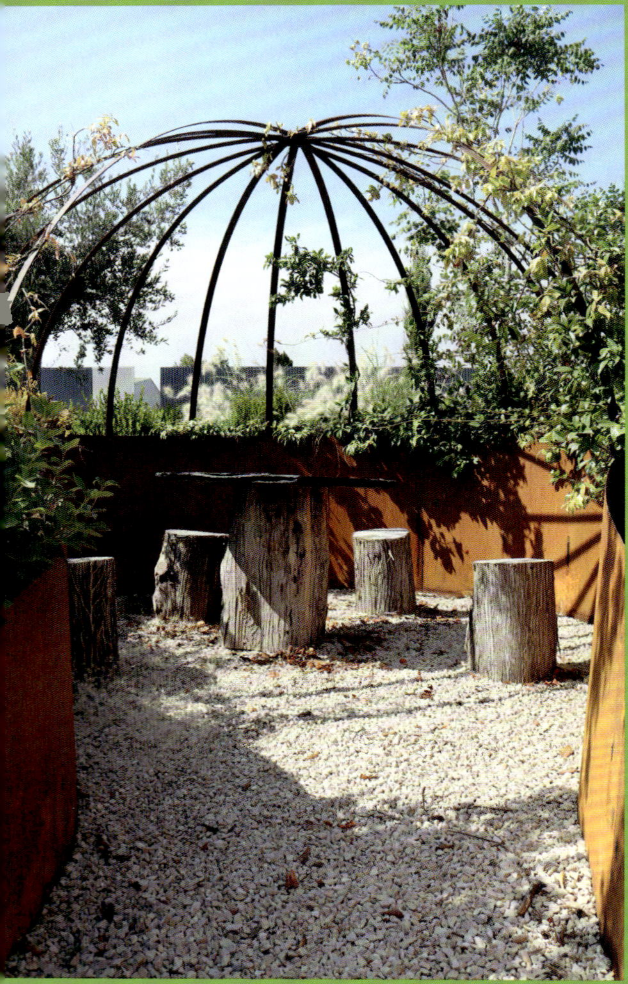

## Heavy Metal für klare Grenzen

Sie wollen klare Kante zeigen, ohne zu viel von Ihrem Garten preiszugeben? Dann kann, dann muss es Metall sein, das die Blicke fängt und lenkt! Die Gestaltungsmöglichkeiten mit den wahlweisen rostigen oder glänzenden Werkstoffen sind faszinierend. Und sie sind mindestens einen Versuch im eigenen Garten wert.

# FACETTENREICH UND CHARAKTERSTARK

## Ob rostig oder blitzblank: Metall wirkt

Haben Sie schon einmal darüber nachgedacht, den Sichtschutz nicht nur gegen andere, sondern ganz bewusst für sich zu nutzen? Metall, ganz gleich ob in der rostigen oder glänzenden Variante, bietet für markante – und wirkungsvolle – Blickfänge beste Voraussetzungen. Es gilt die Formel: Alles ist eine Sache der Perspektive.

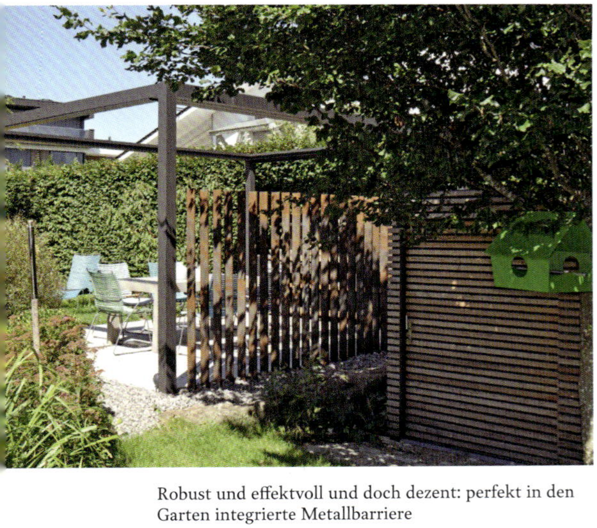

Robust und effektvoll und doch dezent: perfekt in den Garten integrierte Metallbarriere

Gewiss kennen Sie die rostigen Cortenstahl-Elemente, die immer einen gewissen industriellen Charme haben und vor allem im Kontrast mit hellem Kies oder Splitt, frischem Rasengrün oder leuchtenden Blütenfarben sofort ins Auge fallen. Der Kontrast zwischen schroffen Ecken und klaren Kanten in warmtonigem, heterogen komponiertem Rostrot und den Farben der Umgebung sorgt immer wieder für interessierte Blicke. Andererseits dringt nicht ein einziger Blick durch diese Stahlplatten hindurch, es sei denn, es sind Muster und Löcher eingeschnitten: Sichtschutz par excellence. Solche Stahlplatten sind jedoch nicht preiswert, und sie erfordern auch auf jeden Fall vernünftige Fixierung und Gründung, damit alles standfest ist. Aber es gibt ja auch andere Metalle.

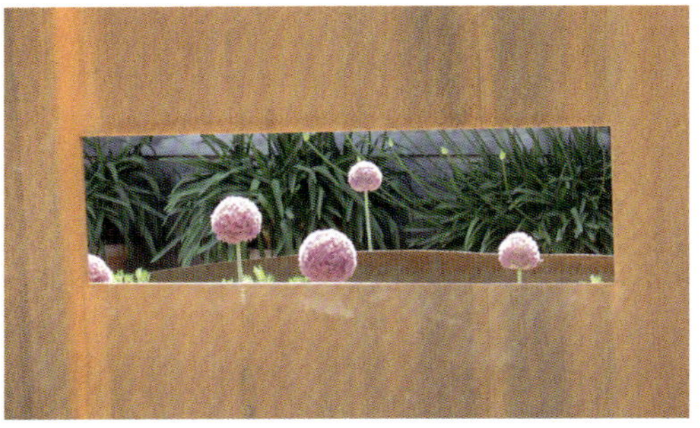

Mit Raffinesse und einigen gestalterischen Kniffen entstehen spannende Ein-Aus-Blicke.

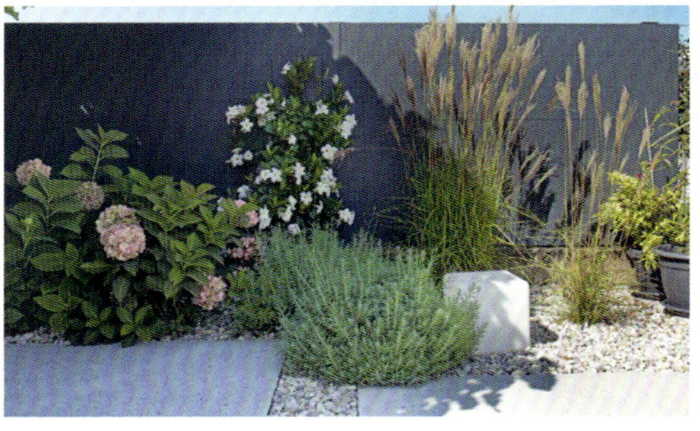

Diese Metallwand aus pulverbeschichtetem Alu ist Sichtschutz und Kulisse zugleich.

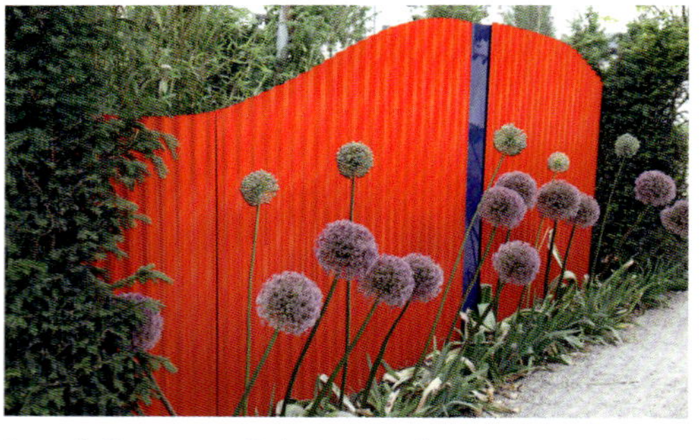

Das volle Programm – Farbe, Form und Kontrast sorgen hier für eine expressive Note.

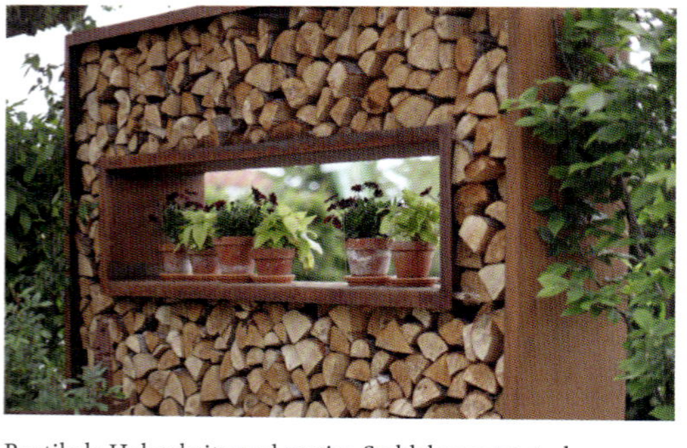

Rustikale Holzscheite und rostige Stahlelemente: starkes Team in Optik und Funktion!

Edelstahl, Rohstahl, Aluminium oder klassische Trapez- und Wellblechprofile: Metall bietet viele Gestaltungsmöglichkeiten. Wenn Sie an Rost und heterogenen Oberflächen Gefallen finden können, dann greifen Sie bei Roh- oder Schwarzstahl oder dem wohl bekanntesten Metall für die Verwendung im Garten, dem Cortenstahl, beherzt zu. So erhalten Sie das pure Metallfeeling: kantig, rostig, derb und sich witterungsbedingt dynamisch verändernd. Das wirkt mitunter sehr industriell und urban und benötigt eigentlich immer ein paar weichzeichnende Gegenspieler, sonst wirkt der Sichtschutzwall schnell erdrückend und schwer. Es empfiehlt sich deshalb, vielleicht nur ein, zwei schöne – eventuell kunstvoll floral verzierte – Platten in eine Hecke oder eine lockere Gräser- oder Bambuspflanzung zu integrieren, anstatt meterweise Stahl in den Garten zu setzen. Fundamentierung und Dränageschichten sind nicht zu vernachlässigen.

Eine ganz andere Wirkung als kantige Stahlplatten entfalten leichte und in jeder erdenklichen Farbe erhältliche Sichtschutzelemente aus Aluminium. Sie wünschen ein knalliges Rot oder eine edle, glänzende weiße Oberfläche? Bitte schön, das lässt sich einrichten beziehungsweise beschichten. Ein guter Mittelweg sind auch Pfosten aus Metall (puristisch als Doppel-T-Profil oder als farbbeschichteter, modularer Aluminiumpfosten), die als Träger für entsprechende Metallblenden oder griffige Holzbretter dienen. Optische Spannung erhalten Sie, wenn die Wände nicht komplett durchgängig, sondern in gewisser Höhe und in definierten Abständen horizontal verlaufend auf Lücke gesetzt sind. Diese kleinen Sichtschlitze lockern nicht nur optisch auf, sie lassen Frischluft eintreten, und sie ermöglichen es Ihnen, wann immer Sie mögen, ein paar (kontrollierende) Blicke nach außen oder in den Garten zu werfen – ohne dass Sitzplätze und anderes von außen wirklich einsehbar werden. Günstige Abstände zwischen den Elementen sind drei bis sechs Zentimeter.

Materialien wie Cortenstahl setzen ganz bewusst auf rustikal-rostigen Charme. Das kann man, muss man aber nicht gut finden. Generell beruht auch bei Metallen die Wirkung neben dem Zuschnitt (Ecken, Kanten, Lochmuster oder kunstvoll lasergeschnittene Motive) auf der Oberfläche. Rein von der Haltbarkeit her sind eigentlich alle Metalle nahezu unzerstörbar, wenn man über ein paar oberflächliche Mängel hinwegsehen kann. Da Sichtschutzwände nur selten über Windlasten hinaus statisch beansprucht werden, stellen etwas Rost oder ein paar verwitterte Oberflächen das Material noch lange nicht vor existenzielle Fragen. Fest einbetonierte oder zwischen Zaunpfosten angebrachte Stahlplatten ab einer Stärke von 2 mm sind zudem per se windfest. Zur Erhöhung der Statik sind vor allem spezielle Sichtschutzplatten mit zusätzlichen Abkantungen vorgesehen; diese Abkantungen dienen meist auch der (verdeckten) Befestigung.

Zur Pflege: Für Metalle aller Art sollte man keine salz- oder säurehaltigen Pflegeprodukte wählen. Um eine lange Haltbarkeit zu erzielen, dürfen die Beschichtungen nicht beschädigt oder zerkratzt werden, weil so ein gutes Einfallstor für Rost entsteht. Also nicht mit zu viel mechanischem Druck zur Tat schreiten. Blättert an der Oberfläche etwas ab, dann vorsichtig abbürsten und fein nachschleifen. Für Edelstahl genügen warmes Wasser und weiche Tücher zum Abwischen und Aufpolieren. Besondere Reiniger benötigt man nicht.

Cortenstahl ist ein wetterfester Baustahl, der aufgrund seiner spezifischen Legierungselemente und unter Witterungseinfluss mit der Zeit eine markante Schutzschicht (Patina) bildet. Unter dieser Schicht schützt eine besonders dichte Sperrschicht den Stahl vor weiterer Korrosion. Dabei entwickelt sich ein charakteristisches rötlich-braunes Farbspektrum, das sich ganz hervorragend als rostig-rustikaler Kontrast zu allen natürlichen Farben macht.

TIPP

### METALL IM AUSSENRAUM

Bewitterung und Verwitterung mit all ihren – zumeist oberflächlichen – Auswirkungen beginnt mit dem ersten Tag des Aufstellens der Sichtschutzelemente. Ein wenig Rost bedeutet indes weder einen Verlust an Funktionalität noch Einbußen in Hinsicht Haltbarkeit. Außerdem lassen sich erste Rostspuren leicht beheben. Aber vielleicht ist Ihnen ein wenig Patina gerade recht im Garten. Für Edelstahl gilt: Hin und wieder blankwischen; bewusst rostige Stähle werden einfach ihrem natürlichen Schicksal überlassen.

# Sichtschutz mit Glas und Kunststoff

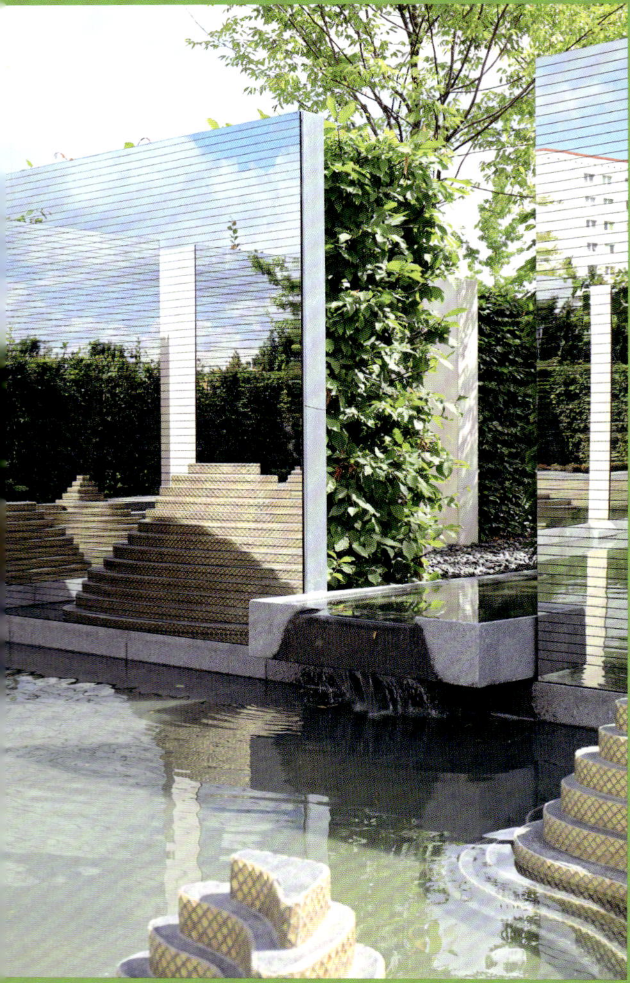

## Durchblick oder nicht – Sie haben die Wahl

Auf den ersten Blick käme man vielleicht nicht auf die Idee, Glas oder Kunststoff als Sichtschutz zu wählen. Schon bei etwas Nachdenken wird aber schnell deutlich, dass es nicht am Ob, sondern am Wie liegt. Glas muss nicht unbedingt transparent durchlässig und Kunststoff keineswegs spröde und seelenlos sein.

# UNKONVENTIONELL MULTIFUNKTIONELL

## Besondere Materialien mit besonderer Wirkung

Andersartig. Besonders. Extravagant. Daher ist es desto interessanter, sich dieser vielfältigen Materialien zu bedienen. Raffiniert wird es, wenn grafische Elemente, Farben und natürliche Gegenspieler wie Gräser ins Spiel kommen. Vergessen sollte man auch nicht die überraschende Wirkung von Spiegelgläsern.

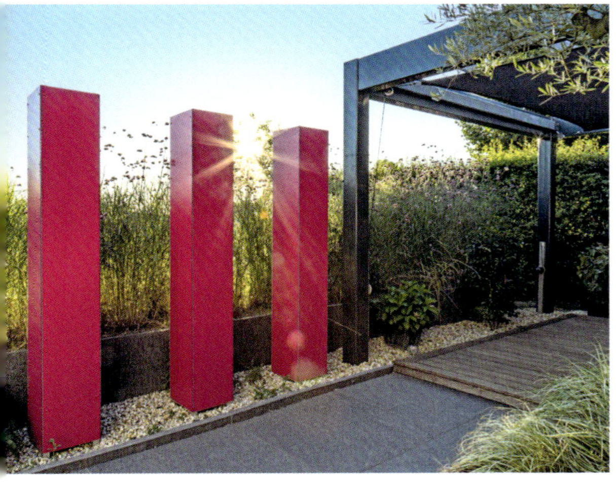

Was für ein Hingucker! Maximal ausdrucksstark und maximal blickdicht.

Glas und Sichtschutz passen perfekt zusammen. Das glauben Sie nicht? Dann versuchen Sie mal, ob Sie durch satinierte (undurchsichtige, aber lichtdurchlässige) Gläser oder mit Glasbruch befüllte Gabionen (Drahtschotterkörbe) hindurchschauen können. Absolut fantastische Bilder entstehen, wenn Sie vor oder hinter den Glasscheiben strukturreiche Gräser oder blattstarke Strauchgehölze platzieren – ein sagenhaft schöner Anblick, wenn sich Blätter, Halme und Rispen im Wind hin- und herbewegen. Richtig extravagant wird es, wenn Sonnenlicht oder die Gartenbeleuchtung auf verschiedenfarbige oder spiegelnde Gläser treffen. Die Lichtdurchlässigkeit und -wirkung ist der große Vorzug gegenüber komplett blickdichten Mauern und Wänden. Na, haben wir Sie überzeugt?

Wenn Sie die richtigen Materialien geschickt einsetzen, gilt für Sichtschutz aus und mit Glas und Kunststoff das schöne Leitmotiv: ausdrucksstark, aber blickdicht. Mit ein paar ausrangierten alten Fensterscheiben kommen Sie natürlich nicht weit, und die edle Balkonbrüstungsverglasung bietet nur mit zusätzlichen Elementen wirksamen Sichtschutz, kostet aber dafür stattliche Beträge. Aber die Mischung sorgt auch hier für die Wirkung: Produktionsreste, genügend große Bruchstücke, eingefärbte Gläser – und man hat schon viel Auswahl.

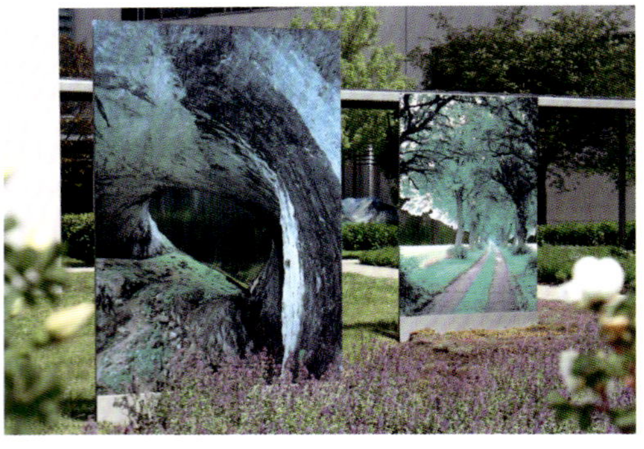

Optische Täuschung. Großformatdruck und freistehende Glasscheiben machen's möglich.

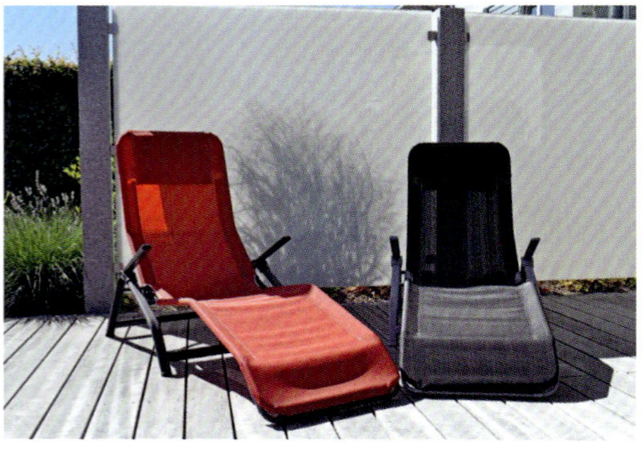

Schönes Schattenspiel! Das (offene) Geheimnis: satiniertes Glas und strukturreiche Pflanzen

Welches Glas benötigen Sie nun für Sichtschutzwände? Die diffusen, sich dynamisch ändernden Lichtwirkungen transluzenter Gläser sind einfach faszinierend. Für Sichtschutzwände, die neben dem reinen Sichtschutzaspekt auch einen markanten gestalterischen Akzent im Garten setzen sollen, sind satinierte, UV-beständige Acrylgläser erste Wahl. Dieses Material ist relativ leicht, lässt sich entsprechend einfacher und filigraner befestigen (in schmale Rahmen aus Holz oder Metall geschraubt, eingehängt oder gestellt, bei ausreichender Stärke und geringer Windexposition auch ohne Rahmen in einer festen Aufständerung aufgestellt). Das sind Möglichkeiten, die man mit schweren, geätzten Verbundgläsern nicht hat, die aber wiederum effektive Absturzsicherung für Balkone oder bei höheren Geländesprüngen bieten. Der Nachteil der Leichtbauvariante: Sie ist natürlich instabiler (bei Wind und mechanische Einwirkungen, etwa von spielenden Kindern oder herumfliegenden Fußbällen) und kratzanfälliger. Gerade an prominenter Stelle, etwa als Sichtschutz um den Lieblingssitzplatz herum, sind zerkratzte Oberflächen jedoch kein schöner Anblick. Solche Elemente sollten Sie daher immer genügend weit von Terrassen, Sitzplätzen und Wegen entfernt positionieren. Für Grundstückseinfriedungen und notwendige Absturzsicherungen müssen es Gläser mit Sicherheitsgarantie sein, für primär gestalterisch wirkende Abgrenzungen haben Sie freie Material- und Farbwahl.

Spannend und außerordentlich wohnlich sind Paravents mit entsprechenden Rahmenfenstern, wie sie in Asien, vor allem natürlich in Japan, traditionell verwendet werden, um Räume zu definieren, abzugrenzen, ihnen Ausdruck zu verleihen und es sich ungestört durch fremde Blicke behaglich-wohnlich zu machen. Wenn dann noch die Material- und Pflanzenauswahl der Umgebung passt (kontrastreich, aber natürlich; Kies, Natursteinfindlinge; Bambus, charakteristische Kirsch- oder Ahornarten und andere Pflanzen) dann ist die Illusion hinter dem Sichtschutzelement perfekt.

Haben Sie Lust auf anregende Schattenspiele? Gräserrispen, die sich hinter transluzentem oder farbigem Glas im Wind wiegen, sind ein famoser Anblick. Die Begeisterung Ihrer Gäste ist Ihnen damit sicher! Damit es gelingt, müssen die Sichtschutzelemente so angeordnet sein, dass sie ausreichend durch- und hinterleuchtet werden können und große Gräser (Reitgras, Chinaschilf, Bambus, Rutenhirse) sich ausreichend entfalten können. Die Scheiben selbst dürfen natürlich nicht zu dunkel sein.

Neben all den verschiedenen Fertigbau-Kunststoffelementen, die es in nahezu jedem Bau- und Gartenmarkt in Hülle und Fülle gibt, lohnt sich ein prüfender Blick auf Recycling-Werkstoffe. Hier überzeugen neben der Ressourcenschonung vor allem die hohe Lebensdauer und die hervorragende Eignung für den Außenbereich, da das Material absolut farbecht, wetterfest und nahezu verschleißfest ist.

Interessant und innovativ sind HPL-Platten. HPL steht für High Pressure Laminate, unter Hochdruck verpresstes und verleimtes Laminat. Zur Herstellung von HPL-Platten werden mehrere Papierschichten mit Melaminharz getränkt. Das so entstehende Material ist ein hochtechnisches Kunststoffprodukt, es ist äußerst stabil, langlebig und wetterfest, gut zu bearbeiten und lässt sich in allen erdenklichen Farben beschichten – auch Holz-, Rost- oder Natursteinoptik ist möglich. Eingesetzt werden die HPL-Platten vorzugsweise zur Verblendung (quasi als zweite Haut von Gebäuden, Mauern und Wänden) und in genügender Stärke (mindestens 6, besser 8 mm) auch als Sichtschutzelement (dann meist eingespannt zwischen Säulen oder Stützen, ähnlich wie Glas). Kosten (Platten): ab 65 Euro/$m^2$.

TIPP

### WIE SAUBER HALTEN?

Verbundsicherheitsglas (VSG) verträgt auch starken mechanischen Druck, kann also auch mal schnell mit dem Hochdruckreiniger abgespritzt werden. Vorsichtshalber Befestigungsbeschläge und Verbindungsstücke trockenwischen, um Korrosion vorzubeugen. Beschichtete Gläser und Kunststoffe aller Art eher zurückhaltend mit warmem Wasser (mit etwas Spülmittel) und nicht kratzenden Tüchern reinigen.

# CHECKLISTE

## Materialien, Variationen, Kombinationen

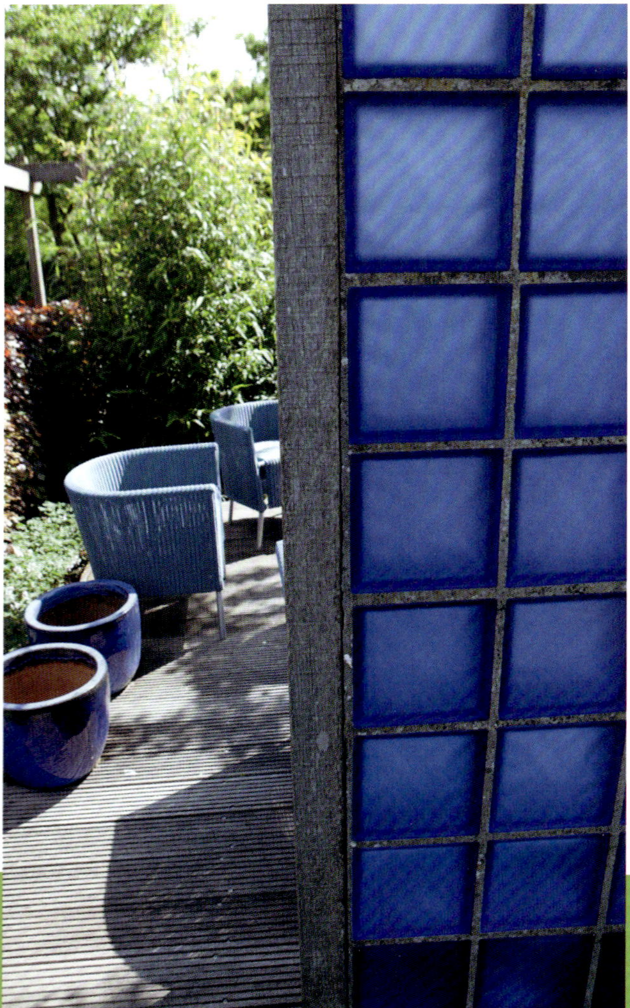

Mit Glasbausteinen lassen sich aparte Gestaltungen umsetzen. Sichtschutz gibt's als Zugabe.

Hochwertige Gläser halten jahrelang. Hochwertige Gläser kosten entsprechend viel. Hochwertige Gläser allein sind allerdings noch keine gelungene Gestaltung. Wenn Sicherheitsaspekte keine große Rolle spielen, dann dürfen Sie gern nach Produktionsresten, genügend großen Bruchstücken und Ähnlichem Ausschau halten, um es als Sichtschutz zu verwenden.

Bei rahmenlosen, freistehenden Glasstelen und Sichtschutzwänden kommt es ganz besonders auf die Halterung an. Diese besteht in der Regel aus einem doppelwandigen Schienenprofil (Stahl oder Alu, je nach Bedarf). Dazwischen werden die Glaselemente so fixiert, dass sie einerseits fest, andererseits aber nicht unter Druck eingespannt sind, denn mechanisch-physischer Druck lässt sonst das Glas in einem sehr sensiblen Bereich „arbeiten". Je größer die Fläche der Halterungen, desto besser werden die einwirkenden Kräfte verteilt. Bei Zierelementen ohne Sicherheitsfunktion, also Paravents, markanten Raumteilern oder gestaffelten Sichtschutzstelen, kann die Halterung etwas zurückhaltender ausfallen, bei Sichtschutzelementen, die zugleich als wichtige Barrieren (vor allem Absturzsicherungen!) dienen, muss die Halterung allen statischen Vorgaben entsprechen. Bei rahmenlosen, nur in Bodennähe fixierten Elementen sollten Sie immer splitterfreies Verbundsicherheitsglas (VSG), also zwei bis drei Lagen eines Einscheibensicherheitsglases (ESG, vorgespannt) mit innenliegender Folie (farbig, wenn Sie es wünschen) verwenden.

Auf die Bohrungen kommt es bei rahmenlosen Glasscheiben besonders an. Diese müssen stets sauber und splitterfrei ausgeführt werden, damit beim späteren Fixieren oder Einspannen nichts in die Brüche geht und die Gläser nicht als Ganzes einen Riss bekommen. Bei vorgefertigten Elementen aus thermisch vorgespanntem Glas werden die Bohrungen bereits während der Herstellung vorgenommen, Korrekturen sind dann nur noch marginal möglich. Wenn Sie mit Glas planen, sollten Sie das Bohren möglichst auslagern beziehungsweise bereits bei der Materialbestellung mit in Auftrag geben.

Ein interessantes, zuweilen unterschätztes Material sind Glasbausteine. Die kompakten und in allen erdenklichen Farben und Oberflächen erhältlichen Bausteine können rasch zu kreativen Glaswänden aufgetürmt werden und garantieren tolle Lichteffekte. Für tragende Mauern und Wände kommen sie zwar nicht infrage, dafür sind sie zu fragil und zerbrechlich, aber wenn sie z. B. in Pergolen oder zwischen Betonwänden integriert werden, machen sie nach innen und außen Eindruck, ohne dass fremde Blicke durchdringen können. Eine vorsichtige Handhabung und die Verwendung spezieller Glassteinmörtel in entsprechenden (genügend großen) Fugen sind beim Einbau unbedingt erforderlich.

TIPP

### RESTERAMPEN KREATIV NUTZEN

Fragen kostet bekanntlich nichts. Und wer weiß, vielleicht bekommen Sie auf Nachfrage besonders günstige kleine Schätze – überzählige Exemplare, Rückläufer, Produktionsreste und anderes mehr. Beim Baustoffhändler, bei örtlichen Fachbetrieben, auf dem Flohmarkt und natürlich im Internet warten solche Schätze oft nur auf die richtigen Interessenten. Für den Privatbereich sind (sonst nicht mehr zu verwertende) Minder- und Kleinstmengen pures Gold.

# Sichtschutz mit Textil

## Guter Stoff für Spezialaufgaben

Immer dann, wenn die üblichen Materialien und Werkstoffe versagen, entweder weil es räumlich-konstruktiv oder am Budget hakt, dann sollten Sie einen Blick auf Textilien riskieren. Sichtschutz aus Textil ist ein zuweilen unterschätztes Allroundtalent und überzeugt vor allem durch seine zwanglose Funktionalität und angenehme Haptik.

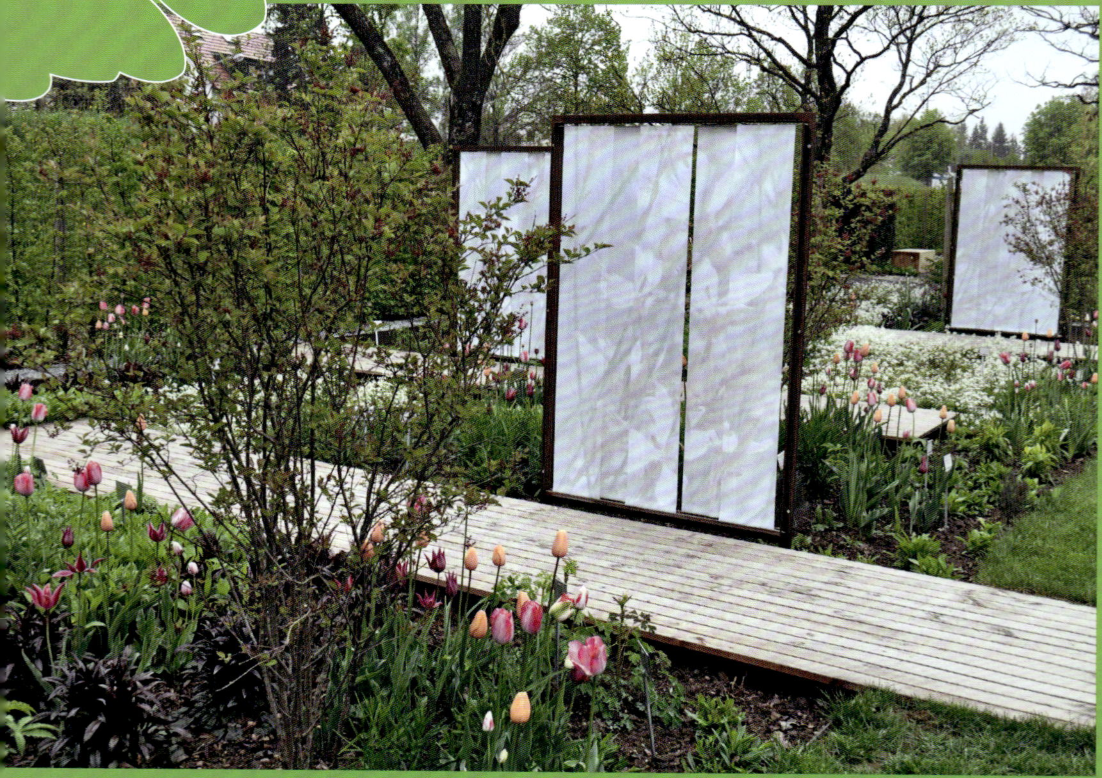

# ÜBERRASCHEND ANDERS

## Bereit für neue Perspektiven?

Schon allein wegen des angenehmen Gefühls beim Berühren von Textilien sollten Sie diese Möglichkeit unbedingt in Betracht ziehen, um im Außenraum für verlässlichen und multifunktionellen Sichtschutz zu sorgen. Und es sind nicht nur Sonnenschirme, Sonnensegel oder Windbreaker (ja, genau: die vom Strand!), die hier infrage kommen.

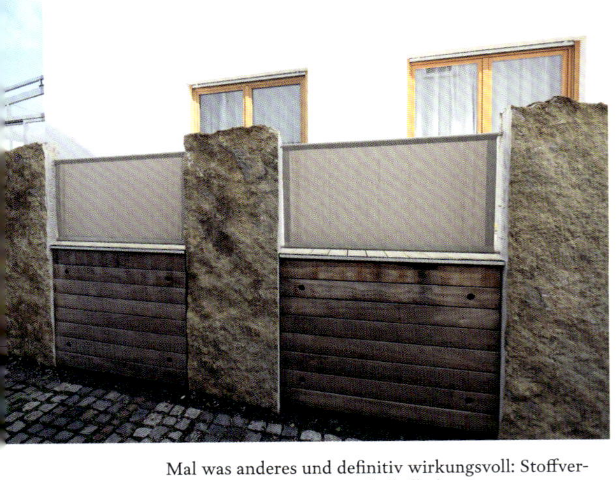

Mal was anderes und definitiv wirkungsvoll: Stoffverspannung zwischen Muschelkalkplatten

Stoffverspannungen sind in allen Formen, Formaten und Farben per se spannend. Und ungemein praktisch, denn blitzschnell sind Brüstungsverspannungen von ihren Halterungen abgenommen, jegliche (saisonale) Sonnensegeltuchkonstruktion abgehangen, zeltartige Verspannungen auf- oder eingerollt beziehungsweise zusammengelegt und sicher verstaut. Der mobile und ungezwungene Charakter sowie die Möglichkeit, mit Farben und Mustern zu spielen und bei Bedarf ohne großen Aufwand die Textilien auszutauschen, schaffen ganz neue Perspektiven bei der Frage des Sichtschutzes. Sie können ihn ganz nach Ihrem Geschmack gestalten. Hochwertige Stoffe erfüllen zudem alle Anforderungen an Wetterbeständigkeit und halten (mit etwas Pflege und sorgfältigem Umgang) eine halbe Ewigkeit.

Es ist schon erstaunlich, wie in den letzten Jahren das Wohnzimmer von innen nach außen verlegt wurde. Aber ein Wunder ist es nicht, denn es gibt kaum etwas Schöneres, als sich draußen (im Garten) wie zuhause zu fühlen. Über die warmen Sommermonate hinweg findet, wann immer möglich, das Leben draußen statt. Ein Grund für diesen schönen Trend: tolle Outdoor-Stoffe, die drinnen nach draußen holen, und ein behagliches Grundgefühl entstehen lassen. Paravents aus wetterfesten und zu den Gartenmöbeln passend gefärbten Stoffen lassen ohne großen Aufwand auch draußen Wohngefühl entstehen. Wasser- und schmutzabweisendes Acrylgewebe oder Teflon (wenn es das Budget erlaubt) sind auch hier die Zauberstoffe, die fast alles ermöglichen. Falls es um reinen Sichtschutz (ohne zusätzlichen Wind- und Witterungsschutz) geht, dann ist ein leichtes, weitmaschiges Gaze-Gewebe der Stoff der Wahl. Der Vorteil dieses Materials liegt darin, dass es großflächig zum Einsatz kommen kann, denn der Wind kann gut passieren – Blicke jedoch nur gefiltert. Außerdem ist das Gewebe leicht mit allen erdenklichen Motiven bedruckbar. Der Stoff sollte robust, farbintensiv und trotzdem transparent sein, außerdem leicht auszuwechseln und nicht zu teuer: Sie möchten den Stoff sicher gerne auch einmal austauschen und andere Farben in Ihren Garten bringen – vielleicht sogar passend zur Saison? All diese Eigenschaften bieten gewebte Stoffe aus Polyester (PE). Wenn Lichtundurchlässigkeit und hohe Wasserabsorbierung für Ihre Gestaltung wichtig sind, können Sie mit PVC, Acryl oder Teflon beschichtete Stoffe verwenden. Oder Sie greifen auf die bereits erwähnte Gaze zurück, die sich als formstabiles, hoch

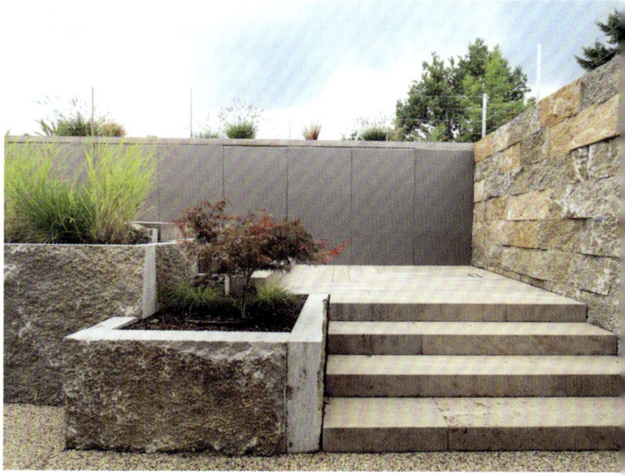

Schroffer Muschelkalk trifft hier auf elegante Stoffbahnen. Tiefhof mit Tiefenwirkung.

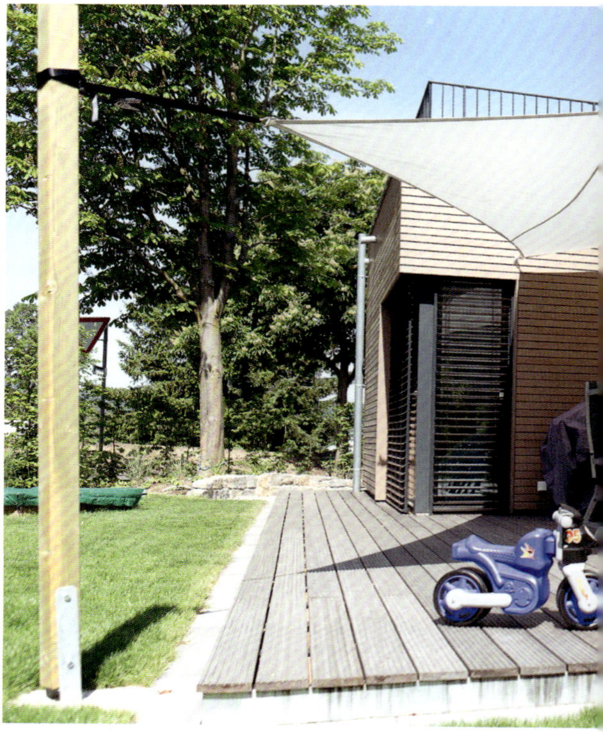

Einfach wirkungsvoll. Dieses fest verspannte Segel bietet Schutz und sieht schick aus.

reißfestes Netzgewebe aus Polyethylen HD (HDPE), perfekt als Sichtschutz eignet, der leicht zu befestigen ist und bei genügend geringer Maschenweite auch Schutz vor Wind bietet. Der Vorteil aller PE-Wind- und Sichtschutznetze liegt vor allem in der hohen Strapazierfähigkeit. Gaze selbst ist ein witterungs-, verrottungs- und UV-stabiles Material, und es ist wasserabweisend. Sichtschutznetze aus Gaze sind beständig gegen viele Chemikalien und können in einem Temperaturbereich von - 30°C bis + 90°C bedenkenlos eingesetzt werden. Sie sind also vielen Widrigkeiten gewachsen.

Sonnensegel sind der Inbegriff textiler Verspannungen und befinden sich seit einigen Jahren im Dauertrend. Zu Recht, denn neben der hohen Funktionalität geben sie dem Garten ein markantes Aussehen, das nicht selten (maritime) Urlaubsgefühle weckt.

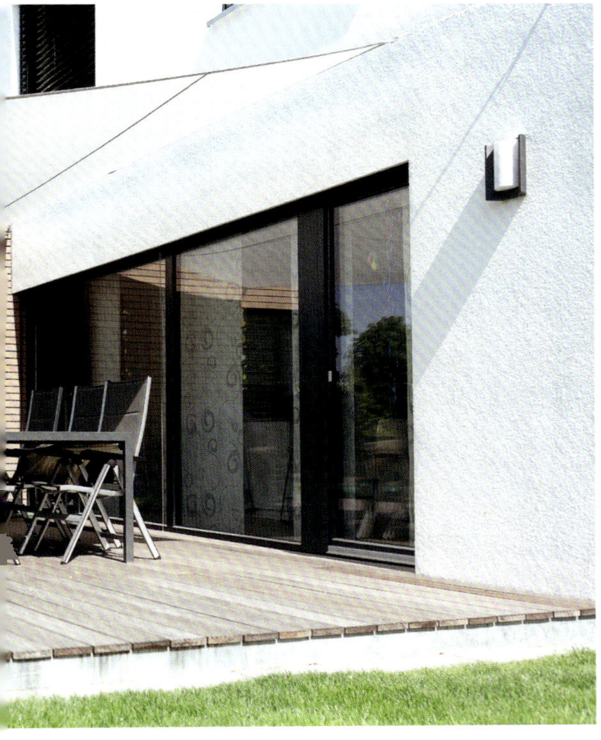

Bei der Planung von Sonnensegeln gilt es, auf gute Statik, zügigen Wasserablauf, den Schattenwurf und das zu Haus und Garten passende Aussehen zu achten. Die Platzierung der Stützen oder Pylone darf nicht stören, und wenn Segel an das Haus oder die Pergola gehängt werden, dann sollte man nicht basteln, sondern nur zu professionellen Ankern oder Konsolen aus hochwertigen, wetterfesten Materialien greifen. Sie müssen auch vorab klären, ob es ein dauerhaftes oder saisonales Segel werden soll. Daraus leitet sich dann auch die Wahl des Stoffs und die notwendige Art der Befestigung ab. Praktisch sind Stützen, die in Bodenhülsen stecken und bei Bedarf leicht herausgenommen werden können. Fest verspannte Segel sind eine mögliche Variante, aufrollbare Versionen jedoch in den allermeisten Fällen praktischer (aber kostenintensiver).

**Checkliste für Sonnensegel | Das müssen Sie vor dem Kauf beachten**

Befestigung: Masten in Bodenhülsen oder fest verortet; Masten oder stattdessen geeignete Befestigungspunkte; Variationsbreite der Befestigung; fest oder aufrollbar; Ausrichtung des Segels (Wasserabfluss, Schattenwurf)

Sonnensegel: Stoffart und -farben; Form des Segels; Lebensdauer des Materials; zugelassene Windlast; besondere Eigenschaften (falls gewünscht) wie etwa Lichtdurchlässigkeit, Wärmeabstrahlung, Farbechtheit und Ähnliches.

# Sichtschutz mit Pflanzen

## Immer wieder neu, immer wieder faszinierend

So naheliegend wie unterschätzt: Pflanzen spielen die absolute Hauptrolle im Garten und sind geradezu prädestiniert, abzuschirmen, zu verdecken und obendrein alle Blicke auf sich zu lenken. Neben Hecken und klassischen Kletterpflanzen sollten Sie auch einen Blick auf Gräser und sogenannte „grüne Wände" werfen.

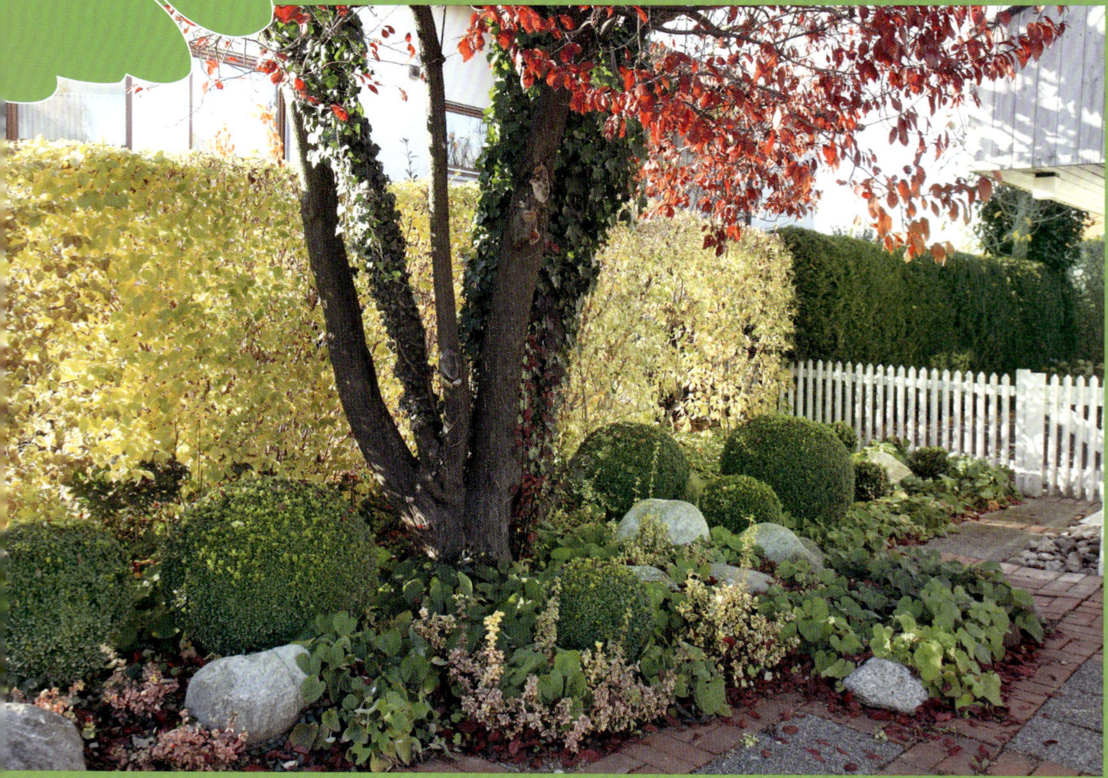

# NATÜRLICH SCHÖN

## Größere Dynamik, größerer Effekt geht nicht!

Pflanzen im Garten müssen sein – ohne Pflanzen kein Garten, kein bezaubernder jahreszeitlicher Wechsel. Pflanzen sind gleichermaßen anziehend und abweisend und geben Ihnen die günstige Gelegenheit, mit relativ geringem Aufwand große Effekte zu erzeugen. Nutzen Sie diese Chance.

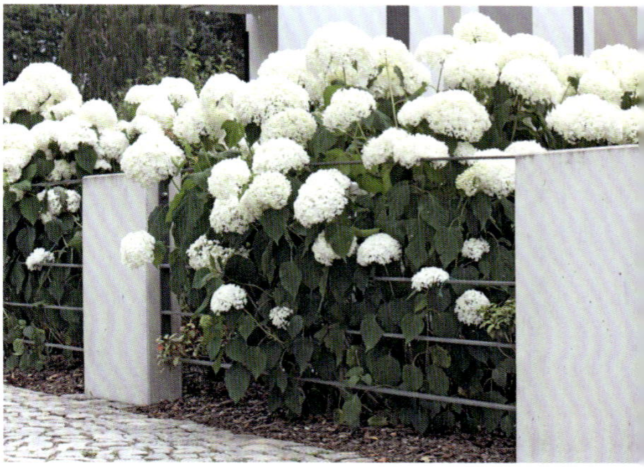

Die überaus üppigen Blütenbälle der 'Annabelle'-Hortensie bestimmen hier das Bild.

Sichtschutz mit Pflanzen ist lebendig, vielfältig, ganzjährig interessant und ganz nebenbei die günstigste Möglichkeit, um sich im Garten kuschelige Ecken einzurichten. Natürlich müssen Sie etwas Geduld mitbringen, aber für einen eingewachsenen Garten lohnt sich das Warten immer. Die Wirkung von ausgewachsenen Hecken, überkopfhohen Gräserpartien und in Blüte stehenden Kletterpflanzen (Clematis, Rosen) ist nicht zu überbieten. Pflanzen bringen Dynamik und Leben in den Garten und sorgen jahrelang für genau die Momente, mit denen die Zeit im Garten zu einem besonderen Erlebnis wird. Abschirmung mit Pflanzen ist immer auch ein Geduldsspiel und mitunter eine gärtnerische Herausforderung. Nehmen Sie diese an, das Gartenglück wartet auf Sie.

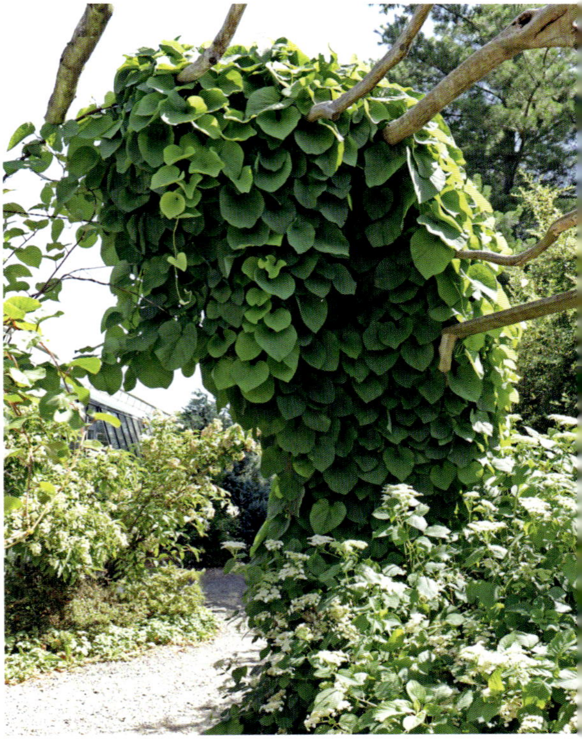

Das beeindruckende Blattwerk der Pfeifenwinde ist ein Hingucker – und Blickfänger.

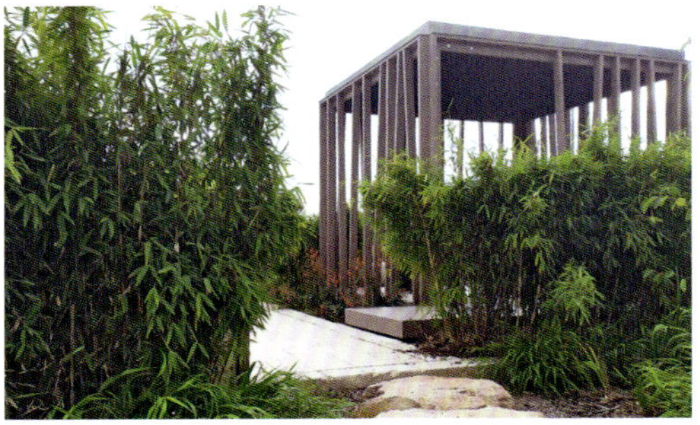

Mit Bambus lassen sich bei bester Abschirmung spannende räumliche Akzente schaffen.

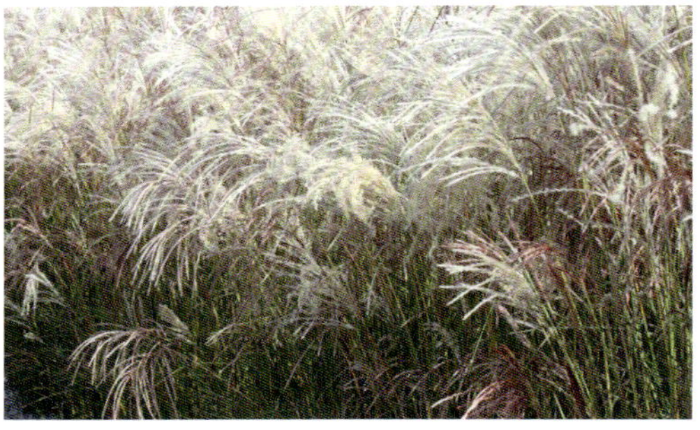

Hochaufragendes 'Karl Foerster'-Reitgras ist ein hochattraktiver Sichtschutz.

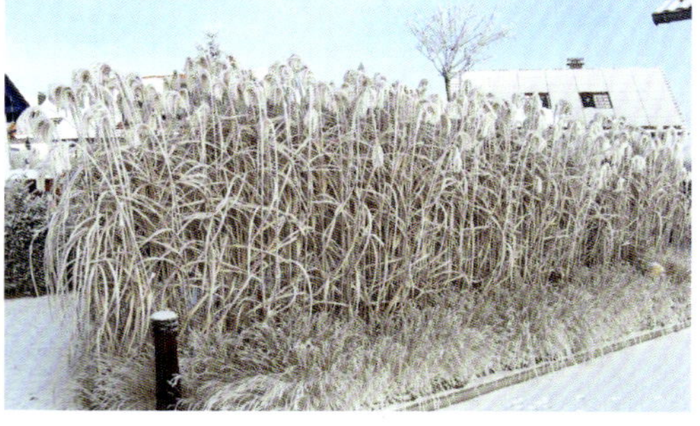

Faszinierende winterliche Gartenbilder entstehen vor allem mit strukturreichen Gräsern.

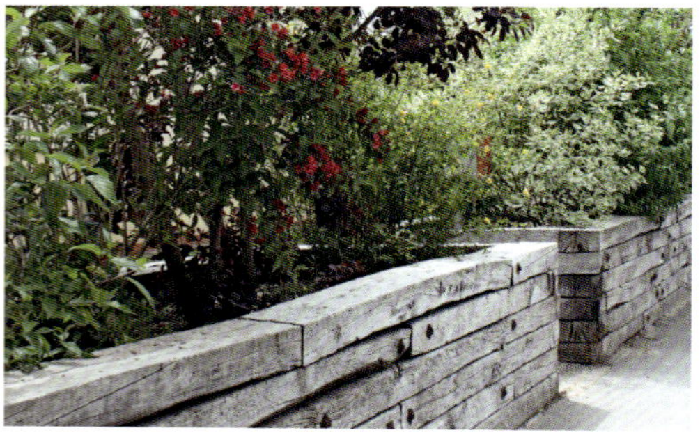

Kantige Holzbalken und üppiges Grün bilden hier eine attraktiv-effektive Barriere.

Unabhängig davon, welche Pflanze Sie zur Sichtbegrenzung einsetzten, immer gilt es die Wasser- und Nährstoffversorgung sicherzustellen und die generelle Pflege zu beachten, damit die Pflanzen auch gedeihen. Richtig gepflanzt und über die Jahre artspezifisch gehegt und gepflegt werden die Gewächse Ihnen aber keine allzu großen Sorgen bereiten. Denn hier gilt ein einfaches Prinzip: pflanzen und dann wachsen lassen. Wenn man ab und zu regelnd eingreift (also Schnitt und Führung der Triebe), dann bereiten die allermeisten Arten keine Probleme. Allerdings darf man sie eben nicht vollkommen aus dem Blick verlieren. Das betrifft auch die regelmäßige Kontrolle von Rankhilfen und des Zustands von berankten Wänden auf Schäden am Putz oder Mauerwerk.

**Bewährte und schöne Hecken für attraktive Gartenräume**

- Blutbuche (*Fagus sylvatica* var. *purpurea*), 3 Pflanzen/m$^2$
- Eibe (*Taxus baccata*), 2-3 Pflanzen/m$^2$
- Feld-Ahorn (*Acer campestre*), 3-4 Pflanzen/m$^2$
- Hainbuche (*Carpinus betulus*), 3-4 Pflanzen/m$^2$
- Lebensbaum (*Thuja occidentalis*), 2 Pflanzen/m$^2$
- Liguster (*Ligustrum vulgare*), 2-3 Pflanzen/m$^2$
- Rot-Buche (*Fagus sylvatica*), 3 Pflanzen/m$^2$
- Scheinzypresse (*Chamaecyparis lawsoniana*), 2 Pflanzen/m$^2$
- Stechpalme (*Ilex aquifolium*), 2 Pflanzen/m$^2$
- Europäische Lärche (*Larix decidua*), 3-4 Pflanzen/m$^2$

- Weißdorn (*Crataegus monogyna*), 2-3 Pflanzen/m$^2$
- Alpenbeere (*Ribes alpinum*), 2-3 Pflanzen/m$^2$

Pflanzen als Baumschmuck sehen nicht nur zauberhaft aus, sie sparen auch aufwendige Rankkonstruktionen und füllen den Bereich bis zum Kronenansatz der Bäume attraktiv (und blickdicht) aus. Voraussetzung sind ein, zwei geeignete Solitärbäume. Nutzen Sie Kletterpflanzen, um solche größeren Solitärbäume zu schmücken. Achten Sie darauf, dass diese den Bäumen nicht Licht, Luft und Wasser streitig machen. Gut geeignete Arten sind alle Wildarten der Waldrebe (*Clematis*) wie die Gewöhnliche Waldrebe (*C. vitalba*) oder die Bergwaldrebe (*C. montana*), Kletterrosen (*Rosa*), z. B.: Vielblütige Rose (*R. multiflora*) und die Kletterrosen-Züchtung 'New Dawn'. Starkwüchsige Kletterer wie Efeu (*Hedera helix*) und Blauregen (*Wisteria sinensis*) sollten Sie nicht verwenden, da diese den Bäumen Luft und Nährstoffe rauben. Sie sollten deshalb nur an Mauern oder entsprechend massiven Rankkonstruktionen (Blauregen) eingesetzt werden.

Die beste Alternative zu Zäunen und Wänden sind Hecken, vor allem in der konturbetonten Variante. Man kann auch beides miteinander kombinieren beziehungsweise in definierten Abschnitten abwechselnd anordnen. Prinzipiell müssen Sie sich entweder für eine frei wachsende oder eine linientreu geschnittene Heckenvariante entscheiden. Je weniger Platz man hat, desto eher empfiehlt sich natürlich eine Formschnitthecke. Im Zweifel kann man auch zu Fertighecken greifen. Bei frei wachsenden, nur grob beschnittenen Hecken wirken gemischte Blütengewächse (Deutzie, Weigelie, Schneeball und Ähnliches) am besten. Für Formschnitthecken sollten Sie nicht nur in Grüntönen (Thuja, Scheinzypresse, Eibe, Kirschlorbeer) denken, sondern immer auch an (herbstbunte) Laubgehölze wie Hainbuche oder Feld-Ahorn. Geschnitten und gegossen werden müssen sie alle. Besteht Bedarf an stacheliger Abwehr? Dann rücken Wildrosen (z. B. Hunds-Rose, Kartoffel-Rose, Bibernell-Rose) und besonders stachelige Heckenpflanzen in das Blickfeld, also dornige oder stachlige Arten wie Feuerdorn, Stechpalme, Berberitze, Mahonie, Schlehdorn, Sanddorn, Weißdorn und Zierquitte. Wenn also genügend Platz zur Verfügung steht, Sie vor ein paar Stacheln nicht zurückschrecken (bei Kindern und Haustieren gilt erhöhte Vorsicht!), dürfen Sie auch gern stachlig-dornig denken.

TIPP

### WANN UND WIE SCHNEIDEN?

Generell gilt: Schneiden ist immer gut. Wichtig sind scharfes und sauberes Werkzeug, Arbeitsschutz, trockene, nicht zu heiße Witterung und ein guter Blick auf Ihre Pflanzen. Verblühtes und Abgestorbenes, erst recht Krankes (dann mindestens bis zum ersten grünen, weichen Holz schneiden) kann jederzeit entfernt werden. Ansonsten schneidet man im zeitigen Frühjahr oder im späten Herbst. Dann sollte man konsequent vorgehen und besser einzelne, schwächere Triebe und Äste komplett entfernen (auslichten), als Stückwerk zu erzeugen.

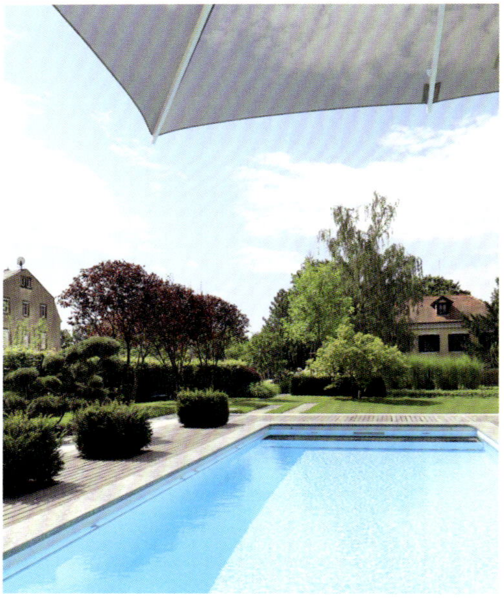

Die höhengestaffelte Rahmen-Pflanzung sorgt für ungestörtes Gartenvergnügen.

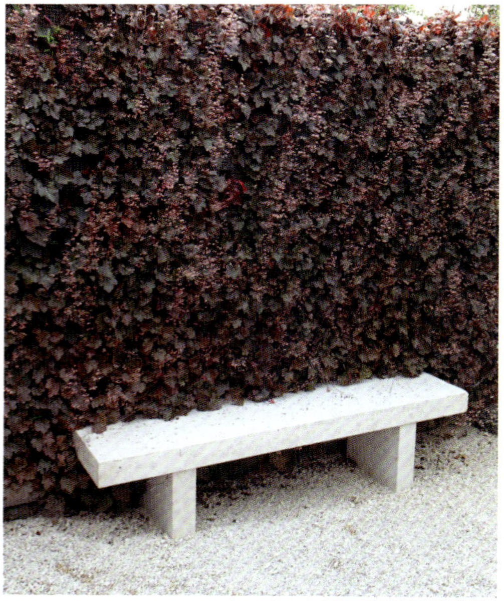

„Grüne" Wand mal anders: Purpurglöckchen (*Heuchera*) schaffen Behaglichkeit.

Gut für Einfriedungen geeignet: Spalierbäume. Am besten ergänzt man sie durch Hecken, Sichtschutzelemente oder unterpflanzt sie mit dichtem Strauchwerk oder hohen Gräsern. Das sieht ganzjährig attraktiv aus und schafft unter räumlich beengten Situationen einerseits einen schönen Hingucker – und andererseits einen mehr als ausreichend hohen Sichtschutz, der aber dennoch nicht zu massiv wirkt.

**Attraktive Spaliergehölze**

- Winter-Linde (*Tilia cordata*)
- Glanzmispel (*Photinia × fraseri* 'Red Robin')
- Zierapfel (*Malus* 'Evereste')
- Feld-Ahorn (*Acer campestre*)
- Gegen das Ulmensterben resistente Ulmen, z. B. *Ulmus* 'Sapporo Autumn'
- Amberbaum (*Liquidambar styraciflua*)
- Hainbuche (*Carpinus betulus*)
- Chinesische Birne (*Pyrus calleryana* 'Chanticleer')

Für Pergolen, Spaliere, Portale, Zäune, Wände, Mauern, ja sogar für Bäume: Kletterrosen sind immer gut und immer schön. Aber achten Sie auf nahrhaften, lockeren, gut durchlässigen Boden.

**Schöne Kletterrosen**

einmal blühend

- weiß: 'Bobby James'
- rot: 'Flammentanz'
- rosa: 'Paul Noel'
- gelb: 'Alchymist'

öfter blühend

- weiß: 'Ilse Krohn Superior'
- rot: 'Santana'
- rosa: 'New Dawn'
- gelb: 'Golden Showers'

**Kletterpflanzen | Wichtige Arten**

Jungpflanzen, Ableger/Absenker mit Kletterhilfe

- Akebie (*Actinidia quinata*)
- Blauregen (*Wisteria sinensis*); extrem starkwüchsig!
- Chinesischer Baumwürger (*Celastrus orbiculatus*)
- Geißblatt (*Lonicera*)
- Kletterrosen, vor allem Ramblerrosen, z. B. 'Bobby James', 'Kiftsgate', 'American Pillar', 'Rambling Rector', 'New Dawn', 'Super Excelsa', 'Super Fairy'
- Knöterich (*Fallopia aubertii*)
- Passionsblume (*Passiflora caerulea*)
- Scharfzähniger Strahlengriffel (*Actinidia arguta*)
- Scharlachwein (*Vitis coignetiae*)
- Waldrebe-Arten und -Sorten (*Clematis*)
- Winterjasmin (*Jasminum nudiflorum*)

Jungpflanzen, Ableger/Absenker ohne Kletterhilfe

- Efeu (*Hedera helix*)
- Kletterhortensie (*Hydrangea anomala* subsp. *petiolaris*); Spanndrähte sinnvoll
- Spindelstrauch (*Euonymus fortunei*)
- Trompetenblume (*Campsis radicans*)
- Wilder Wein (*Parthenocissus*)
- Zimbelkraut (*Cymbalaria muralis*)

Einjährige Arten (Samen)

- Duft-Wicke (*Lathyrus odoratus*)
- Feuer-Bohne (*Phaseolus coccineus*)
- Glockenrebe (*Cobaea scandens*)
- Kapuzinerkresse (*Tropaeolum*-Hybriden)
- Mandevilla (*Dipladenia*)
- Prunk-/Kaiserwinde (*Ipomea tricolor*)
- Rosenkleid (*Rhodochiton atrosanguineum*)
- Schönranke (*Eccremocarpus scaber*)
- Schwarzäugige Susanne (*Thunbergia alata*)
- Zierkürbis (*Cucurbito pepo* var. *ovifera*)

TIPP

**ETWAS NACHHILFE SCHADET NICHT**

Die meisten Pflanzen wachsen einfach so. Das gilt prinzipiell auch für Kletterpflanzen. Es gibt aber einen entscheidenden Unterschied: Ohne geeignete Rankhilfen (Mauern, Stäbe, Seile, Holzgerüste oder Ähnliches) geht es kaum nach oben. Selbst wenn diese Hilfen vorhanden sind, müssen Sie hin und wieder nachhelfen (Triebe nachführen), damit die Pflanzen den richtigen Weg nehmen oder sich nicht selbst die Luft nehmen (Strangulationen sind bei starkwüchsigen Arten nicht selten).

# CHECKLISTE

## Clever kombinieren, standortgerecht pflanzen

Einmal pflanzen und dann wird alles von allein: Das ist natürlich zu kurz gedacht. Der Erfolg ist nicht automatisch garantiert. Etwas Zuwendung und ab und zu auch Zurechtweisung benötigt jede Pflanze. Im Fall der Fälle sind Sie aber mit ein, zwei gärtnerischen Handgriffen wieder auf der Erfolgsspur.

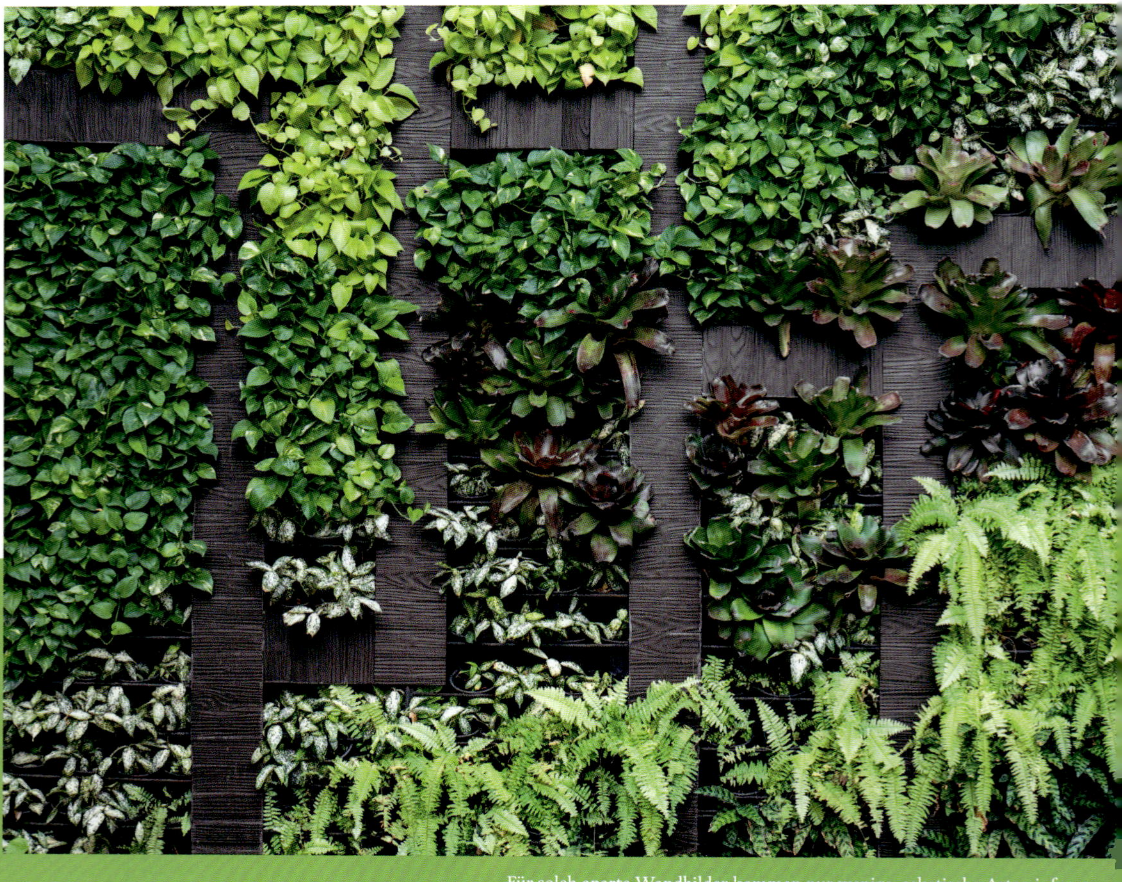

Für solch aparte Wandbilder kommen nur wenige, asketische Arten infrage.

Hecken- und Strauchgehölze lassen ohne großen Kosten- und Arbeitsaufwand ein großartiges Raumgefühl im Garten entstehen. Voraussetzungen sind: standortgerecht pflanzen, die Wasserversorgung im Blick haben, stets genügend Entfaltungsraum lassen und regelmäßig (aber mit Augenmaß) schneiden.

Koniferen in Reih und Glied zu pflanzen ist ein naheliegender Gedanke. Aber nicht immer ist die übliche auch die beste Lösung! Der häufigste Wunsch ist blickdichter Sichtschutz, der möglichst schnell seinen Zweck erfüllt. Überlegen Sie aber genau, ob es, vor allem in Hinsicht auf die räumlichen Gegebenheiten und Ihr persönliches Gartengefühl, unbedingt die Koniferenklassiker (Eibe, Scheinzypresse, Lebensbaum) sein sollen. Viel zu schnell werden die einst zierlichen Pflanzungen viel zu groß (und raumgreifend). Wenn schon, dann sollte man doch wenigstens eine der klassischen Laubholzhecken (z. B. Hain- oder Rot-Buche, Liguster, Feld-Ahorn) pflanzen, allein schon wegen des attraktiven Laubs (und teilweise auch der Blüten). Oder Sie nehmen das Thema Sichtschutz etwas gelassener und natürlich-lockerer und pflanzen frei wachsende Blütenhecken, etwa mit blickdichten Blickfängern wie Blüten-Hartriegel, Schneeball, Deutzie, Flügel-Spindelstrauch, Rote Winterbeere, Blasenspiere, Mahonie, Weigelie, Forsythie, Federbuschstrauch, Feuerdorn, Hortensien oder Glanzmispel.

Viel zu häufig wuchern zu viele und zu eng stehende Pflanzen wertvollen Platz im Garten zu. Wie wäre es mit modernen Varianten der klassischen Hecke? Sie müssen nicht auf den Sichtschutz Nr. 1 – Hecken – verzichten, aber ein Blick auf moderne Formate lohnt sich allemal. Zu nennen wären etwa Halbstamm-Spaliergehölze (Hainbuche, Amberbaum, Zierkirsche, Kaiser-Linde), die, geschickt kombiniert und mit ansprechender Unterpflanzung, wenig Platz einnehmen, aber effektiven und attraktiven Sichtschutz bieten. Fertighecken (Kirschlorbeer, Efeu, Hainbuche) sind ebenso eine Überlegung wert wie Lamellensichtschutzzäune, die mit einjährigen Kletterpflanzen (Wicken, Kapuzinerkresse, Prunkwinde) durchwachsen sind. Beide sind für räumlich beengte Situationen uneingeschränkt empfehlenswert! Es muss nicht immer die aufwendigste Lösung sein. Mit Kletterpflanzen (Kletterhortensie, Clematis) und stolzen Gräsern (z. B. Pampasgras) lässt sich leicht Sicht nehmen und viel Effekt machen.

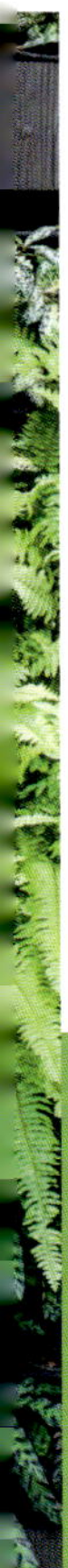

TIPP

### SUPERSCHNELL ODER GANZ ENTSPANNT?

Wenn es ganz schnell gehen soll, dann müssen Supergräser (Bambus, Chinaschilf und Ähnliches), genügend große Heckenpflanzen oder rasante Spontanbegrüner wie einjährige Kletterpflanzen (siehe S. 51 und 113) ran. Haben Sie keine Eile und wollen es mit den Pflanzen erst einmal langsam angehen lassen, dann haben Sie mit preisgünstigen Jungpflanzen, Absenkern und Stecklingen günstige Mittel, um – nach einigen Jahren – letztlich das gleiche (schöne) Ergebnis zu erreichen.

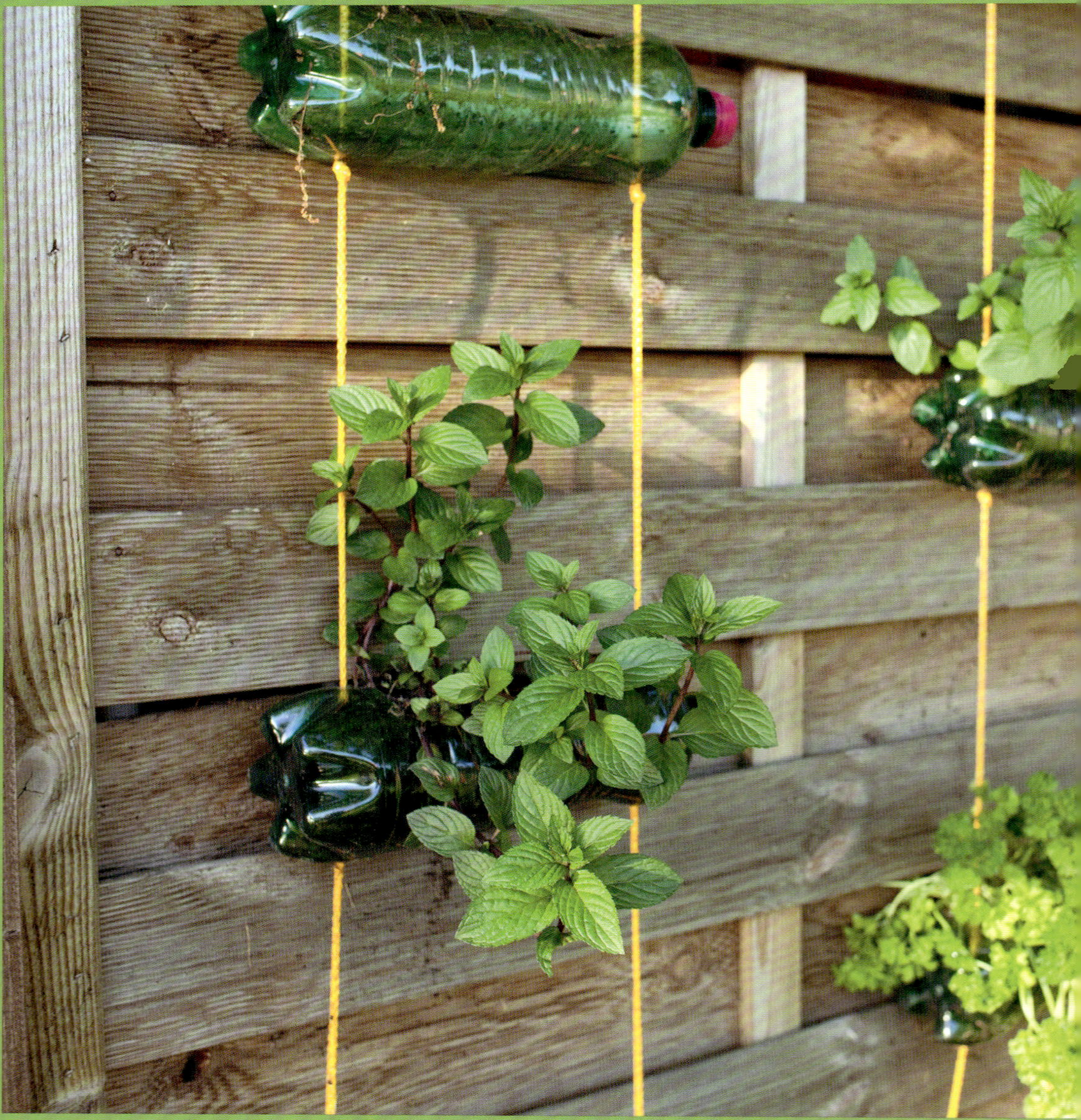

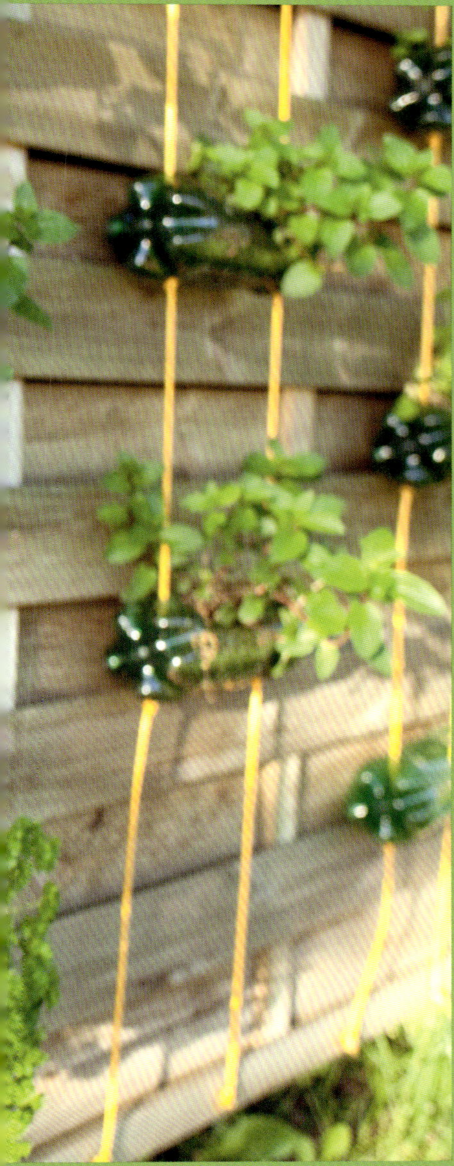

# Sichtschutz selbst bauen – gewusst wie!

Da hat man so viele schöne Ideen, aber wie setzt man sie selbst um? Lassen Sie es erst einmal ruhig angehen, sortieren Sie die Ideen, wägen Sie sie gegeneinander ab – und starten Sie dann desto effektiver mit Ihrem eigenen Sichtschutz-Projekt. Prinzipiell können Sie nahezu alles selbst machen, neben einer guten Werkzeugausstattung setzt das nur die Bereitschaft voraus, etwas (Frei-) Zeit und Schweiß in den Blickfang zu investieren. Die Mühe lohnt sich!

# ZUERST DIE INSPIRATION, DANN DER SELBSTBAU

## Lassen Sie Ihrer Kreativität freien Lauf

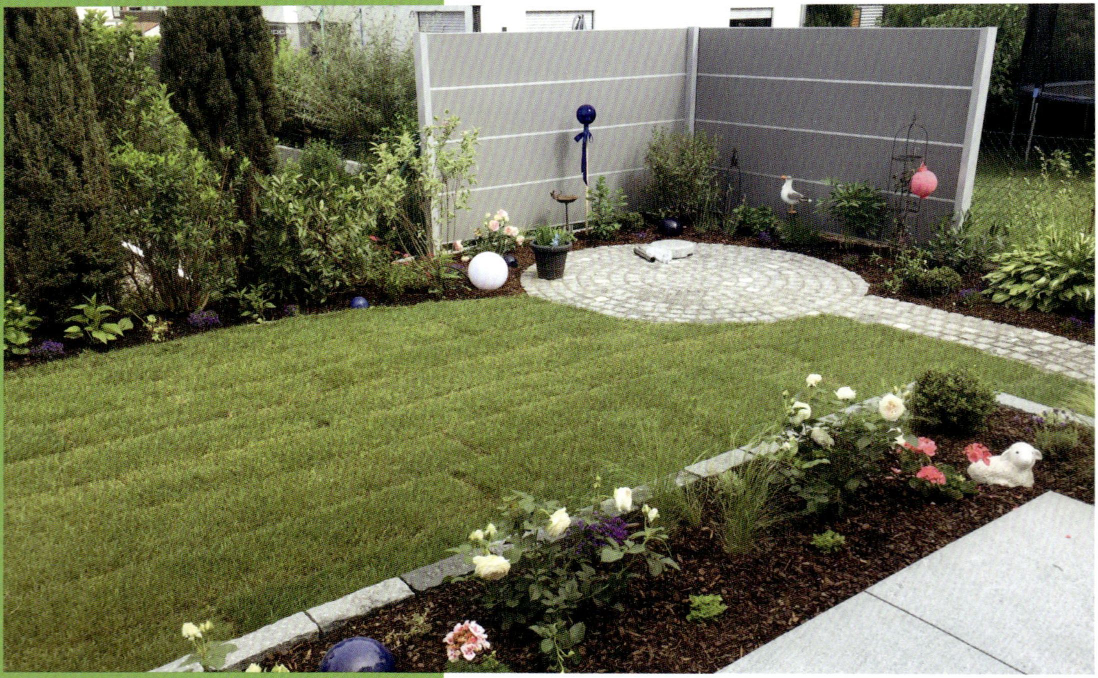

Kleine Ecke, große Wirkung. Dieser Aluzaun lässt sich gut in Eigenregie umsetzen.

TIPP

### SICHTSCHUTZ SOFORT – WENN'S GANZ SCHNELL GEHEN MUSS

Fertighecken

Paravents (Holz, Weide, Rattan)

Faltrollos oder -fächer

Matten aus Schilfrohr, Bambus, Weide, Kunststoff

Sichtschutz von der Rolle (Gewebebahnen, Windschutznetze, Rollzäune)

Segeltuch spannen

Bambus-, Chinaschilf-, Pampasgras-Pflanzung

Flechtwerk aus Pappel, Haselnuss oder Weide

Schnellwachsende (einjährige) Kletterpflanzen (siehe S. 51 und 113) an netzförmiger Verspannung (zwischen Bäumen, Pfählen etc.)

Warum immer nur neidisch auf die schönen Gartenprojekte der anderen blicken, wenn Sie das doch – mit ein bisschen Aufwand – eigentlich auch alles selbst haben (und machen) können? Also: Ran an das Sichtschutz-Projekt! Alles, was Sie an Rüstzeug dafür benötigen, finden Sie auf den folgenden Seiten. Auf geht's!

Die zentrale Frage vorweg: Was soll es denn bitte schön sein? Welcher Sichtschutz, in welcher Ausrichtung, Höhe, Blickdichte und Materialität wird benötigt? Um das passende Konzept festzulegen, müssen Sie erst einmal den Bedarf an Sichtschutz ermitteln. Sie wollen doch vermeiden, sich im ersten Übereifer (gegen Straßenlärm, spielende Kinder, die Nachbarn) einzumauern und unbedacht räumliche Enge zu erzeugen, die dann Unbehagen bei Ihnen auslöst. Zurückbauen ist nicht nur kostspielig, es macht schlichtweg auch keine Freude, wenn der Spaß erst einmal verdorben ist.

Also, wie geht man das Projekt an? Ein Rundgang um das Grundstück, der genaue Blick auf den Sonnenverlauf (Sonne-Schatten-Verhältnis auf dem Grundstück) und bei Hausgärten der Blick aus den oberen Hausetagen schaffen schnell Klarheit, ob und wo Sichtschutz unbedingt notwendig ist und wo eigentlich kein Bedarf besteht. Das zweite wichtige Entscheidungskriterium ist, ob der Sichtschutz zugleich als Einfriedung dienen oder einem vorhandenen Zaun beigestellt werden kann oder soll. Überlegen Sie auch, ob es überhaupt einen durchgängigen Sichtschutz geben soll oder ob partielle Maßnahmen ausreichen, etwa um einen Sitzplatz effektiv abzuschirmen. Man sollte also nicht gleich alles bepflanzen und bebauen, wenn das eigentlich nicht notwendig ist. Allzu massive Mauern und Wände in Überkopfhöhe erschlagen schnell die Raumwirkung und das eigene Gartengefühl. Sparen Sie sich die Ressourcen und investieren Sie lieber überlegt und bedarfsorientiert. Unterteilen Sie längere Mauerabschnitte, indem Sie entweder Holzelemente oder Heckenstreifen dazwischensetzen oder attraktive Farben und kletterfrohe Pflanzen an die Wand bringen.

Neben der linearen Ausdehnung ist die Höhe entscheidend für die Wirkung des Sichtschutzes. Mit einer etwa 1,70 bis 1,90 Meter hohen Konstruktion oder entsprechend hoch aufragenden Hecken (Abstände zum Nachbargrundstück beachten, sie sollten zumeist mindestens 50 cm betragen; bei Zustimmung auch weniger) können Sie die allermeisten Blicke abschirmen, haben aber bei Bedarf problemlos Zugriff. Hecken wollen geschnitten, Mauern, Wände und Holzkonstruktionen hin und wieder auf ihren Zustand überprüft werden. In der Regel sind alle Konstruktionen bis 2 Meter Höhe verfahrensfrei, bedürfen also keiner baurechtlichen Zustimmung.

# AUSSTATTUNG UND AUSRÜSTUNG

## Gutes Werkzeug, gute Ergebnisse

Natürlich lohnt es sich nicht, für ein, zwei bestimmte Handgriffe in Spezialwerkzeug und High-End-Geräte zu investieren; damit das eigene Sichtschutz-Projekt aber auch wirklich frustfrei gelingt, ist einwandfreies und gutes Werkzeug obligatorisch. Übrigens: Teilen macht Freu(n)de.

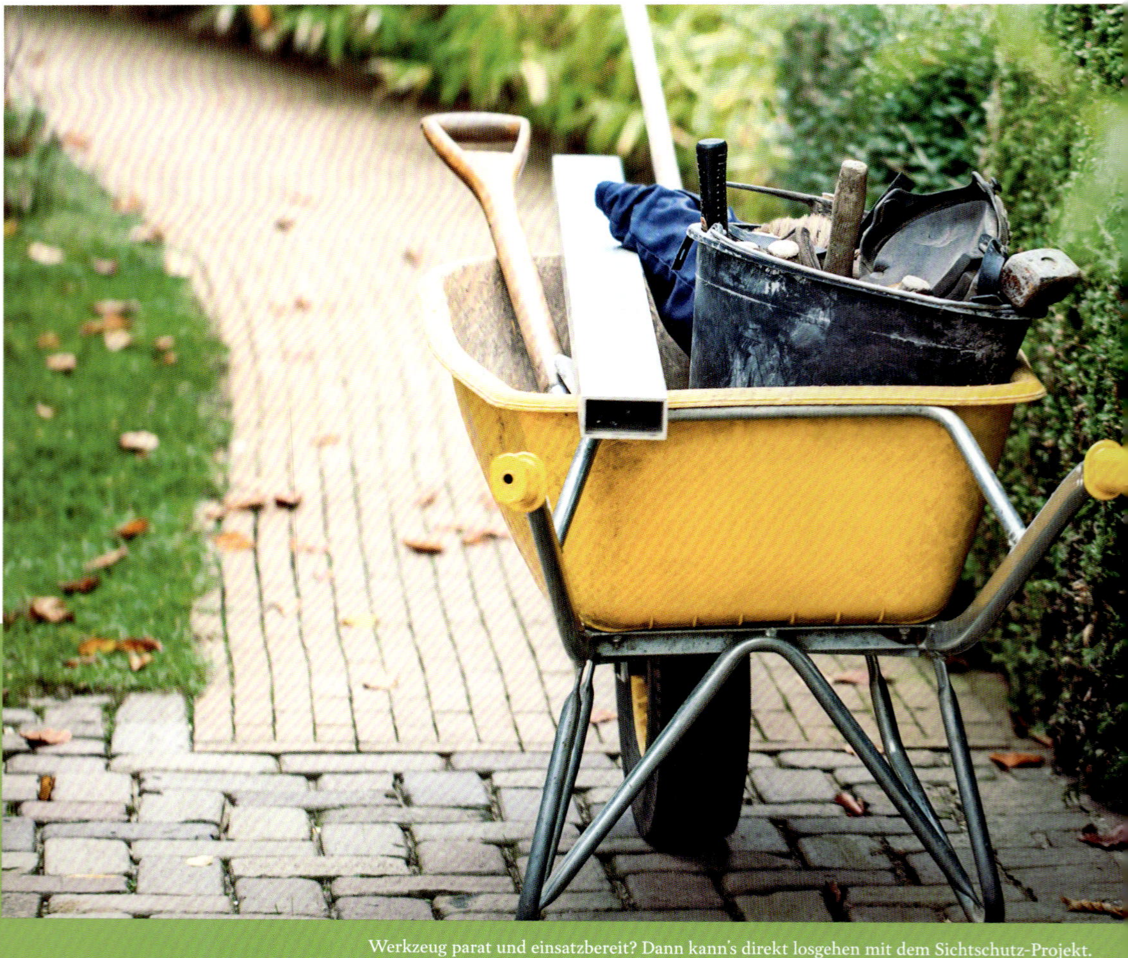

Werkzeug parat und einsatzbereit? Dann kann's direkt losgehen mit dem Sichtschutz-Projekt.

Hand aufs Herz, was brauchen Sie also wirklich neben den unerlässlichen und meist vorhandenen Gartenwerkzeugen? Zu nennen wären: Schubkarre, Spaten, Schaufel, Hammer (unter anderem Vorschlaghammer, Maurerhammer, Zimmermannshammer, Gummihammer), Meißel, diverse Schraubendreher und -schlüssel, Wasserwaage, Maßband, Zollstock, Anschlagwinkel, robuster Akkuschraubbohrer (mit einem gut ausgestatteten Werkzeugkasten zum Schrauben und Bohrern in unterschiedlichen Materialien und Materialdimensionen) und Arbeitsschutzkleidung (Schutzbrille, Helm, schnitt- und reißfeste Kleidung, gutes Schuhwerk, Gehörschutz). Außerdem auch: Schnüre (Maurerschnur) und passendes Material zum Einmessen und Abstecken (Maßband, Metallstäbe, Bambusstecken). Darüber hinaus könnten Sie projektabhängig u. a. benötigen:

Für Betonarbeiten: Mörtelwanne oder -eimer, Kellen, Stampfer, Schalbretter und -tafeln und Material zur Befestigung (Moniereisen, Kanthölzer, Spanngurte und Ähnliches), Putzkratzer, Trennschleifer, Akku-Rührgerät (oder entsprechender Aufsatz für die Bohrmaschine), Diamantbohrmaschine, Zwingen
Für Metallbauarbeiten: Winkelschleifer, Bolzenschneider, diverse Zangen und Feilen, Eisensäge, Handsäge, Blechschere, Drahtbürste, Schweißgerät
Für Holzarbeiten: geeignete Hammer, Fuchsschwanz, Feilen (handbetrieben und elektrisch), Hobel, Zwingen, Stichsäge, Kreissäge, Kettensäge
Für Arbeiten mit Glas: spezielle Bohrmaschine, Vorrichtung zum Einspannen, Glasschneider, Schleifmittel

Was fehlt sonst noch? Robuste Abdeckfolien, Material zum Polstern, Schutzvliese, Knieschoner, Leiter (nie allein mit Leitern hantieren!), Wasser (zum Trinken und Reinigen!), Unmengen an Nägeln, Schrauben, Muttern und anderen Beschlägen, ein paar Böcke, Holzkeile und Bretter (zum Unterlegen und Verkeilen) und natürlich Schaufel, Besen, Staubsauger sind immer gut und nützlich. Auch eine Handramme lohnt sich, wenn Sie den Baugrund verdichten müssen. Da beim Werkeln allerhand Müll und Reste anfallen, sollte man immer auch die passende sach- und fachgerechte Müllentsorgung beachten.

TIPP

### SHARING IS CARING

Ja, man benötigt für Selbstbau-Projekte, gerade wenn es konstruktiv komplex oder schwergewichtig zugeht, allerhand Gerätschaften, die über die Gartengrundausstattung hinausgehen. Nein, man muss diese deshalb nicht selbst kaufen und besitzen. Für den oft einmaligen Einsatz von Bohrhammer, Gehrungssäge, Betonmischer und Ähnlichem ist das Ausleihen schon aus Kostengründen genau die richtige Entscheidung. Das gilt erst recht, wenn „schweres Gerät" wie Minibagger zum Einsatz kommen müssen.

# SICHTSCHUTZ-PROJEKTE MIT HOLZ

## Holz macht (fast) alle Ihre Ideen möglich

Gute Holzarbeiten brauchen Zeit, Geschick und gutes Ausgangsmaterial. Aber keine Sorge: Unter den heimischen Hölzern gibt es genügend Kandidaten für alle gewünschten Sichtschutz-Projekte. Lärche, Eiche, Robinie, Weide, Kastanie und auch die überwiegend als Konstruktionsholz genutzten Fichte und Kiefer stehen als verlässliches Material bereit.

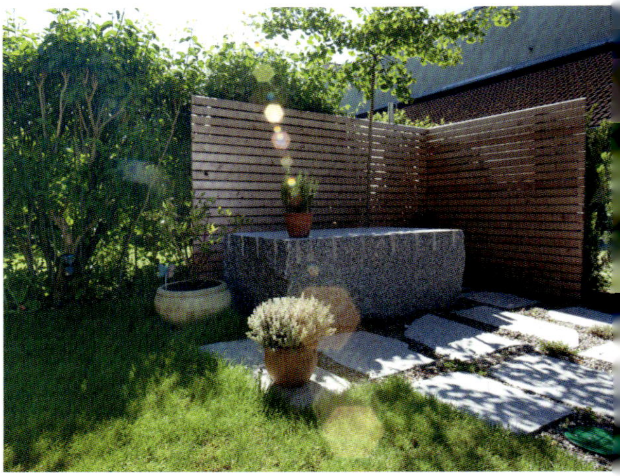

Diese 90°-Sichtschutzwand sorgt für optischen Halt und ungestörten Gartengenuss.

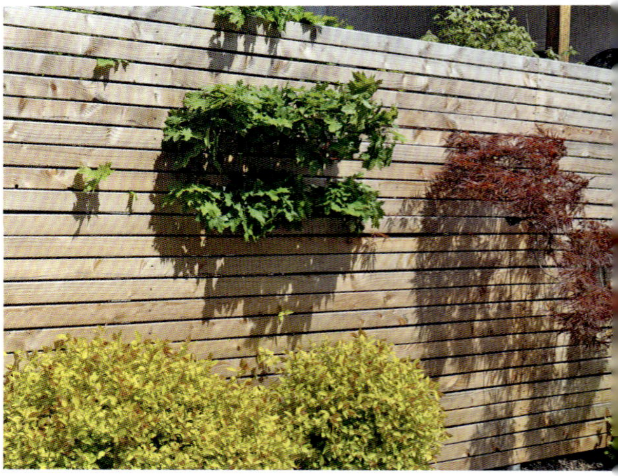

Natur sucht sich immer ihren Weg – hier durchbricht sie attraktiv die Geradlinigkeit.

Holz macht (fast) alles möglich. Seien Sie kreativ und stehen Sie unkonventionellen (Not-)Lösungen positiv gegenüber, denn mitunter muss man auch improvisieren. Etwa, weil die Maße es erfordern oder das gewünschte Material nicht zur Verfügung steht. Der große Vorteil von Holz gegenüber ultraharten Materialien wie Metall oder Stein: Maße können rasch ohne großen Aufwand korrigiert werden, auch Bohrungen oder Verschraubungen lassen sich meist versetzen, ohne dass es später deutlich zu erkennen ist. Als lebendiger, natürlicher Werkstoff steht Holz wie kein anderes Material im direkten Dialog mit den äußeren Bedingungen, es reagiert sofort,

TIPP

### SONDERBAUTEILE HINZUKAUFEN

Pergolen, Überdachungen, ja selbst klassische Lamellenzäune bedürfen einiger besonderer Bauteile in bestimmten Zuschnitten, deren Anfertigung gelernt sein müssen. Aber, warum sollte man sich mit Gehrungsschnitten, Nut-Feder-Verbindungen und anderem belasten und unnötig eigene Ressourcen verschwenden, wenn man das Erforderliche auch vom Fachbetrieb oder in Gemeinschaftswerkstätten anfertigen lassen kann? Geben Sie genaue Maße vor und stimmen Sie alles gut ab, dann halten Sie schon bald die exakt passenden Holzbauteile in der Hand.

wenn es draußen heiß und trocken oder nass und frostig ist.

Schon aus Kostengründen ist der Holzfachhandel den normalen Bau- und Gartenmärkten vorzuziehen. Das Angebot ist vielfältiger, und auch die Anlieferung ist meist zu fairen Konditionen möglich. Vergleichen lohnt sich jedoch immer! Fragen Sie auch nach kostengünstigen Resten, B-Ware und Zuschnitt. Da Sie als Kunde mitentscheiden, wie mit natürlichen Ressourcen umgegangen wird, sollten Sie ausschließlich Holz aus vertrauenswürdigen Quellen wählen, bei tropischen und überseeischen Hölzern ausnahmslos mit FSC-Zertifizierung (Forest Stewardship Council)! Die Mehrkosten dafür liegen derzeit bei etwa 15 bis 20 %, unterscheiden sich aber immer nach Menge und Qualität. Wenn kritische Käufer vermehrt solche Produkte verlangen, dann ändert sich auch das Angebot. Nutzen Sie hier die Gelegenheit mit einem schönen Gartenprojekt auch einen Beitrag für die gute Sache zu leisten.

Ein Profitipp, wenn Sie es mit Ihrem Holz-Sichtschutz-Projekt eilig haben: Nutzen Sie selbstschneidende Schrauben. Diese können Ihnen durch spezielle Gewinde das lästige Vorbohren oft ersparen und haben mit dem ersten Eindrehen satten Zug, sitzen also sehr fest.

Generell gilt für Schrauben, Muttern und andere Beschläge im Außenbereich (also im Garten): Sie benötigen nicht nur oberflächenbehandelten Stahl (verzinkt), sondern Edelstahl. Hier wird unterschieden zwischen A2 Edelstahlschrauben, die normalen Witterungen standhalten und als praktisch rostfrei gelten, und Edelstahlschrauben aus A4 Stahl. Letztere sind teurer.

Zu Holzschutzfarben: Neben volldeckenden Lacken (bleiben in satter Farbigkeit auf der Oberfläche) gibt es (die für natürlicheres Aussehen wesentliche interessanteren) offenporigen Lasuren. Diese ziehen tief ins Holz ein, lassen aber die charakteristische Holzmaserung sichtbar. Damit das schöne Aussehen erhalten bleibt, sollte der jeweilige Holzschutzanstrich etwa alle zwei Jahre erneuert werden.

## PROJEKT: SCHLICHTER BRETTERZAUN
## HÖHE 1,80 M, LÄNGE 3 M

Bretterzäune – ob mit waagerechten oder horizontal ausgerichteten Brettern – sind ein guter Sichtschutz mit authentisch-ländlichem Charme. Ein solcher Zaun, wir nehmen hier als Beispiel einen mit massiven, waagerecht verlaufenden Brettern, ist nicht so schwer zu bauen, wie Sie denken mögen. Die richtige Reihenfolge der Arbeitsschritte ist allerdings wichtig, um fluchtgenau und zeiteffektiv zu arbeiten.

**Arbeitsschritte**

1. Zaunführung grob abstecken
2. Festlegung der Zwischenpfosten
3. Ausheben der Pfostenlöcher; etwa 60 cm tief
4. 10 bis 20 cm Dränagekies einfüllen
5. Fundamente* einschließlich Pfostenträger anlegen; Punktfundamente: 20 x 20 x 40 cm
6. Pflicht: Holzschutzanstrich auftragen
7. Optional: Farbanstrich für Pfosten und Bretter; zweifacher Farbauftrag
8. Eckpfosten an Pfostenträger schrauben
9. Restliche Pfosten in einer Flucht setzen (bei längeren Konstruktionen wichtig, immer ca. 1,50 m Abstand)
10. Bretter mit Nägeln an Pfosten befestigen, Abstand zwischen den Brettern ca. 3 cm (mit einem Brett oder einer Leiste als Abstandshalter geht es leichter)

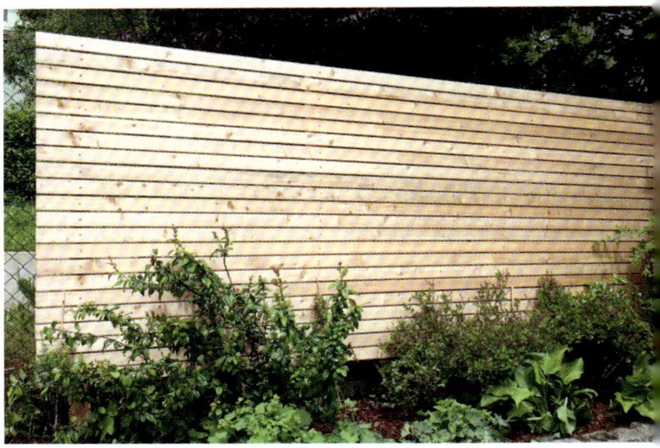

Die elegante Raumwirkung entsteht durch die gleichmäßigen Zwischenräume in der Waagerechten.

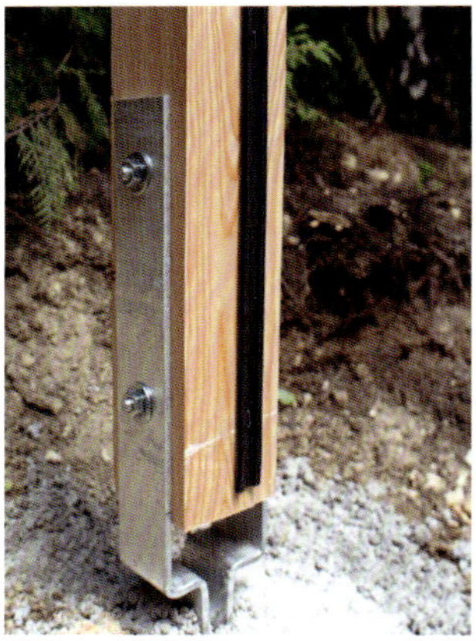

Zugfeste Verschraubung, Abstand zum Erdreich, Eisenträger fest verortet: vorbildlich.

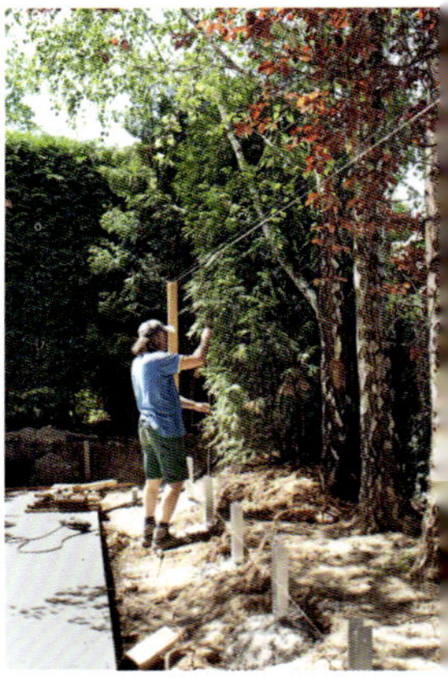

Maßgenaues Arbeiten ist das A und O. Wasserwage, Zollstock, Richtschnur sind Pflicht.

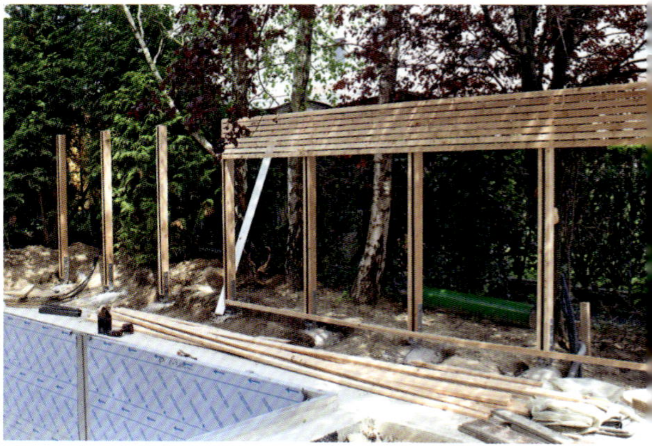

Brett für Brett schließt sich die Holzwand. Auf senkrechte Pfosten beim Befestigen achten.

**INFO**

Schwierigkeit: mittel

Zeitbedarf: 2 Tage ohne Materialbeschaffung

Material: 3 Holzpfosten für die Tragkonstruktion (7 x 7 x 180 cm, Fichte/Kiefer, druckimprägniert), 10 Holzbretter (1,6 x 14 x 300 cm, Kiefer oder Douglasie, gehobelt), Schrauben und Nägel, Dränagekies (Körnung 8/16 oder 16/32 mm), 3 Pfostenträger passend zu den Holzlatten, 2 Säcke Gartenbeton (Quick-Mix oder Estrich-Beton)

Werkzeug: Spaten und Schaufel, Säge, Werkzeugkasten, Schleifmittel, Holzschutz (z. B. Leinölfirnis), optional Farbe; Arbeitskleidung und -schutz

Richtkosten: 150 Euro für 3 Lfm. Zaun

**Elegant anstatt rustikal: Lamellenzaun aus Rhombusleisten**

Die schön anzusehenden Lamellenzäune aus Rhombusleisten haben Sie bestimmt schon oft gesehen. Die Leisten sind jeweils auf den Langseiten angeschrägt, damit Wasser ablaufen kann. Der Abstand zwischen den Lamellen des Zauns ist so gering (1 bis maximal 1,5 cm), dass keine Blicke durch die gediegen wirkende Holzverblendung dringen. Vom Grundprinzip her ähnelt der Aufbau dem des Bretterzauns. Entscheidend ist die Rahmenkonstruktion (aus Holz oder Metall, entweder freistehend, dann mit entsprechenden Fundamenten, oder an Mauern oder Wänden angeschraubt) mit Konterlattung. An dieser Konterlattung werden die Leisten angeschraubt – üblicherweise horizontal (aber gern auch vertikal). Bei Harthölzern (z. B. Ipé) sollten die Löcher zur Befestigung vorgebohrt werden, das mindert die Spannung und vermeidet Risse und Splittern des Holzes. Die Schrauben sollten aus rostfreiem Edelstahl sein, um die Haltbarkeit des Zauns sicherzustellen. Verzinkte Schrauben reagieren mit den Inhaltsstoffen von Harthölzern. Ein gutes Maß für die Leisten ist 21 x 68 x 1980 mm. Für die Rhombusleisten sind Lärche (Sibirische Lärche), Douglasie und Ipé zu empfehlen, für die Unterkonstruktion Fichte oder Kiefer, Douglasie oder Bangkirai.

**Genial: verstellbare Lamellen**

Sichtschutz und Schatten, passend zur Lust, zur Laune, zum Sonnenstand? Dann müssen die Lamellen beweglich befestigt werden. Das geht am besten mit käuflichen Schienen aus Edelstahl, an denen die einzelnen Bretter mit genügend Abstand montiert werden können. Die Schienen werden dann zwischen zwei Pfosten geschraubt. Der Vorteil dieses Schienensystems: Der Montageaufwand ist deutlich geringer, als wenn Sie jedes Brett einzeln mit drehbaren Lagern und entsprechendem Gegenstück in den Pfosten versehen, und alle Bretter können gleichzeitig bewegt werden.

* Punktfundamente einfach gemacht: Kunststoffrohr oder -eimer eingraben, mit Dränagekies umgeben und bis zur Oberkante mit Beton verfüllen, Pfostenträger mit genügend Luft (mindestens 2 cm zum Beton; geht leicht mithilfe von Holzlatten) einführen, 12 Stunden aushärten lassen. Sogenannte Köcherfundamente sind einfach und schnell anzulegen und dabei ultrafest.

## PROJEKT: BRETTERZAUN MAL ANDERS HÖHE 1,80 M, LÄNGE JE NACH BEDARF

Einen normalen Holzzaun kann jeder im Garten haben. Ein Zaun, der auf Pfosten und Trägerrahmen verzichtet und stattdessen nur aus kantigen, vertikal und mit den Schmalseiten aneinander gereihten, direkt aus dem Boden ragenden Brettern besteht, ist ebenfalls eine Möglichkeit. Allerdings muss man auf diese Idee erst einmal kommen. Diese Variante sieht auf jeden Fall gut aus, und je nach Zwischenlücken und Ausrichtung der Bretter erfüllt sie definitiv ihre Funktion als Sichtschutz. Spannende Lichtspiele gibt es als ästhetische Zugabe. Planen Sie das Ganze jedoch nicht zu hoch, damit es Sie optisch nicht erschlägt. Als Grundmaß für die Zaunhöhe (das gilt so prinzipiell für alle Sichtschutzzäune) sollten Sie sich am Sitzplatz orientieren, und ein gewisses Aufmaß festlegen, um das der Zaun die eigene Sitzhöhe überragen soll. Sind Gebäude in der Nähe, dann muss das natürlich einberechnet werden, handelt es sich um Randlagen, oder geht das Grundstück in die offene Landschaft über, dann kommen Sie mit einer Höhe von 1,50 m schon weit.

**Arbeitsschritte**

1. Bretter mit Holzschutz streichen
2. Graben ausheben (Breite ca. 40 cm, Tiefe ca. 70 cm, Länge je nach Bedarf)
3. 10 bis 20 cm Dränagekies einfüllen
4. Erstes Brett in den Graben stellen, kräftig einschlagen und ein pass-

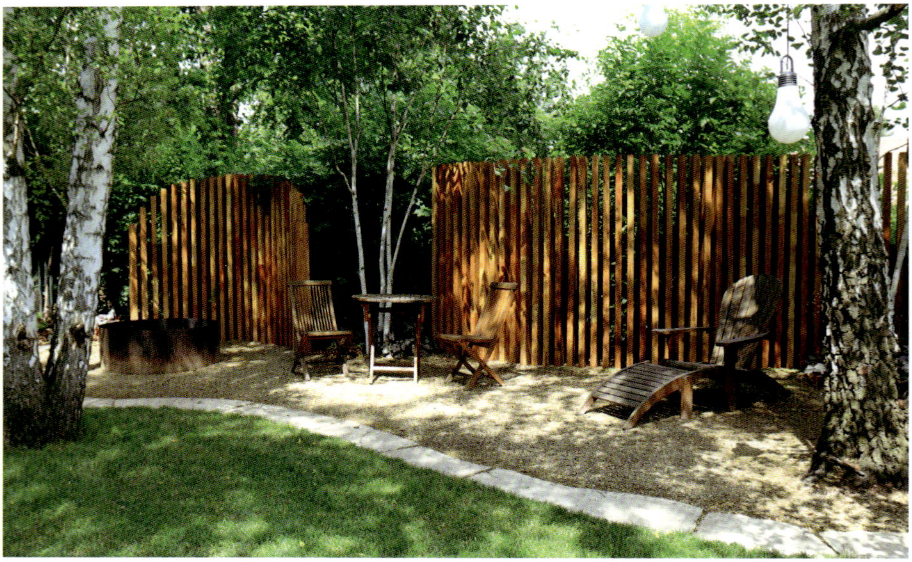

Geradlinig und doch schwungvoll begrenzt dieser Zaun Grundstück und Einblicke.

INFO

Schwierigkeit: mittel

Zeitbedarf: 2 Tage ohne Materialbeschaffung

Material für 1 Lfm. Zaun: 20 Holzbretter (2 x 15 x 250 cm, Robinie – alternativ auch Eiche, Bangkirai oder Ipé), 1 Holzbrett (3 x 15 x 400 cm; imprägniert; hier genügt grobes Bauholz), 2 Rasenkantensteine (Beton, 100 x 25 x 5 cm), Dränagekies, Holzschutz (z. B. Leinölfirnis), optional Farbe; bei robusterer Befestigung: 2 Säcke Gartenbeton (Quick-Mix oder Estrich-Beton); Schrauben

Werkzeug: Spaten und Schaufel, Wasserwaage, Säge, Werkzeugkasten, Hammer, Schleifmittel; bei robusterer Befestigung Akkuschrauber oder Bohrmaschine; Arbeitskleidung und -schutz

Richtkosten: 175,- Euro für 1 Lfm. Zaun mit einfacher Befestigung bei 3 cm Zwischenabstand

Zaun für Faule: angespitzte Rundpfosten (Kastanie, Kiefer) beschaffen und eng an eng in der gewünschten Flucht mit dem Vorschlaghammer direkt ins Erdreich rammen. Ob schnurgerade und in Waage oder mit schwungvoll-welligem Höhenverlauf bleibt Ihnen überlassen.

genau (15 x 3 cm, ca. 40 cm lang) zugesägtes Brett als Abstandshalter und Kippschutz einbauen; soll der Zwischenabstand größer sein, dann einfach zwei, drei Bretter verwenden (können auch verschraubt oder genagelt werden); alternativ bieten sich Betonsteine entsprechender Breite (15 cm) an

5. Brett für Brett weiterarbeiten und jeweils beidseitig Rasenkantensteine einlegen, um allseitig für Halt zu sorgen
6. Alles nochmal ausrichten; Graben randvoll mit Kies befüllen

**Eine robustere Befestigung der Bretter:** durchgängiges Streifenfundament (20 cm breit, 40 cm tief) und entweder die einzelnen Bretter mit Pfostenträgern (L-Träger oder U-Träger; je nach Abstand und Brettstärke), mit Metallplatten (Flachverbinder) oder direkt in den Beton (mindestens 25 cm tief einbinden) stellen. Die Bretter bis zum vollständigen Aushärten seitlich abstützen. Auch die Rasenkantenstein können in Beton gesetzt werden.

**Variationen:** Einige Bretter leicht schräg, nicht kerzengerade stellen; variierende Zaunhöhe durch verschiedene Abstufungen im Zaunverlauf; Bretter nicht rechtwinklig zueinander, sondern leicht diagonal stellen; farbige Bretter.

## Ein Material, mehr als tausend Möglichkeiten

Nicht zu lange überlegen, ran ans Holz! Holz ist ein wunderbar vielseitiger und dankbarer Werkstoff. Auf ein paar Millimeter kommt es bei den Maßen nicht an, und richtig konstruiert, zusammengebaut und gepflegt halten Sichtschutzelemente aus Holz (fast) ewig. Andernfalls kann man sie einfach austauschen.

Holz benötigt als natürlicher Werkstoff zwar etwas Pflege, aber die beste Holzpflege ist auch die natürlichste! Holz ist als lebendiger Werkstoff ständig in Veränderung begriffen. Witterungseinflüsse und Beanspruchung durch Nutzung setzen ihm zu. Für ein dauerhaft attraktives Erscheinungsbild ist die richtige Pflege daher unerlässlich. Lassen Sie aber das Holz atmen, und versiegeln Sie seine Poren nur in Ausnahmefällen, um den Flüssigkeitsaustausch mit der umgebenden Luft nicht zu unterbinden. Ein jährlicher Anstrich mit Leinölfirnis oder anderen auf natürlichen Ölen basierenden Pflegemitteln schützt Holz natürlich und umweltschonend.

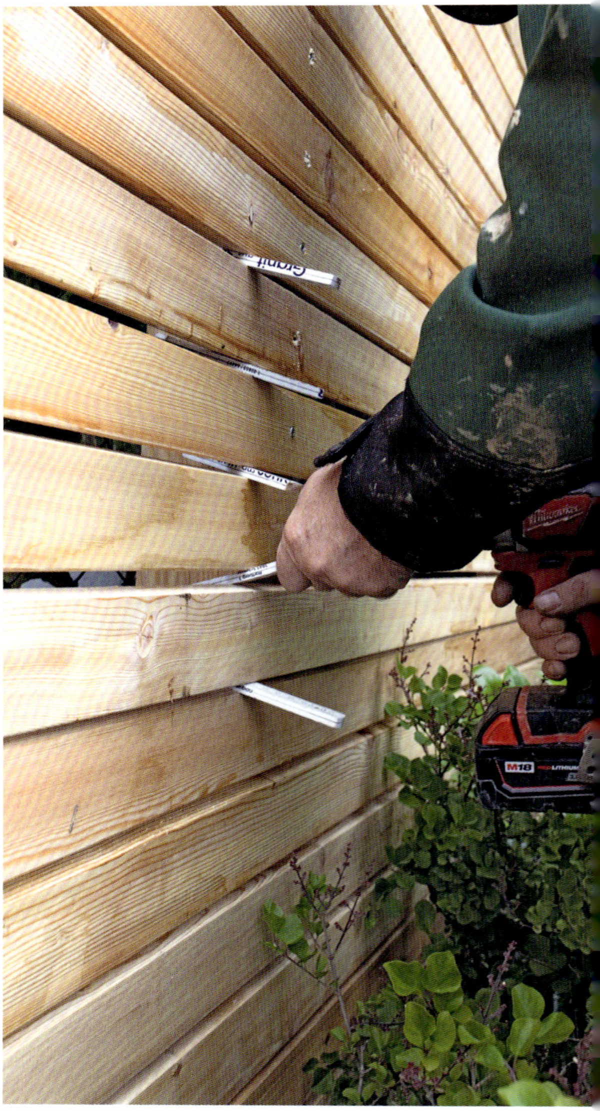

Trick 17: Warum Brett für Brett mühevoll einmessen, wenn es Abstandshalter gibt?

TIPP

### IMMER SAUBER ARBEITEN

Das ist wichtig! Denn alles, was Ihnen durch Übermut, zu viel Druck oder Unachtsamkeit vom Material abplatzt oder ausreißt, ist verloren und sorgt für Qualitätseinbußen in Optik und Haptik. Es verstärkt auch die Verwitterung und wirkt sich je nach Umfang auch auf die Statik aus. Waren sie ungeschickt oder zu energisch, dann rasch sauber nacharbeiten. Hobeln und Nachschleifen schaffen schnell Abhilfe.

Das Faszinierende am Holz ist seine natürlich schöne und vertraute Ausstrahlung und einfache Verarbeitung. Grob ablängen, passgenau zusägen, Oberflächen bearbeiten: Handgriffe, die rasch etwas entstehen lassen und Handgriffe, die Freude machen.
Holz ist naturschön, aber mit einem Farbanstrich lässt sich der Effekt noch verstärken. Bringen Sie also Farbe aufs Holz. Das geht schnell von der Hand und wirkt nachhaltig. Spielen Sie mit Kontrast oder Harmonie, Fläche oder Kontur, Betonung oder Abmilderung. Nehmen Sie transparente Holzlasuren, um das natürliche Aussehen (Maserung) zu verstärken. Mit deckenden Holzfarben schaffen Sie dagegen homogene Flächen, die andere Gestaltungen ermöglichen und nicht per se Holzkonstruktionen vermuten lassen. Wichtig für die Farbwahl ist die unterschiedliche Wirkung bei Sonnenschein und bedecktem Himmel. Hilfreich sind RAL-Farbfächer und das Bemalen von Probeflächen. Alle zwei bis drei Jahre sollte der Anstrich erneuert werden. Für größere Wandflächen sind offenporige Dünnschicht-Lasuren und -Farben ideal, die rissfreies Quellen und Schwinden ermöglichen.

Im Trend ist Thermoholz. Thermische Modifizierung macht europäische Hölzer resistenter gegenüber Fäulnis, oberflächlich dunkler und mindert das natürliche Quellen und Verziehen. Thermoholz ist allemal eine gute Alternative zu tropischen oder überseeischen Hölzern, allerdings mit bis zu 100 Euro/m$^2$ auch sehr teuer und zudem statisch weniger belastbar als unbehandeltes Holz. Ihm fehlt auch das gewisse Etwas, das nur natürliches Holz bietet.

## Fachgemäße Konstruktionen sind das A und O

Sichtschutz aus Holz muss nicht perfekt sein, er soll aber funktionieren, halten und gefallen, und vor allem keine Unfallquelle darstellen. Daher müssen Sie stets konzentriert arbeiten und möglichst fachgerecht konstruieren. Gute Planung, hochwertige Materialien, ordentliches Werkzeug und ehrliche Selbsteinschätzung sind dafür unabdingbar.

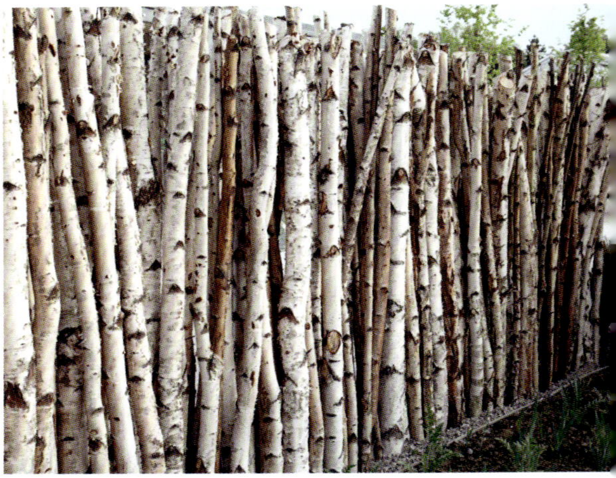

Auch dieser naturschöne Sichtschutzzaun benötigt eine fixe Verankerung im Erdreich.

Holz verlangt als natürlicher Baustoff einen sorgfältig ausgeführten konstruktiven Holzschutz. Es bedarf auch einer gewissen Zuneigung, verzeiht im Gegenzug aber auch einiges an Maßabweichungen und kleinen Ausrutschern beim Werkeln. Bei Glas sieht es in dieser Hinsicht schon anders aus, und auch Metall verlangt Maßgenauigkeit. Unabhängig vom gestalterischen Aspekt sollten alle sichtbaren Holzoberflächen stets splitterfrei (gehobelt, fein geschliffen) und Kanten gerundet sein – vor allem, wenn man mit ihnen in Berührung kommen kann. Wann immer möglich sollten sich spitz zulaufende Enden, etwa von abgeschrägten Brettern, außerhalb des Bewegungsraumes befinden.

Unabhängig von der gewählten Konstruktion gilt im Außenbereich und ganz besonders in der Nähe zum Erdreich: Holz muss atmen können, denn Bodenkontakt und Feuchtigkeit (Pflanzen, Staunässe) bewirken eine raschere Alterung. Sie sollten also mit Holz überbaute Flächen mit Kies oder Splitt auffüllen; den Wurzelbereich vom Holz mit Kiesstreifen trennen und Stützpfähle unbedingt in Balkenschuhe oder Leerfundamente („Köcherfundamente“) setzen. Als Fundamente sind mit Beton befüllte, in Kies gesetzte Kunststoffrohre praktisch und ewig haltbar. Holz darf niemals wasserdicht einbetoniert werden, der Wasserabfluss am unteren Ende muss stets gesichert sein, sonst fault (zuerst nicht sichtbar) weg, was

TIPP

**BODENKONTAKT VERMEIDEN**

Kontakt von Holz mit (feuchtem) Erdreich fördert Pilzbefall und Verrottung und sollte unbedingt durch konstruktiven Holzschutz vermieden werden. Dazu sollte man: rasche Regenwasserableitung gewährleisten; Spritzwasserschutz vorsehen; Balken- oder Stützenschuhe verwenden; stets für gute Unter- oder Belüftung sorgen; das natürliche Quell- und Schwindverhalten beachten (Zwischenräume belassen); stets rostfreie Schrauben, Nägel und andere Beschläge verwenden; unsichtbar (versenkt) einbauen; Hirnholz gut schützen (etwa durch Abrunden); nur trockene Hölzer verwenden. Der Lüftungsabstand vom Boden sollte immer mindestens 10 cm betragen.

eigentlich lange halten soll. Falls Sie etwa vorhaben, ein paar dekorative Holzstämme (zum Beispiel geschälte, gehobelte Robinien- oder naturbelassene Birkenstämme) oder ein paar rohe Bretter als markante Sichtbegrenzung direkt in den Boden zu setzen, dann sollten die Stämme auf einer Kiesdränage (15-20 cm stark) stehen. Die Zwischenräume werden locker mit Splitt oder Kies (kleine Körnung, zum Beispiel 3/5 mm) verfüllt und im besten Fall der ganze Bereich mit einer beständigen Teichfolie umgeben.

**Pergolen richtig dimensionieren**

- Pfosten ab einem Durchmesser von 12 cm (Rundholz) beziehungsweise in den Stärken von 10/10 cm, 10/12 cm, 10/14 cm, 12/12 (Kantholz) cm sind ausreichend stabil
- Pfetten (Rund- oder Kantholz) stets genauso breit wie die Pfosten wählen; Pfetten müssen das Hirnholz der Pfosten bedecken. Ihre Höhe darf variieren
- Mindestmaße für Sparren (Kantholz): 8/8 cm; besser noch 8/10 cm
- Stärke der Hölzer immer vom Umfeld abhängig machen; filigrane Gebäude erfordern ebensolche Pergolen, damit ein stimmiges Bild entsteht
- Stütz- und Tragkonstruktion stets mit Zimmermannsverbindungen herstellen
- Standorte auf Windlast und Bodentragfähigkeit prüfen
- Konstruktiven Holzschutz einplanen und Luft an das Holz lassen!

# SICHTSCHUTZ-PROJEKTE MIT STEIN

## Massivbauweisen, die halten, was Sie wünschen

Sind Sie bereit für die Schwergewichte unter den Sichtschutzelementen? Was soll schon groß passieren? Wenn die Gründung (Fundament) richtig dimensioniert ist, die Verbundmaterialien (Mörtel) passen, und Sie nicht allein zur Tat schreiten, dann steht einer standfesten Sichtschutzmauer nichts mehr im Weg.

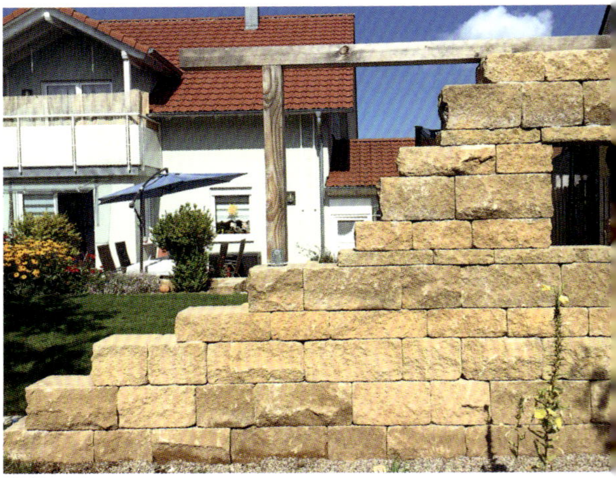

Dekorative Schichtmauer mit Holzträger. Steilvorlage für Kletterpflanzen, Sonnensegel und Ähnliches mehr.

Eine Mauerkonstruktion lastet immer mit einem erheblichen Gewicht auf der Fläche. Gut verdichtete Untergründe und genügend tief gegründete und breit ausgebildete Fundamente (80 cm unter Geländeniveau, um frostsicher zu sein) sind deshalb unabdingbar. Ist dies nicht möglich, sollte man eine Alternative wählen. Jeder verwendete Stein will auch für sich transportiert und aufgestapelt werden. An steilen Geländeabschnitten und dort, wo es schnell matschig-rutschig wird (etwa nach Starkregen), sind Mauern ohne spezielle Tiefengründung tabu, zudem müssen Gabionen und Ähnliches der Hangneigung angepasst werden. Also: Stets das Gewicht im Blick behalten.

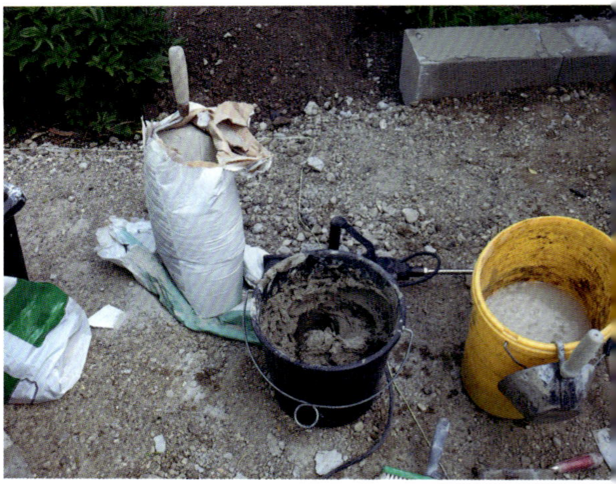

Bei geringen Mengen genügt ein Rührgerät zum Betonmischen vollkommen.

Kommt aus wirtschaftlichen und statischen Gründen Vollsteinmauerwerk nicht infrage, sind Verblendmauerwerke eine gute Alternative, um dennoch ein edles, scheinbar massives Aussehen zu erhalten. Verblendmauerwerk ist zur räumlichen Gliederung sowie für Sichtschutz-, Windschutz- und Lärmschutzmauern prädestiniert. Eine tragende Ort- oder Stahlbetonmauer wird dabei entweder ein- (zweischalig) oder beidseitig (dreischalig) mit einer relativ dünnen Außenschale (Verblendschale) versehen. Diese wird verklebt, hintermörtelt oder bei Fassaden und Gebäudeaußenwänden zudem hinterlüftet (zum Beispiel bei Klinkerblenden). Die sichtbaren Steine sind nur ein schmückender Vorsatz aus ausgewählten Steinen, ohne statische Wirkung. Zwingend erforderlich ist eine frostfreie Gründung (≥ 80 cm) und entsprechende Fundamentierung (Beton XC4, C25/30). Immer die Trocknungszeiten des Betons beachten (trockenes, frostfreies Wetter notwendig). Mindestens 24 Stunden dauert es, bis der Beton fest wird (abbindet), bis zur vollen Belastung sollten aber noch einmal mindestens sieben Tage vergehen.

Richtwert zur Einbindungstiefe von Stelen, Mauerscheiben und Säulen: Planen Sie stets ungefähr ein Drittel der Bauhöhe zur Einbindung, bei einer 2 m hohen Betonscheibe sollten sich also etwa 60 bis 80 cm davon unter der Geländeoberfläche befinden, damit Ihnen die Statik keinen Strich durch die Rechnung macht.

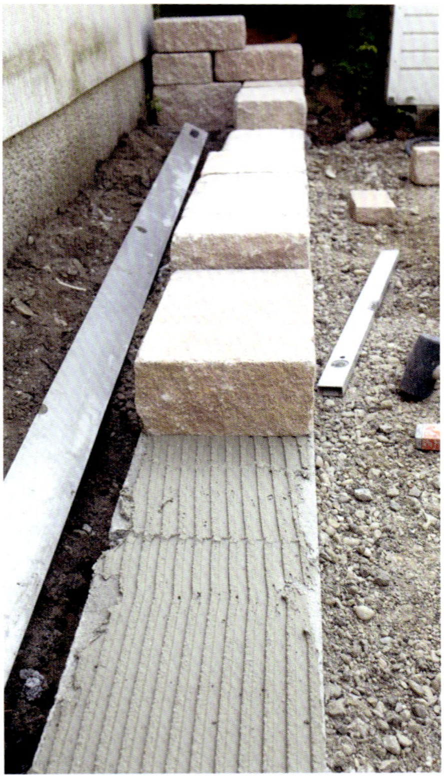

Richtscheit, Wasserwaage und Pflasterhammer sorgen für korrektes Aufschichten der Mauersteine.

TIPP

### SELBST MAUERN ODER MAUERN LASSEN?

Trauen Sie es sich zu, die Gartenmauer selbst aufzumauern? Gut, dann tun Sie es: Materialien besorgen, fachgemäß fundamentieren (immer das Aushärten einplanen!) und dann Stein für Stein ans Werk. Am besten zu zweit arbeiten, denn das Heben der schweren Brocken sollten Sie nicht unterschätzen. Hegen Sie Zweifel, dann lassen Sie mauern. Vielleicht haben Sie Freunde oder Bekannte, die das für Sie übernehmen – beim nächsten Mal wissen Sie dann, wie es geht.

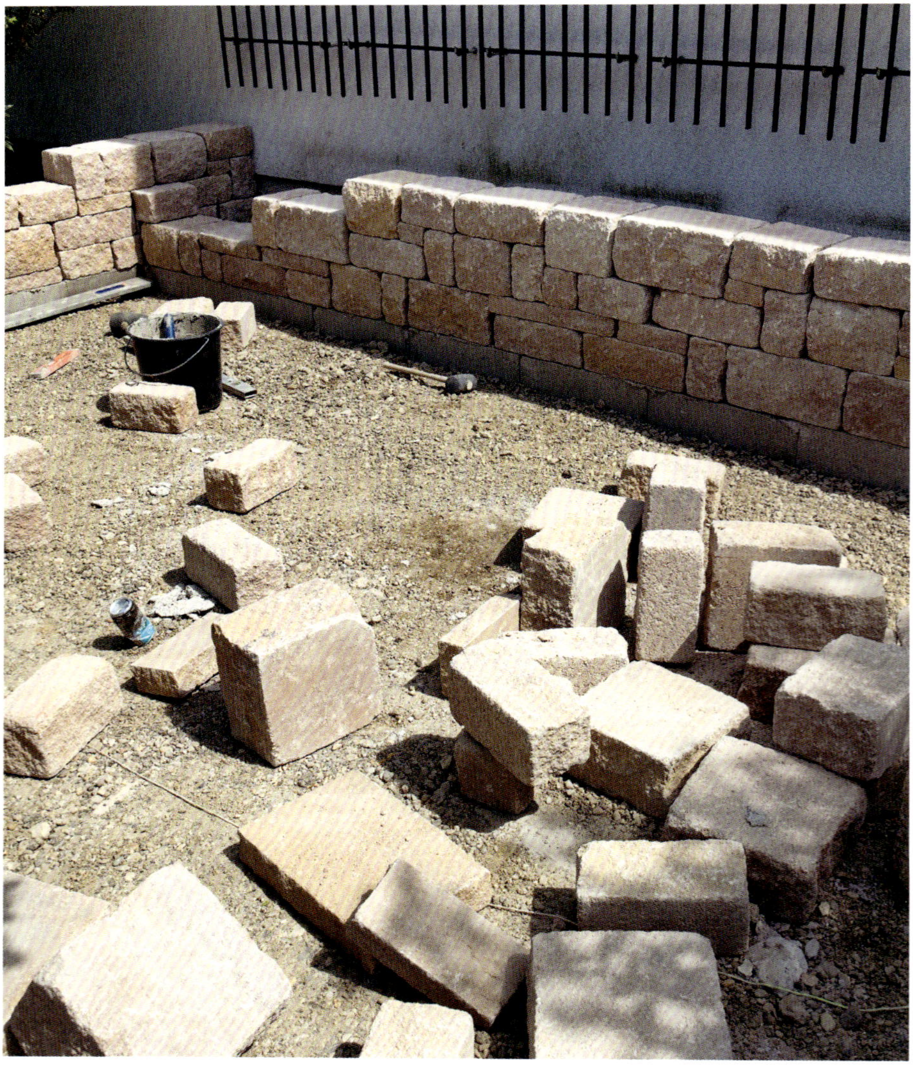

Ähnlich wie bei einem Puzzle gilt es passende Steine zu finden und gekonnt aufzuschichten.

### Fachgerechtes Klinker-Ziegel-Mauerwerk

- Baugrund: ausreichend dräniert, waagerecht, gut verdichtet, standfest
- Fundament frostfrei (80 cm unter Geländeniveau) gründen; Beton C 16/20 verwenden
- Einzelne Mauerwerkslagen nie mit Viertelsteinen beginnen, besser mit Halbsteinen
- Horizontale Abdichtung zwischen Fundament und erster Steinlage vorsehen
- Mörtel der Klasse MG II/III verwenden; Fugen oberflächenbündig ausführen
- Bei längeren Mauerabschnitten und Aufeinandertreffen von Bauteilen Dehnungsfugen vorsehen; jeweils mit Fugendichtstoff verschließen
- Mauerkronenabdeckungen (Stein, Ziegel, Blech) immer mit Gefälle versehen
- Besseres Abtropfen von Wasser: Unterschneidungen, Randfalze, Tropfnasen
- Fertige Bauwerke einige Tage gut vor Witterungseinflüssen schützen

### Fachgerechte Pergola-Pfeiler

- Fundamente stets frostfrei (mindestens 80 cm unter Geländeniveau) gründen
- Aufsteigende Feuchtigkeit durch Horizontaldichtungen zwischen Mauerwerk und Fundament unterbinden (Dichtungsbahnen aus PVC oder Bitumen)
- Pfeiler kopfseitig ebenso gegen eindringende Feuchtigkeit schützen
- Beton/Transportbeton (mindestens C16/20) der Expositionsklasse 4 (XC 4) und Mörtel der Mörtelgruppe IIa (MG II) oder III verwenden
- Sämtliche Fugen gleichmäßig breit (etwa 8 bis 10 mm) ausbilden
- Mauersteine möglichst gleichzeitig zum Aufmauern verfugen
- Zwischen Pfeilerkopf und Unterkante der aufliegenden Pfette mindestens 5 cm Abstand belassen; Stützenschuhe aus rostfreiem Material verwenden

**Webtipps:**
www.baustoffwissen.de
www.baunetzwissen.de

## Auf diese Steine können Sie vertrauen

Bruchsteine, passgenau gesägte Mauerblöcke, Findlinge, Verblender, Klinker, Ziegel, neuwertig oder gebraucht: Für jede Art und Form von Sichtschutz gibt es eine ganze Bandbreite an starken Steinen. Und dann stellt sich noch die Gretchenfrage, ob es Stein aus hiesigen Gefilden oder aus fernen Regionen sein soll.

Wenn Mauern und Wände nicht so massiv – und damit gestalterisch wenig spannend – wirken sollen, stellt ihre Ausführung eine spezielle, aber reizvolle Herausforderung dar. Vorgeblendete Holzbretter bringen Leichtigkeit und sorgen für ein natürliches Aussehen. Zudem können sie bei waagerechter Ausrichtung die senkrechte Raumwirkung von Wänden mildern. Weitere Gestaltungsmöglichkeiten sind Strukturputz, Kletterpflanzen, Farbe (immer gut), Stoffbahnen (spannend im wahrsten Sinne des Wortes), Prachtstauden und aufgesetzte Strukturelemente (Plastiken, Kunstobjekte, Beleuchtung). Vor dem zierenden Dekor sollte man jedoch über das Wesentliche nachdenken: die Mauer selbst.

Was kann man eigentlich gegen Ausblühungen tun? Ausblühungen (weiße Kalkschleier) sind gerade bei großen Flächen unschön. Sie sind ein Zeichen von Feuchtigkeit im Mauerwerk und damit ein baulicher Mangel. Schwer lösliches Kalziumkarbonat aus dem Zement wandert im Beton an die Oberfläche und lagert sich dort ab. Wasser löst die Salze und zersetzt so die Mauer Stein für Stein. Schützen Sie Ihre Mauern also unbedingt vor Feuchtigkeit! Die Abdeckung der Maueroberkante (zum Beispiel mit Kupferblechen und Abdeckplatten) ist dabei die wichtigste Maßnahme. Die Abdeckung sollte mit Gefälle oder in Dachform ausgeführt werden und über die Mauerfläche hinausragen. Mit einer Drahtbürste können Sie Salzausblühungen leicht lösen. Unterstützend können Sie auch spezielle Reiniger, etwa Zementschleierentferner oder sehr stark verdünnte Zitronensäure verwenden. Man kann Ausblühungen auch vorbeugen, indem man Betonmauern imprägniert. Edle Sichtbetonflächen (vor allem an prominenten Stellen) können mit einem speziellen Beton-Öl versiegelt werden, das sie länger ansehnlich bleiben lässt.

Damit Mauerwerk nicht zu massiv wirkt und zu blickdicht wird, gilt es immer da, wo es das Wohlfühlgefühl und die Privatsphäre nicht zu sehr stört, den Blick zu führen – also Mut zur Lücke zeigen, ohne vom Garten selbst zu viel

TIPP

**GEBRAUCHT UND SEHR GUT**

In aller Regel halten Steine ewig, und ein paar abgeplatzte Ecken oder nicht ganz gerade Kanten sieht man an der fertigen Sichtschutzmauer sowieso nicht. Schon der enorme Preisvorteil von wiederverwendetem Material (aus Abbruch, Rückbau, Restebeständen und Ähnlichem) von 30 % bis 50 % und teilweise bis zu 75 % gegenüber Neuware ist doch ein überzeugendes Argument, oder? Für rustikale Mauern sind gebrauchte Steine sowieso das charakterstärkere Material.

zu zeigen. Blickführung und -brechung sind wichtige Gestaltungsmittel für spannende Gärten. Durch- und Einblicke machen neugierig, zeigen stets nur bewusst definierte Ausschnitte („Fenster") und sorgen so für das besondere Gartenerlebnis. Zeigen Sie nie sofort alles!

* Verputzen: Mauern und Wände mit klar definierten Formen bedürfen einer sensiblen Oberflächenbehandlung. Dabei kommt dem Putz eine besonders wichtige Rolle zu. Der Auftrag auf den Untergrund erfolgt in zwei Schritten: Grund- und dann Oberputz. In ausgerundeten Bereichen empfiehlt sich eine zusätzliche Verstärkung durch Flächenarmierung aus Textilglasgewebe. Vollkommen homogene und glatte Oberflächen erreicht man durch Glattputztechniken.

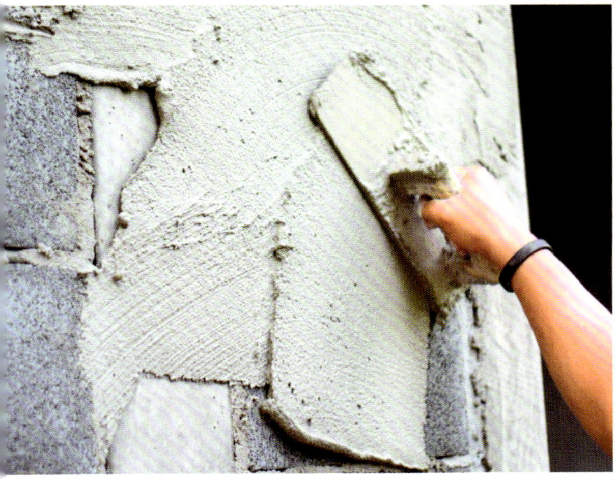

Sind die Steinreihen aufgemauert und der Mörtel ausgehärtet, kann verputzt werden.

**Lebendige Mauern**

<u>Sämtliche Zwischenräume</u>

- Felsen-Steinkraut (*Alyssum saxatile*)
- Blaukissen (*Aubrieta*)
- Fetthennen (z. B. *Sedum crassipes*)
- Phlox (*Phlox douglasii*)
- Felsennelke (*Petrorhagia saxifraga*)

<u>Nur Mauerkronen</u>

- Heide-Nelke (*Dianthus deltoides*)
- Herbst-Enzian (*Gentiana sinoornata*)
- Island-Mohn (*Papaver nudicaule*)

**Wichtigste Putzarten***

- <u>Edelputz</u>: homogene Oberflächen mit gleichmäßiger Körnung
- <u>Glattputz</u>: glatte, feine Struktur, kaum wahrnehmbare Körnung
- <u>Reibeputz</u>: strukturstarke Oberfläche durch Verreiben grober Körnungen
- <u>Kratzputz</u>: sehr raue Oberflächen durch die Bearbeitung mit schroffen Werkzeugen, zum Beispiel Stahlbesen
- <u>Nesterputz</u>: spezielle Auftragsart mit der Kelle mit Nesterbildung:
- <u>Sgrafitto</u>: mehrschichtiger, farbiger Putzauf- und -abtrag; sehr kunstvoll

## PROJEKT: FARBIGE SICHTSCHUTZWAND
## HARTE SCHALE FÜR ALLE FÄLLE

Eine massive Mauer oder Wand erfordert natürlich einigen baulich-konstruktiven Aufwand. Wenn man das Ganze jedoch Schritt für Schritt angeht, ist es durchaus zu bewältigen. Mithilfe von Schalungssteinen kommen Sie Ihrer Wunschmauer sogar recht flott und systematisch näher. Der fertigen Mauer können Sie dann mithilfe von Putz und Farbe ein attraktives Aussehen ganz nach Ihrem eigenen Geschmack geben.

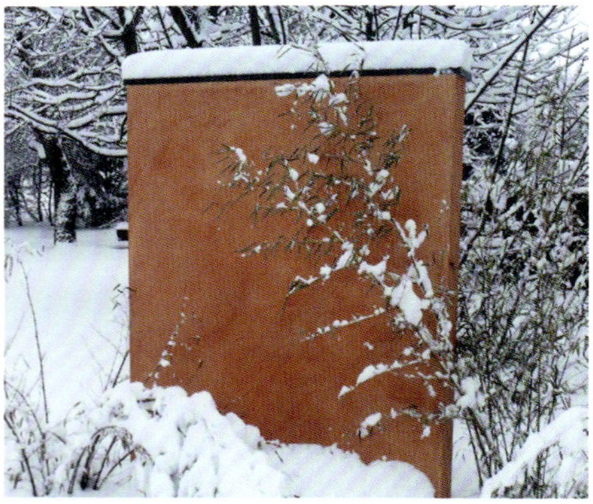

Die farbige Wandscheibe wird im Winter zu einem besonderen Eyecatcher.

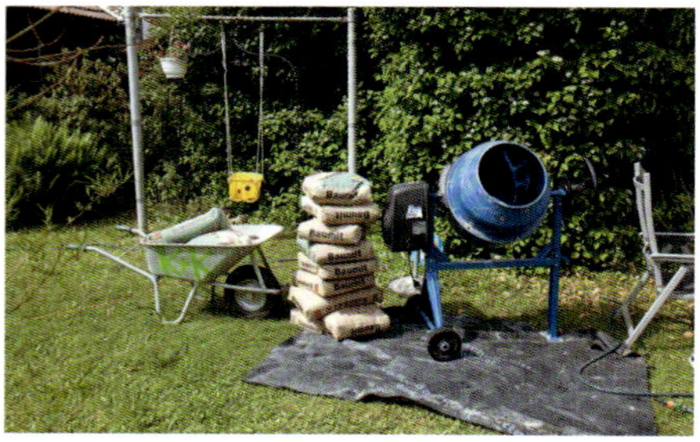

Betonmischen – es kann losgehen. Achten Sie stets auf kurze Transportwege.

**Arbeitsschritte**

1. Baugrund vorbereiten, Flucht mit Richtschnur abstecken
2. Graben ausheben; etwa 60 cm breit, über 80 cm tief; Länge je nach Mauerlänge
3. Dränagekies (Schichtstärke 10 bis 20 cm) einfüllen
4. Beton mischen; fundamentieren (Streifenfundament, 10 cm breiter als die Steine), Armierungseisen etwa 50 cm tief einschlagen (so, dass sie sich etwa mittig der Schalsteine befinden), mindestens 24 Stunden aushärten lassen
5. Erste Lage Schalsteine in 2 bis 3 cm starkes Mörtelbett setzen, überflüssigen Mörtel gleich abstreifen, aushärten lassen
6. Steine stück- oder lagenweise waage- und lotrecht setzen
7. Eckausbildung: Vollsteine lagenweise verzahnt zueinander setzen, Öffnungen am Mauerende und an Ecken mit Schalbrettern, kleinere Zwischenräume mit Dichtmittel oder Bauschaum verschließen, um Herauslaufen des Betons zu verhindern.
8. Verfüllung (am besten nach jeder dritten Steinreihe): Hohlräume mit Trasszement (zum Beispiel C 20/25, Körnung von 0 bis 16 mm) verfüllen, Steine vom Verfüllen vornässen und Beton gleichmäßig einbringen, flüssigen Beton nachbearbeiten und

INFO

Schwierigkeit: schwer/anspruchsvoll

Zeitbedarf: 4 Tage ohne Materialbeschaffung

Material: Schalsteine (Standard- und Endsteine) und Trasszement oder Gartenbeton nach Bedarf* (Quick-Mix oder Estrich-Beton), Mörtel (MG III), Wandputz oder -farbe, Armierungseisen aus Torstahl, Dränagekies, Fugenband, Natursilikon

Werkzeug: Spaten und Schaufel, Werkzeugkasten, Richtschnur, Trennschleifer, Wasserwaage, Maßband, Maurerkelle, Spachtel, Schubkarre und alles, was zum Betonieren notwendig ist; Arbeitskleidung und -schutz

Richtkosten: 100 Euro für 1 Lfm. Mauer von 1 m Bauhöhe mit Standard-Schalsteinen 50 x 25 x 20 cm

verdichten, damit keine Hohlräume oder Luftblasen im Mauerwerk verbleiben

9. Verputzen (siehe Seite 75), Armierungsputz wählen
10. Farbanstrich auftragen: Dauerhaft sind nur moderne Fassadenfarben auf Silikonharz-Basis; üblicherweise auch gegen Algen- und Pilzbefall schützend; vorher noch einen wasserabweisenden (hydrophoben) Grundieranstrich auftragen
11. Als Mauerabschluss empfiehlt sich eine ausreichend breite Mauerabdeckplatte mit Abtropfkanten. Abdeckplatten werden mit einem frostsicheren Dünnbettmörtel, Fliesen- oder entsprechendem Baustoffkleber befestigt. Zwischen den Abdeckplatten sollte ein Fugenband eingebracht werden und/oder die Fugen mit einem geeigneten Natursteinsilikon verfüllt werden.

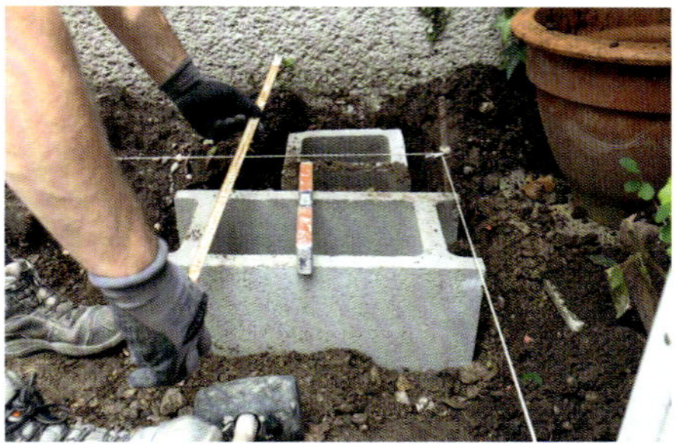

Die erste Steinlage wird sauber in Flucht gesetzt; hin und wieder Maße prüfen.

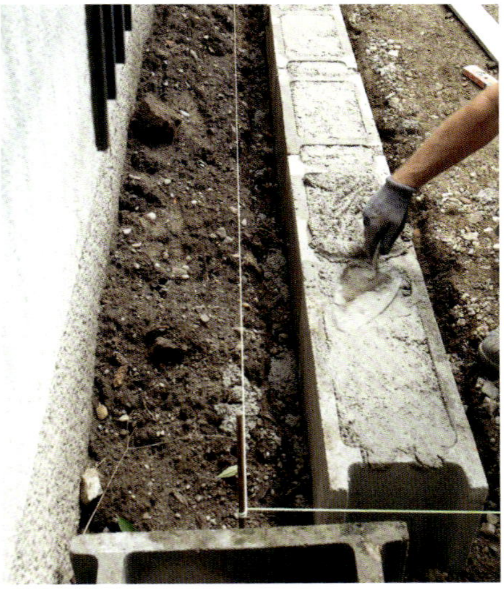

Der Frischbeton kommt mithilfe einer Kelle und etwas Druck in die Hohlräume.

* Webtipps:
www.christoph-betonwaren.de/bedarfsrechner.html,
www.mauerplaner.de/Schalungssteine.html

## PROJEKT: TROCKENMAUER MIT INSEKTENHOTEL | SCHÖN UND NÜTZLICH

Das Schöne mit dem Nützlichen verbinden, das gelingt Ihnen mit diesem reizvollen Blickfänger. Als Basis dient eine (halbhohe) Trockenmauer (ungebundene Bauweise ohne Mörtel) aus regelmäßig aufgeschichteten Natursteinen. Diese schmiegen sich gekonnt an verschiedene Nistmöglichkeiten für Insekten an. Der Bau von Natursteinmauern erfordert konzentriertes, handwerkliches Arbeiten mit Augenmaß. Lassen Sie sich nicht hetzen und gehen Sie immer Stein für Stein vor, damit die Mauer stand- und lagefest wird.

**Arbeitsschritte**

1. Baugrund vorbereiten, Flucht mit Richtschnur abstecken
2. Graben ausheben; etwa 60 cm breit, bei 50 cm Tiefe; Länge entsprechend der Mauerlänge
3. Dränagekies oder -schotter (Schichtstärke 40 cm) als Sauberkeitsschicht einfüllen und verdichten
4. Erste Steinlage fluchtgenau setzen (die jeweils größten und breitesten Steine) und leicht mit dem Gummihammer anschlagen
5. Weitere Reihen gemäß den Konstruktionregeln* setzen, an geeigneten Stellen Platz lassen für die Nisthilfen
6. Nisthilfen (probeweise) einsetzen und Steine möglichst (durch überlegte Steinauswahl und Bearbeitung mit Hammer und Meißel) bündig anarbeiten
7. Insektenhotel und Nisthilfen endgültig einsetzen
8. Größere Zwischenräume und Fugen jeweils mit passenden Steinstücken (oder lehmigem Sand) ausfüllen
9. Für die abschließende, oberste Lage (Abdeckung) möglichst lange, breite und ebene Steine wählen, die bündig abschließen

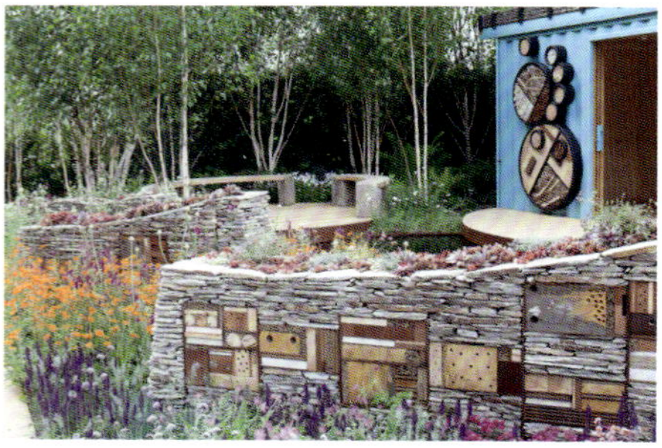

Sieht schmuck aus, fängt Blicke und zieht Insekten an. Mehr geht eigentlich kaum.

Variante: Je nach Steinmaterial und Ihrem handwerklichen Geschick kann die Mauer auch als unregelmäßiges Schichtenmauerwerk gebaut werden. Hierzu werden rechtwinklig bearbeitete Steine unterschiedlicher Höhe verwendet. Das besondere Bild entsteht dadurch, dass die Stückhöhen innerhalb einer Schicht wechseln.

Welches Gestein? Regionalität und Bearbeitbarkeit sind die entscheidenden Faktoren. Sandstein etwa ist ein Weich-

INFO

Schwierigkeit: schwer/anspruchsvoll

Zeitbedarf: 2 bis 3 Tage ohne Materialbeschaffung

Material: grobe Mauersteine oder Bruchsteine (Sandstein, Grauwacke, Muschelkalk, Basalt; am besten von einem regionalen Steinbruch), Dränagekies oder -schotter (Körnung 0/32 mm), Erd-Stampfer, Insektenhotel oder passende Steine, Holzstücke und Ähnliches.

Werkzeug: Spaten und Schaufel, Werkzeugkasten, Maßband, Richtscheit und Wasserwaage, Richtschnur, Hammer und Meißel, Gummihammer, Schubkarre, Bohrmaschine oder Akkuschrauber (für das Insektenhotel); Arbeitskleidung und -schutz

Richtkosten: ab 350 Euro (abhängig von der Steinart und -qualität) für 2 lfm. Trockenmauer, Höhe 80/90 cm bei 50 cm Breite

gestein, entsprechend einfach zu bearbeiten, verwittert aber auch schneller. Deutlich schwieriger zu bearbeiten sind Hartgesteine wie Granit. Steine aus regionalem Vorkommen sind im Bedarfsfall gut erhältlich (und auch in puncto Klimabilanz vorteilhaft). Beim Baustoffhändler immer nach „Bruchsteinen" fragen. Je mehr die Steine bereits ab Werk bearbeitet sind, desto teurer sind sie auch.

Bepflanzung ist nicht zwingend nötig, aber einfach wunderschön und in Verbindung mit dem Insektenhotel ein attraktives Lockmittel für potenzielle Gäste. Wenn Sie die Mauer bepflanzen wollen, dann die Stoßfugen etwas breiter ausführen. An Arten kommen für sonnig-trockene Lagen z. B. Blaukissen, Hornkraut, Steinkraut, *Sedum*-Arten, niedrige Nelken, Thymian, Rosenschleierkraut oder Phlox infrage, für schattige Bereiche sind Farne, Lerchensporn, Zimbelkraut, Steinbrech, Storchschnabel, Schöllkraut eine gute Wahl.

* Wichtigste Konstruktionsregeln: Die Mauerfußbreite sollte mindestens ein Drittel der Mauerhöhe betragen (nie unter 40 cm). Eine Dossierung (Neigung zum Hang hin) von etwa 10–12 % trägt zur besseren Standsicherheit bei. Steine stets lose aufeinanderschichten; Kreuzfugen vermeiden. Stoßfugen (senkrechte Fugen) dürfen nur über maximal 2 Schichten gehen. Die größten Steine immer im unteren Bereich und in den Randbereichen einbauen. Mindestens 10% der Steine müssen sogenannte Bindersteine sein (also über die gesamte Mauerbreite gehen). Freistehende Mauern sind bei genügender Grundbreite bis etwa 1 m Bauhöhe unproblematisch, bei höheren Mauern muss ein Fachbetrieb beauftragt werden. Gegen einen Hang geneigte (angelehnte) Mauern (Stützmauer) benötigen immer eine rückseitige Dränage.

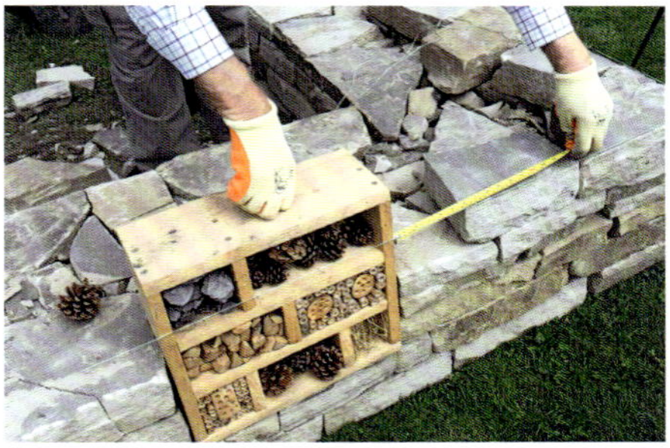

Das Insektenhotel muss sorgfältig in das Schichtenmauerwerk eingepasst werden.

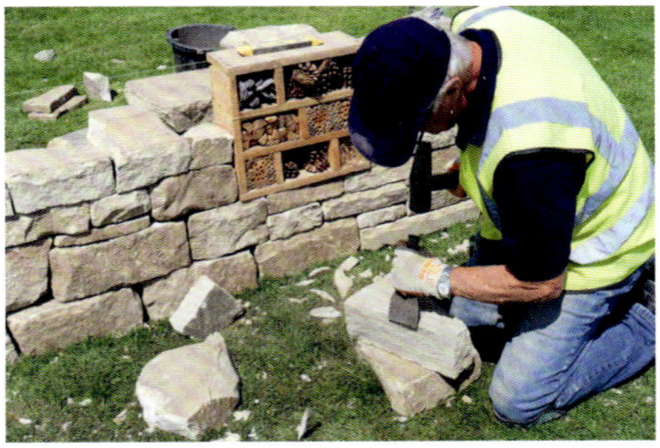

Passgenaue Mauersteine werden mit Hammer, Meißel, Augenmaß und Sorgfalt bearbeitet.

# SICHTSCHUTZ-PROJEKTE MIT STAMPFBETON

## Echte Hingucker durch echte Hand- und Fußarbeit

Stampfbeton kennen Sie noch nicht? Dann wird es aber allerhöchste Zeit, dieses exzellente Kreativmaterial kennenzulernen. Gerade wenn Sie selbst Hand anlegen und haltbare, ausdrucksstarke und ausgefallene Mauern und Wände schaffen wollen, ist Stampfbeton Ihr Werkstoff.

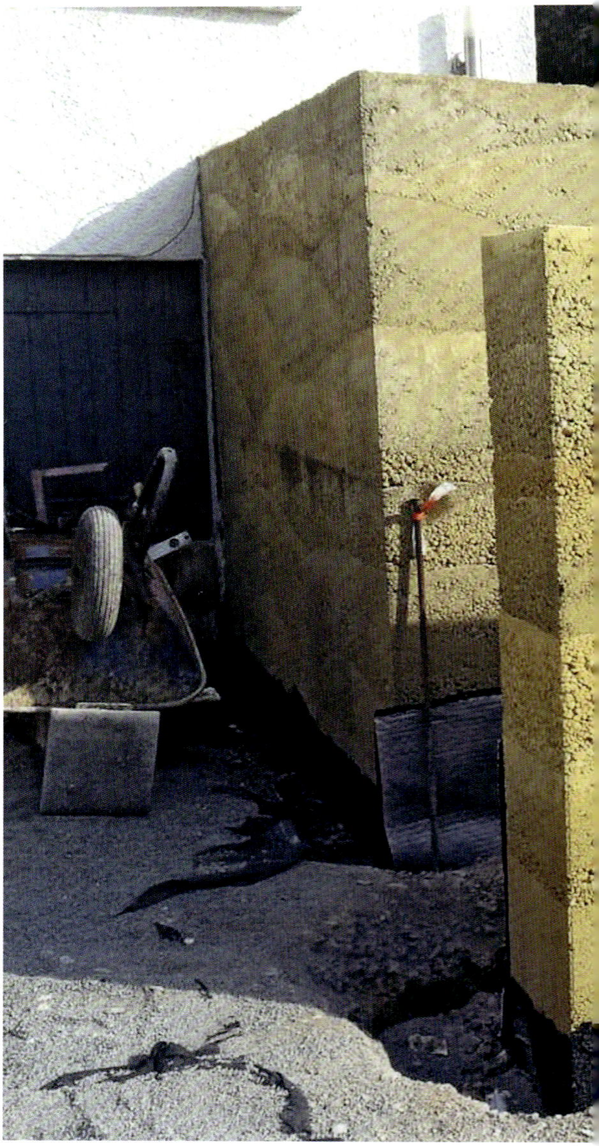

Gerade fertiggestellte Stampfbetonmauer. Definitiv ein Hingucker, der jeden Arbeitsschritt lohnt.

Stampfbeton ist eine Weiterentwicklung der althergebrachten Technik des Stampflehmbaus, bei dem Lehm in eine Schalung gestampft wird, um Wände zu errichten. Beim Stampfbeton wird statt Lehm eine Mischung aus Sand, Kies und Zement verwendet. Dieser unbewehrte Beton ist trotz recht einfacher und schneller Verarbeitung ausreichend standfest – und besitzt vor allem eine ganz eigene Oberflächenausstrahlung. Das prädestiniert diesen Leichtbeton für wunderbar kreative Sichtschutzmauern mit markanten Texturen. Material besorgen (einschließlich der passenden Schalbretter) und kräftig losstampfen.

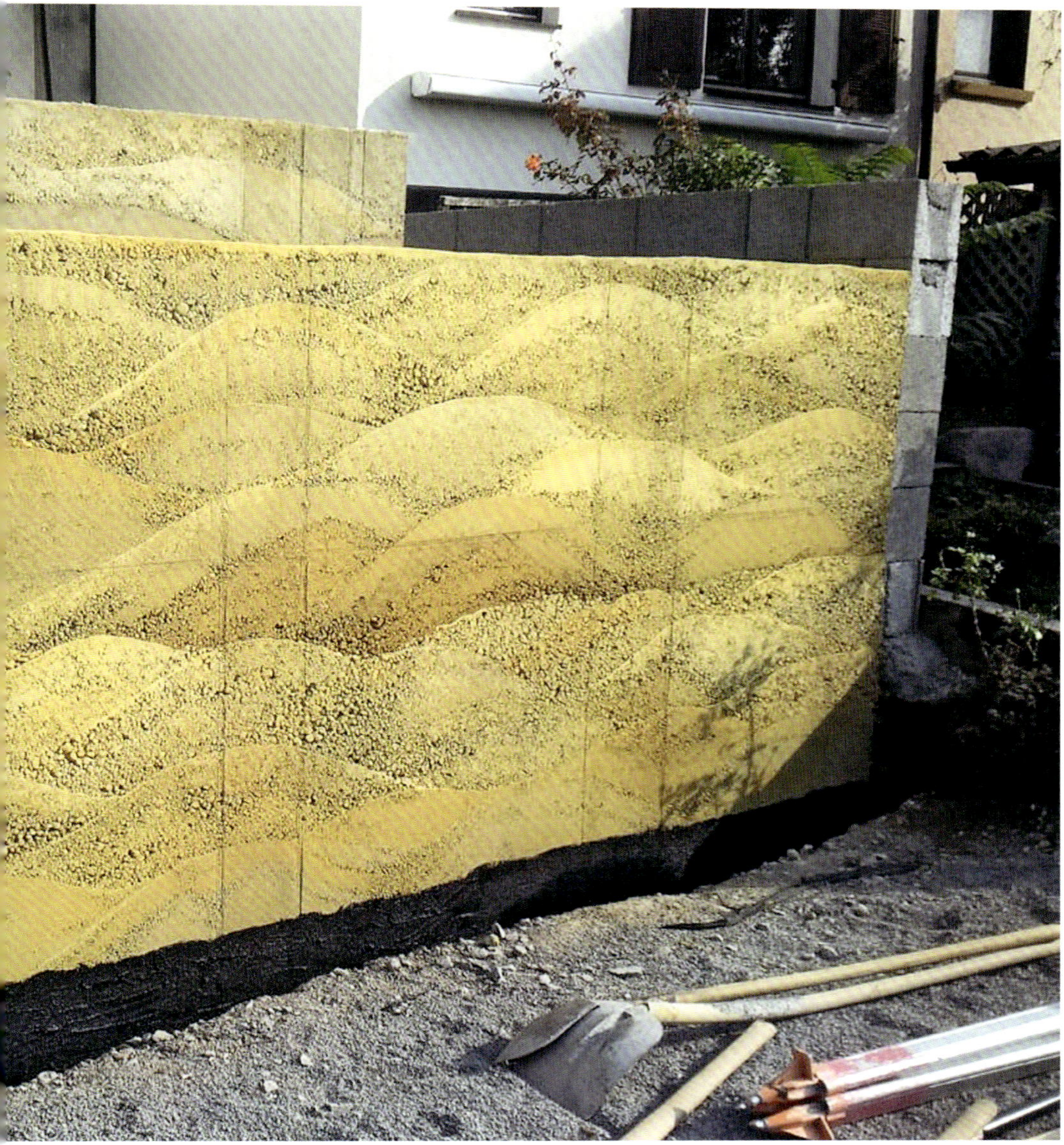

## PROJEKT: ORIGINELLE BETONMAUER BREITE 0,40 M, HÖHE UND LÄNGE NACH BEDARF

Plane, homogene Flächen sind eine Möglichkeit, tief gefurchte, markant strukturierte eine ganz andere – und ein echter Hingucker. Prinzipiell benötigen Sie – neben Ihrer Kreativität – nur Zement, Steine oder Splitt, Sand und Wasser. Der angerührte Grundbaustoff sollte eine erdfeuchte Konsistenz aufweisen. Faustregel: ein Teil Zement auf vier Teile Zuschläge, macht also bei einem handelsüblichen Sack Zement von 25 kg, gut 125 kg fertigen Baustoff. Der archaische Retro-Look entsteht durch kleinteilige Zuschläge wie Kiesel, Ziegelbruch, Feldsteine und natürlich durch den schichtweisen Aufbau. Die Zusammensetzung dieser Zuschlagstoffe kann natürlich variiert werden, was für zusätzlichen optischen Reiz sorgt.

**Arbeitsschritte**

1. Baugrund vorbereiten, Flucht mit Richtschnur abstecken
2. Graben ausheben; etwa 60 cm breit, bei 80 cm Tiefe (frostfrei); Länge je nach Mauerlänge
3. Dränagekies (Schichtstärke 10 bis 20 cm) einfüllen
4. Beton mischen; fundamentieren (Streifenfundament), mindestens 24 Stunden aushärten lassen
5. Schalung anlegen, hierzu Schalbretter oder -tafeln in den Graben rammen und mit großen Schraubzwingen fixieren
6. Stampfbeton mischen; immer so viel, dass es für 15, maximal 25 cm Schichtstärke reicht
7. Erste Schicht Stampfbeton einfüllen und kräftig stampfen; so lange, bis der Beton weich wird und eine geschlossene, weitgehend trockene Oberfläche entsteht
8. Wichtig: erste Schicht gut abtrocknen lassen
9. Schichtweiser Auftrag mit Maurerkelle im gewünschten ‚Rhythmus' bis zur gewünschten Bauhöhe, kreative Optik durch Stampfen und Stochern
10. Bauwerk mindestens 24 Stunden aushärten lassen, danach Schalung entfernen

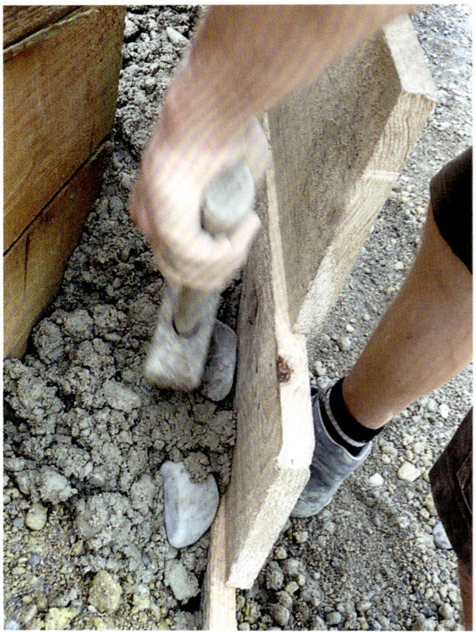

Stampfen, stampfen, stampfen. Der bezeichnende Arbeitsschritt ist zugleich der Wichtigste.

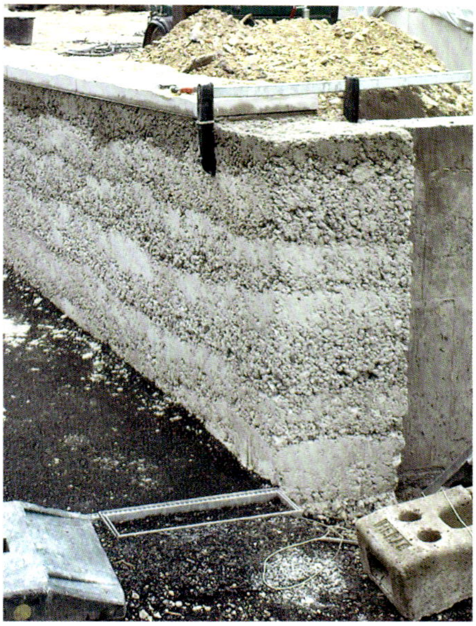

Die einzelnen Mauerlagen sollten 20 cm in der Höhe nicht übersteigen.

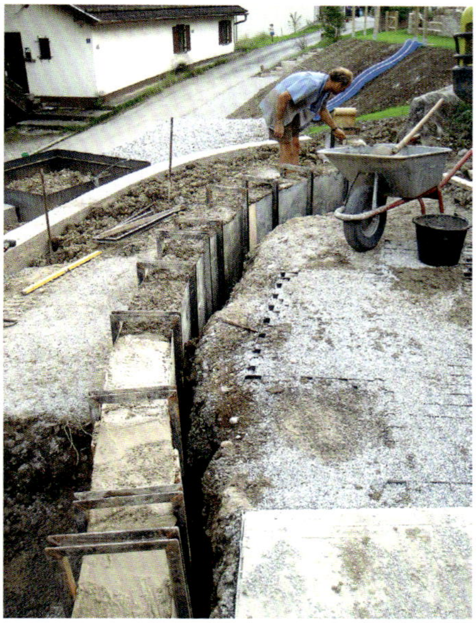

Die mitwachsende Schalung braucht man, damit der Beton schichtweise aushärten kann.

INFO

Schwierigkeit: schwer/anspruchsvoll

Zeitbedarf: 3 Tage ohne Materialbeschaffung

Material: 10 Säcke Gartenbeton (Quick-Mix oder Estrich-Beton) für 1 Lfm. Mauer und Fundament, mineralische Zuschläge (Sand, Bruchstücke, Reste)

Werkzeug: Spaten und Schaufel, Werkzeugkasten, Zwingen, Stampfer, Richtschnur, Maßband, Maurerkelle, Spachtel, Schalbretter, Schubkarre und alles, was zum Betonieren notwendig ist; Arbeitskleidung und -schutz

Richtkosten: 65 Euro für 1 Lfm. Mauer von 1 m Bauhöhe

# SICHTSCHUTZ-PROJEKTE MIT GABIONEN

## Viel Draht, viel Stein, viel Sein

Wenn man sich erst für die richtige Befüllung und Dimensionierung der Drahtgitterkörbe entschieden hat, lassen sich in überraschend kurzer Zeit ganze Wände auftürmen. Die modulare Bauweise erlaubt es, mit dem oder gegen das Gelände zu arbeiten, die Befüllung wiederum lässt allerhand kreativen Spielraum.

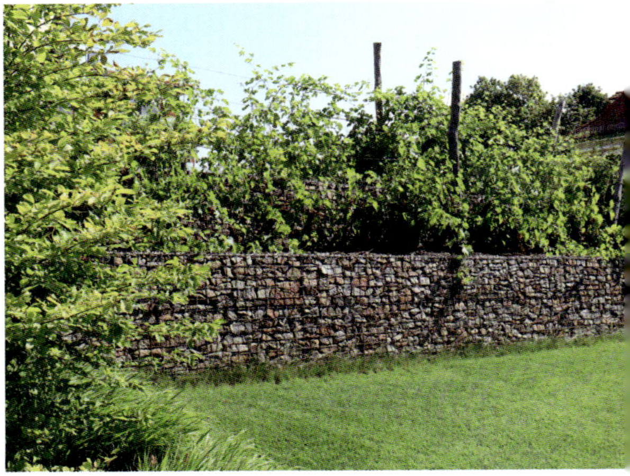

Ein eigener Weinberg – et voilà! Gabionen lassen das hier auf gekonnte Art Wirklichkeit werden.

Der Reiz ist unbestreitbar: Schnell ein paar Drahtgitterkörbe befüllen und fertig ist der perfekte, für alles und jeden undurchdringbare Sichtschutz. Aber Gabionen wirken auch rasch im wahrsten Wortsinn erschlagend. Einst für den Schutz von weitläufigen Böschungen entwickelt, etwa im Straßenbau oder zum Gewässerschutz, haftet Gabionen auch in kleineren Dimensionen stets etwas Massiges und vor allem ab einer gewissen Höhe Erdrückendes an. Damit es Sie also – rein optisch betrachtet – nicht erschlägt, sollten Sie neben dem Steindesign immer auch an die Gesamtgestaltung denken. Hier gilt es vor allem, die vertikale und horizontale Abfolge

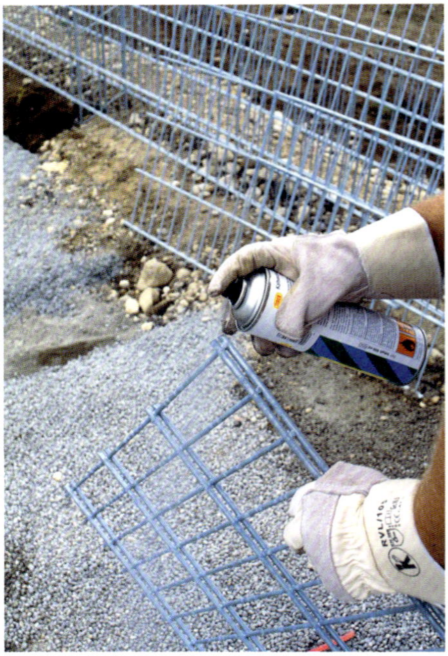

An Stellen, die zum Einpassen geschnitten werden, kommt Zinkspray zum Einsatz.

**TIPP**

Bedenken Sie, dass die Drahtschotterkörbe eine potenzielle Unfallquelle darstellen, und deshalb nicht in unmittelbarer Nähe zum Sitzplatz oder zu Spielbereichen platziert werden sollten. Je höherwertiger (nur Exemplare aus verzinktem Stahldraht wählen) und besser verarbeitet, desto geringer ist die Gefahr, ungewollt am Draht hängen zu bleiben. Es sollte keine Drahtenden nach außen abstehen, am besten biegt man die Enden zu Schlaufen.

sowie die Wahl des Begleitgrüns genau zu bedenken. Außerdem kommt es ganz besonders auf die inneren Werte an!

Standfeste und frostsichere Gründung vorausgesetzt, eröffnen Ihnen Gabionen zahlreiche Gestaltungsmöglichkeiten, ohne dass Sie übermäßig viel in Dränage und Entwässerung oder Statik investieren müssen. Bei Gabionen ohne besondere Ansprüche wird das Füllmaterial geschüttet. Bei höherwertig ausgeführten Gabionen gilt der Ansichtsfläche besonderes Augenmerk, sie wird dann Stein um Stein in Handarbeit aufgeschichtet. Üblicherweise werden die Körbe mit frostsicheren und ausreichend druckfesten Steinen (Schotter) befüllt, in aller Regel sind das Granit, Basalt, Quarzit, Lava, Dolomit und Kalkstein. Sandstein wird nur regional begrenzt eingesetzt, da er nicht ausreichend druck- und frostfest ist. Raffiniert sind Kombinationen, bei denen verschiedenfarbige Steine aufgeschichtet werden, oder wenn Gabionen mit einer Holzauflage versehen werden und dann als Sitzgelegenheit ins Spiel kommen. Die klassischen Gabionen haben meist eine Stärke von 50 Zentimetern und tragen sich aufgrund ihres hohen Eigengewichtes selbst (Schwergewichtsmauer). Gabionen in schmaler Ausführung eignen sich hervorragend, um unattraktive Betonwände zu verblenden. Für nicht allzu mächtige Sichtschutzwände sind sogenannte Zaungabionen entwickelt worden. Sie sind nur etwa halb so breit wie klassische Gabionen und besitzen verstärkte Stahlstäbe; nichtsdestotrotz bedarf es alle zwei, drei Meter einer Säule, um die Gabionen entsprechend statisch belastbar zu verorten. Dafür wirken sie nicht so mächtig und beanspruchen nicht so viel Platz in der Tiefe.

## Gut gestapelt hält länger

Einfach so aufeinanderstapeln, das wäre zu einfach. Die wesentlichen Konstruktionsgrundsätze für Mauern und Wände gelten zwingend auch für die praktischen Metallkörbe. Die Optionen der kreativen Begrünung mit Pflanzen sind neben der Schnellbauweise ein Pfund, mit dem sich gegenüber klassischen Mauern und Wänden wuchern lässt.

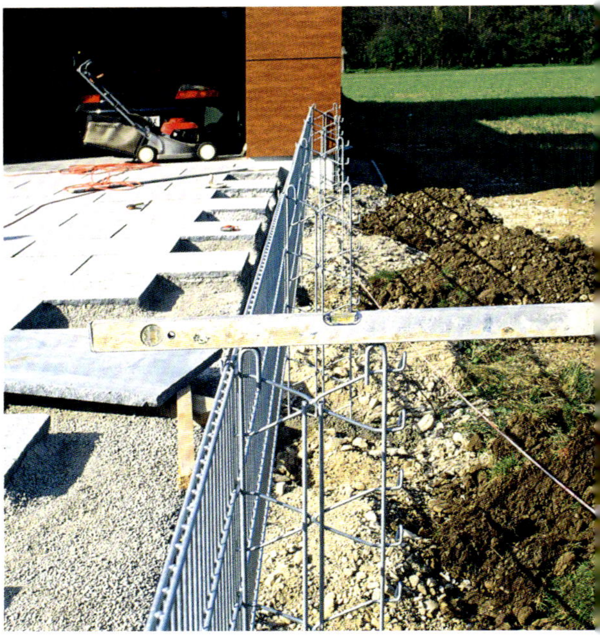

Einmessen, abstecken, Säulen setzen, dann erst Zwischenelemente montieren.

### PROJEKT: DRAHTIGE STEINWAND
### HÖHE 1,80 M, LÄNGE 3,60 M

Eine Gabionenwand können auch Sie selbst bauen. Zumal – und das ist dem anhaltenden Boom der Drahtschotterkörbe zu verdanken – alles Benötigte problemlos zu erwerben ist. Zwei, drei Klicks im Internet, und Sie können sich einzelne Stelen oder ganze Wände bedarfsgenau nach Hause bestellen. Zuvor müssen Sie sich allerdings ein paar Faktoren überlegen: neben der Art (einzeln gegen einen Hang aufgestapelte Körbe oder ein durchgängiger Zaun) auch die Füllung (welche Steine in welchen Größen, davon hängt die Maschenweite ab) und den genauen Verlauf, und ob die Stützen (bei schmalen Zaungabionen) einbetoniert werden müssen oder auf Platten oder L-Elemente aufgedübelt werden können. Prinzipiell ist der Aufbau bei allen Gabionen recht ähnlich, erst Fundamentierung, dann Körbe aufstellen oder -stapeln und gegebenenfalls untereinander verbinden, dann abschließend die Befüllung. Beabsichtigen Sie, kleine Steine für die Befüllung zu verwenden, sind unbedingt engmaschige Körbe zu verwenden. Sonst wird es zu einem hoffnungslosen Unterfangen, wenn man zum Beispiel versucht, kleinere Kiesel in Körbe mit einer Maschenweite von 5 x 20 cm unterzubringen. Wichtige Faustregel: Je höher die Wand, desto dicker der Draht. Üblich sind 3,5 bis 6 mm, ab 4,5 mm handelt es sich um Schwerlastgabionen. Verschönern können Sie die Stein-Metallkonstruktionen sehr schnell durch Begrünung, zum Beispiel mit schnellwachsenden Einjährigen (siehe S. 113).

**Arbeitsschritte**

1. Flucht abstecken; Pfostenlöcher ausheben (80 x 30 x 30 cm, Einbindetiefe der Pfosten 60 cm)
2. Dränagekies einfüllen (10 bis 20 cm)
3. Fundamente (Punktfundament) anlegen, 24 Stunden aushärten lassen
4. Pfosten (jeweils zwischen den einzelnen Elementen) lotrecht und waagerecht einbauen und einschlämmen
5. Gabionenelemente an Pfosten montieren und Gabionen schließen (meist mit Klammern oder Ösen)
6. Befüllung: sorgfältig bis zu etwa ⅓ der jeweiligen Korbhöhe befüllen, dann Distanzhalter (Distanzstreben, Spannanker) montieren, auf lot- und waagerechten Stand und Verformungen der Metallgitter kontrollieren
7. Befüllung komplettieren, einzelne Steine nochmal ausrichten und darauf achten, dass alles lagesicher und dicht liegt, gegebenenfalls mit Gummihammer nachhelfen

Befüllung berechnen: Gabionenvolumen (L x B x T in m) x 1,6 bis 1,8 (Gewichtsfaktor der Steine) = Menge in Tonnen

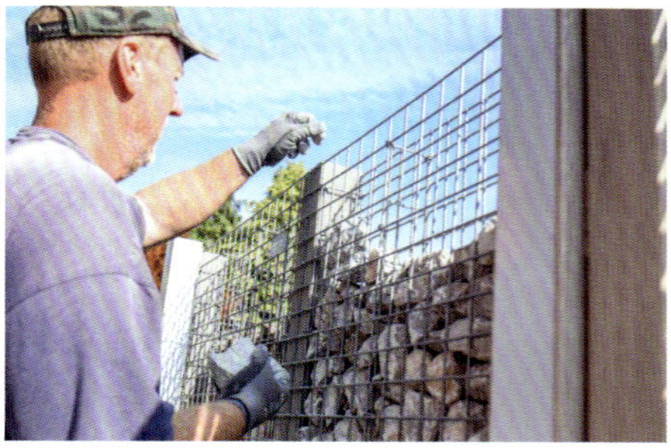

Jeder einzelne Stein trägt zur Stabilität und zum Gesamtbild bei. Lassen Sie sich Zeit.

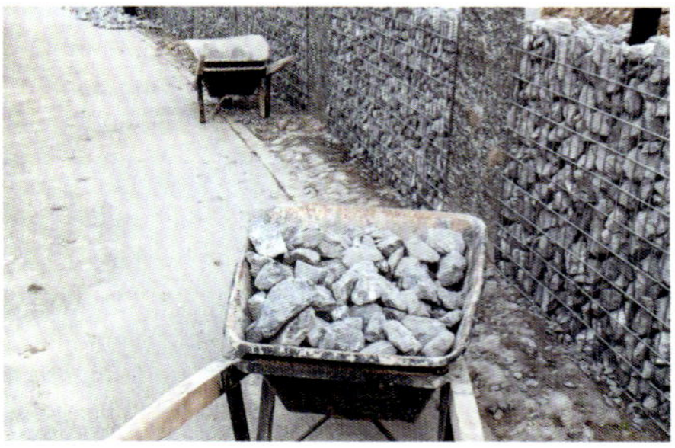

Für das Finish die jeweils oberste Steinlage mit Augenmaß auffüllen und alles nachverdichten.

Die gestalterische Wirkung lässt sich effektvoll erhöhen, indem man einzelne Körbe mit farbigen Glasbrocken befüllt. Das ergibt wunderbare Lichtspiele, auch in Verbindung mit LED-Beleuchtung.

**INFO**

Schwierigkeit: schwer/anspruchsvoll

Zeitbedarf: 3 Tage ohne Materialbeschaffung

Material: 3 schmale Zaungabionenelemente à 1,80 m Höhe und 1,20 m Breite (am besten als Set mit Pfosten, Einstabmatten in geeigneter Maschung – z. B. 40 x 40 mm – und allem notwendigen Befestigungsmaterial), Dränagekies, 3 Säcke Gartenbeton (Quick-Mix oder Estrich-Beton)

Werkzeug: Spaten und Schaufel, Maßband, Richtschnur, Wasserwaage, Winkelschleifer oder Bolzenschneider, Akkuschrauber oder Bohrmaschine, Werkzeugkasten, Schubkarre und alles, was zum Einbetonieren der Pfosten notwendig ist; Arbeitskleidung und -schutz

Richtkosten: ca. 800 Euro für 3,60 Lfm. Zaun à 1,80 m Höhe; einzelne Stelen ab 200 Euro; Befüllung (in Bigbags) ab 200 Euro/1 t

# SICHTSCHUTZ-PROJEKTE MIT METALL

## Mit Edelrost den Garten abschirmen

Metall im Garten hält und gefällt, und es ist immer ein Blickfang. Je rostiger und rustikaler es sein soll, desto puristischer muss der Werkstoff gewählt werden. Wenn aber alles immer schön glänzen und blitzblank sein soll, dann kommen nur edle Stähle infrage, und hin und wieder müssten Sie zum Polieren schreiten.

Große Metallflächen wirken schnell erdrückend, und nur für die wenigsten Gärten passt die urban-industrielle Note kratzig-rostiger Stahlplatten. Daher empfiehlt es sich bei Metallzäunen jeglicher Ausführung stets Luft zu lassen, entweder durch Durchlässe und Löcher im Material selbst oder durch Anordnung der Sichtschutzelemente auf Lücke. Außerdem kann man die Metallelemente mit Heckenstreifen, Mauerscheiben oder weichen Gegenspielern, zum Beispiel Gräsern, im Wechsel setzen. Vor allem bei glänzenden Oberflächen ist immer die Himmelsausrichtung zu beachten, damit es nicht zu ungewollter Überhitzung kommt. Für Pflanzen können aufgeheizte Metalloberflächen letale Wirkung entfalten, für uns Menschen sind sie mindestens unangenehm.

### PROJEKT: LOCHBLECH-PANEELE
### LIGHT METALL, HEAVY DESIGN

Perforiertes Stahlblech mit raffinierten Loch-Mustern, eingespannt zwischen Vierkanthölzern, Säulen, Pfeilern oder Pfosten, gibt optisch wirklich etwas her und drückt Ihrem Garten eine edle, betont architektonisch-modernistische Note auf. Zudem ist das Material äußerst haltbar und pflegeleicht und im Gegensatz zu komplett geschlossenen Elementen auch bei größeren Flächen wenig erdrückend in der Raumwirkung. Sie können fertige Module (nahezu grenzenlose Variationen der Musterungen und

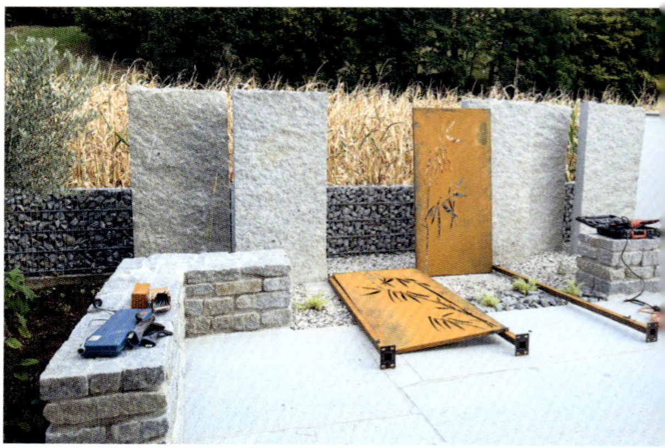

Die Elemente immer nah am Aufstellort vormontieren, das spart Trageaufwand.

Farben) verwenden oder sich Ihr gewünschtes Lochblech vom Metallbauer Ihres Vertrauens anfertigen lassen. Alu ist preiswerter, Edelstahl wirkt edler.

**Arbeitsschritte**

1. Flucht abstecken und Pfosten einmessen; Pfostenlöcher ausheben (80 x 30 x 30 cm, Einbindetiefe der Pfosten 60 cm)
2. Dränagekies einfüllen (Schichtstärke 10 bis 20 cm)
3. Fundamente (Punktfundamente) anlegen, mindestens 2 Stunden aushärten lassen
4. Pfosten passgenau lotrecht einbauen und einschlämmen
5. Paneele Stück für Stück waagerecht montieren
6. Alles nachjustieren und Verschraubungen fest anziehen

Die Paneele können selbstverständlich auch auf Stützwände oder Ähnliches aufgeschraubt werden, dann sind passende Fußplatten für die Pfosten notwendig.

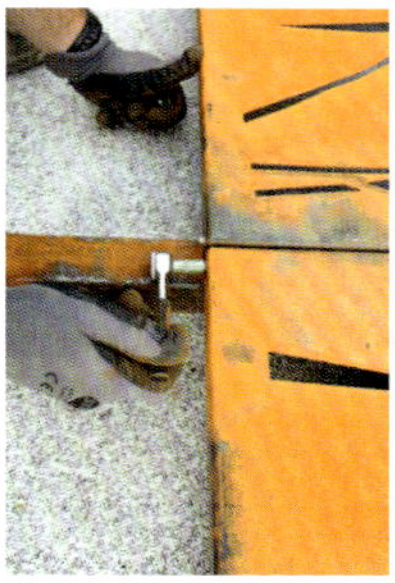

Montagen stets mit passendem Werkzeug und Blick auf Arbeitsschutz durchführen.

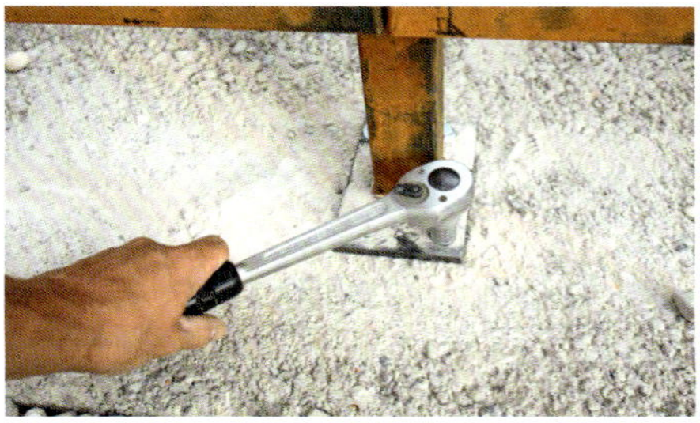

Zugfeste Verschraubungen an Fundamenten sind unabdingbar. Vorm Festziehen Lot und Flucht prüfen.

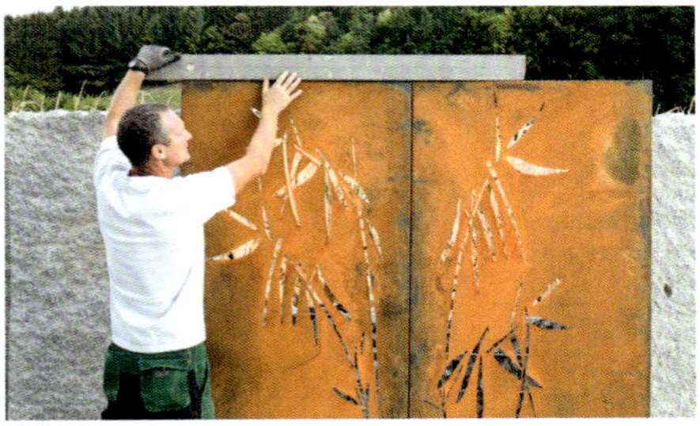

Ohne stete Kontrolle wird's selbst bei gutem Augenmaß windschief. Profis messen nach.

**INFO**

Schwierigkeit: mittel

Zeitbedarf: 2 Tage ohne Materialbeschaffung

Material: Lochblech-Paneele und Pfosten und Halterungen nach Bedarf, bei erdseitigen Pfosten Gartenbeton (Quick-Mix oder Estrich-Beton) für die Fundamente (1 Sack für 2 Pfosten), dann entsprechend auch Dränagekies

Werkzeug: Spaten und Schaufel, Werkzeugkasten, Richtschnur, Wasserwaage, Zollstock, Schubkarre und alles, was zum Einbetonieren der Pfosten notwendig ist; Arbeitskleidung und -schutz

Richtkosten: ab 200 Euro für 1 Lfm. bei 1 m Bauhöhe mit Paneelen aus Aluminium (2 mm Blech, eloxiert, farbbeschichtet), Paneele aus Edelstahl (V2A) sind deutlich teurer

## Auf stimmige Kombinationen setzen

Metall wirkt für sich, Metall wehrt (nicht nur Blicke) sicher ab und Metall sollte immer wohldosiert eingesetzt werden. Am besten bekommt es von vornherein einen weichen Gegenspieler (Pflanzen, Holz, Textilien), damit es nicht zu schroff und kantig zugeht.

### PROJEKT: STAHLRAHMEN MIT HOLZBEFÜLLUNG

### ALLES HÜBSCH EINGESTAPELT

So ein holzbefüllter Rahmen ist ein echter Hingucker: betont rustikal und praktisch; abhängig von der Platzierung natürlich auch ein vorzüglicher Sichtschutz. Um es sich nicht unnötig schwer zu machen, empfiehlt sich der Kauf vorgefertigter Rahmenelemente (einschließlich Fenster), die in verschiedenen Onlineshops angeboten werden. Einen solchen Rahmen selber zu konstruieren, erfordert dagegen gute Fachkenntnisse im Metallbau und entsprechende Gerätschaften. Deshalb sollte man fertig verschweißte Fertigrahmen („Brennholzregal") kaufen, und für die Füllung dann selbst die Spaltaxt schwingen. Den Rahmen können Sie entweder montiert anliefern lassen oder in Eigenregie zusammenbauen (Montage und Aufbau erfordern allerdings helfende Hände). Die Befüllung kann dann sukzessive und nach Ihren individuellen Vorlieben erfolgen. Mut zur Lücke wirkt.

**Arbeitsschritte**

1. Baugrund vorbereiten, Flucht mit Richtschnur abstecken
2. Graben ausheben; etwa 60 cm breit, bei 80 cm Tiefe (frostfrei); Länge je nach Rahmenlänge (mindestens aber 2 m)
3. Dränagekies (0/32 mm Körnung, 10–15 cm) als Sauberkeitsschicht einfüllen
4. Beton mischen; fundamentieren (Streifenfundament über die komplette Breite und Tiefe), mindestens 24 Stunden aushärten lassen
5. Bei Bedarf: Stahlrahmen montieren (Helfer notwendig)
6. Bohrlöcher für die Bodenverankerung (Bodenanker, Flachanker) bohren und Ankerschrauben „bombenfest" in die Fundamente einbringen
7. Für die fixe Bodenmontage der Elemente mindestens eine zweite Person hinzuziehen und dann Elemente zugfest mit den Ankern verbinden; auf lotrechte Ausrichtung achten
8. Fensterelement (waagerecht) einhängen, vorab Löcher in den Rahmen bohren
9. Scheit für Scheit Holz einstapeln und dabei darauf achten, dass jedes Scheit lagesicher liegt und nicht über den Rahmen hinausragt

Wichtig: Das Holz muss so gestapelt werden, dass es stabil aufliegt und nicht herausfallen kann. Generell darf der Stahlrahmen nicht umkippen oder -fallen, daher ist die Bodenverankerung zwingend notwendig.

Schnelle Rost-Patina ohne Einsatz von Chemikalien: Einfach den Stahlrahmen vor dem Aufstellen mit einem nassen Tuch anfeuchten und über Nacht, am besten auf den Rasen, in den Garten legen.

Holz: Entweder im eigenen Garten gefällte Bäume nutzen, oder vom Brennholzhandel oder dem Forstamt beziehen. Vielleicht haben auch Nachbarn was abzugeben. Das Scheitholz sollte etwa 8 bis 12 cm Durchmesser haben und 25 bis 35 cm lang sein. Die Stücke nicht zu eng stapeln, denn durch Feuchtigkeit kann das Volumen erheblich zunehmen (Quellen des Holzes) und der Rahmen sogar verbogen werden. Also immer genügend Luft lassen.

Holzmenge: Rechnen Sie für einen Stahlrahmen von 2 m Länge, 40 cm Breite und 1,80 m Höhe mit mindestens 1,1 $m^3$ Holz (Raummeter).

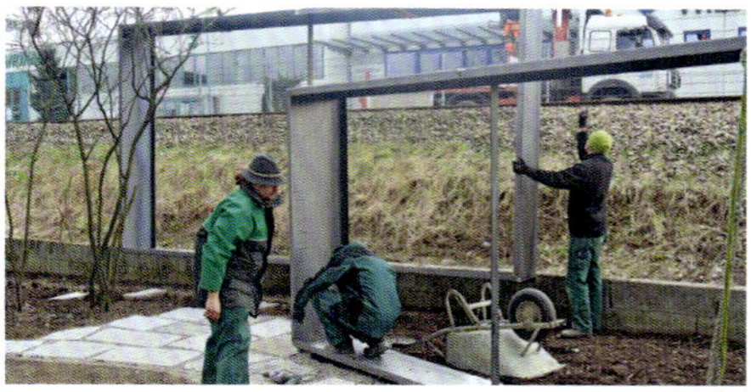

Ab einer gewissen Größe geht es nicht ohne schweres Gerät und allerhand helfende Hände.

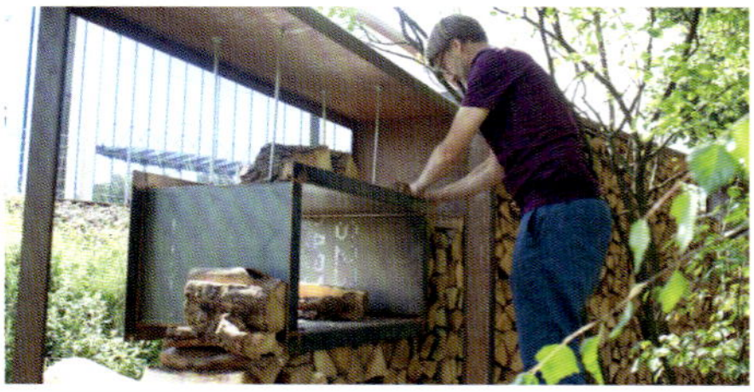

Erst Fensterrahmen am Grundrahmen befestigen, dann das Holz stückweise aufschichten.

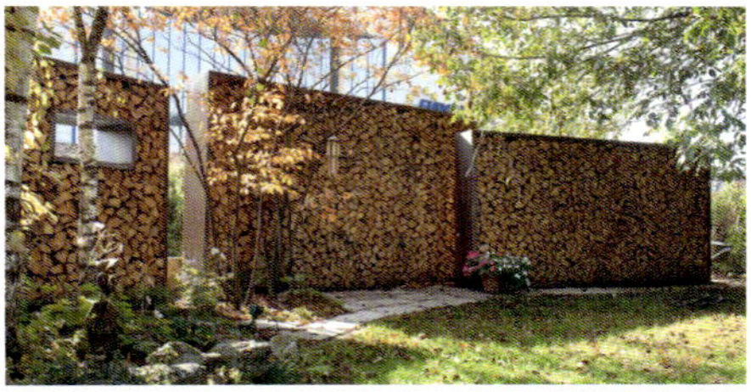

Das Ergebnis kann sich sehen lassen und für genügend Feuerholz ist gesorgt.

**INFO**

Schwierigkeit: schwer/anspruchsvoll

Zeitbedarf: 2–3 Tage ohne Materialbeschaffung

Material: Stahlrahmen Cortenstahl, Edelstahl oder farbbeschichteter Stahl mit passendem Fenstereinschub, Befestigungsmaterial für Bodenverankerung des Rahmens (passende Dübel, Bodenanker, Flachanker) und Aufhängung des Fensters (Ketten oder Gewindestäbe), Holzscheite in passender Länge und Anzahl, Gartenbeton nach Bedarf (Quick-Mix oder Estrich-Beton) für die Streifenfundamente, Dränagekies

Werkzeug: Spaten und Schaufel, Werkzeugkasten, Maßband, Richtscheit und Wasserwaage, Richtschnur, Schubkarre und alles, was zum Betonieren notwendig ist, Axt, Leiter, Bohrmaschine oder Akkuschrauber; Arbeitskleidung und -schutz

Richtkosten für 1 Stk. Rahmen (roher Cortenstahl) mit Fenster à 2 x 1,80 x 0,40 m (L x H x B): ab 600 Euro

# SICHTSCHUTZ-PROJEKTE MIT GLAS UND KUNSTSTOFF

## Mit Durchblick zum Blickschutz

ESG, VSG, Gussglas, satiniert, transluzent? Auf den ersten Blick – kein Durchblick. Aber, und das sollte Sie motivieren, wenn Sie sich erst einmal reingefuchst haben, gibt es wunderbare Lichtstimmungen bei vollem Sichtschutz (auf engstem Raum). Je nach Einsatzbereich gleich auch besten Verletzungsschutz und wirksame Absturzsicherung.

Transluzent bedeutet in Abgrenzung zu transparent „durchscheinend“. Transluzente Materialien sind zum Beispiel Gussglas (mit Strukturen versehen), Mattglas, geätztes oder sandgestrahltes Floatglas, Gläser mit lichtbrechenden Folien, eingefärbte beziehungsweise profilierte Kunststoffe wie Acrylglas. Kleiner Tipp, falls Sie planen, der Raumwirkung mit einem Spiegelglas Weite und Extravaganz zu verleihen: Neigen Sie die Scheibe leicht nach hinten, sonst sehen Sie anstatt inspirierendem Blätterdach und faszinierendem Himmelsgeschehen sich selbst. Generell sollten Sie Spiegelgläser nur punktuell und im Zusammenspiel mit definierten Blickachsen oder auch Wasseroberflächen verwenden.

**Acrylglas**

- Geringes Gewicht, halb so schwer wie normales Glas
- Hohe Bruchfestigkeit und Oberflächenhärte
- Einfache Be- und Verarbeitung
- Witterungsbeständigkeit
- Lichtdurchlässig, UV-beständig
- Langlebigkeit, bis zu 30 Jahre Herstellergarantie
- Sehr gut verklebbar, auch mit Lösungsmittelklebstoffen
- Temperaturbeständig bis ca. 70 °C

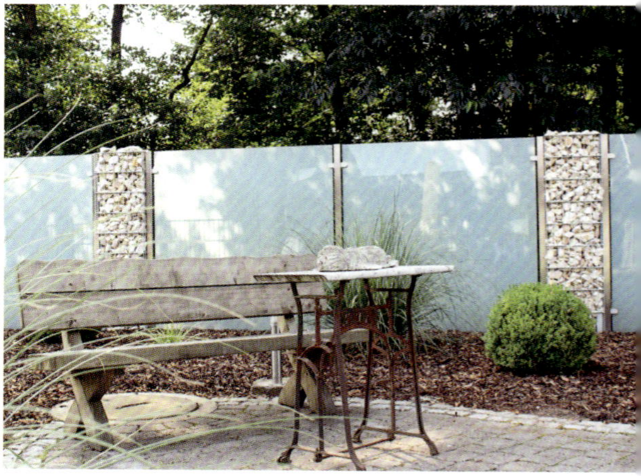

Wirkungsvolle und standfeste Glas-Gabionen-Kombination mit Glanzeffekt

## PROJEKT: FARBENFROHER HINGUCKER WIND-SICHT-SCHUTZ MIT WOW-FAKTOR

Von Sonnenstrahlen durchleuchtetes, farbiges Acrylglas, das hat was! Gerade im Kontrast mit Pflanzen und Gartengrün ergeben sich spannende Effekte. Dieses Projekt bedarf maßgenauen Arbeitens beim Einpassen der Glasscheibe, aber das Ergebnis kann sich definitiv sehen lassen.

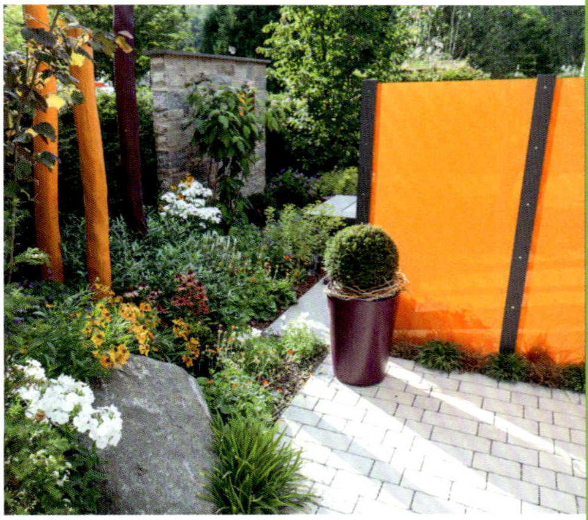

Die farbenfrohe Barriere bedarf einer sauber ausgeführten Montage.

**Arbeitsschritte**

1. Pfosten mit Holzschutzmittel einstreichen, einziehen lassen; optional: Farbanstrich
2. Pfostenträger an der gewünschten Stelle einschlagen
3. Klemmprofile an die Pfosten befestigen
4. Ersten Pfosten lotrecht montieren; Wasserwaage benutzen
5. Scheibe einpassen
6. Zweiten Pfosten lotrecht montieren und dabei die Scheibe abschließend einpassen; Lot mit Wasserwaage kontrollieren

Alternative: Glasscheibe mithilfe von vier Glasklemmhalterungen zwischen Steinstelen oder Zaunsäulen aus Granit oder Sandstein einpassen.

**INFO**

Schwierigkeit: mittel

Zeitbedarf: 1 Tag ohne Materialbeschaffung

Material: 2 Holzpfosten für die Tragkonstruktion (7 x 7 x 180/210 cm, Fichte/Kiefer, druckimprägniert), Acrylglas (z. B. 180 x 90 x 3/6 cm; Farbe nach Wahl) mit passendem Klemmprofil mit Dichtung (Alu), Schrauben, 2 Pfostenträger zum Einschlagen (Einschlagbodenhülse), Holzschutz, optional Farbe für die Pfosten

Werkzeug: Spaten und Schaufel, Wasserwage, Werkzeugkasten, Vorschlaghammer, Bohrmaschine oder Akkuschrauber, Zollstock, Wasserwaage; Arbeitskleidung und -schutz

Richtkosten: 275 Euro; einsparen können Sie mit normalem (farblosen) Acrylglas

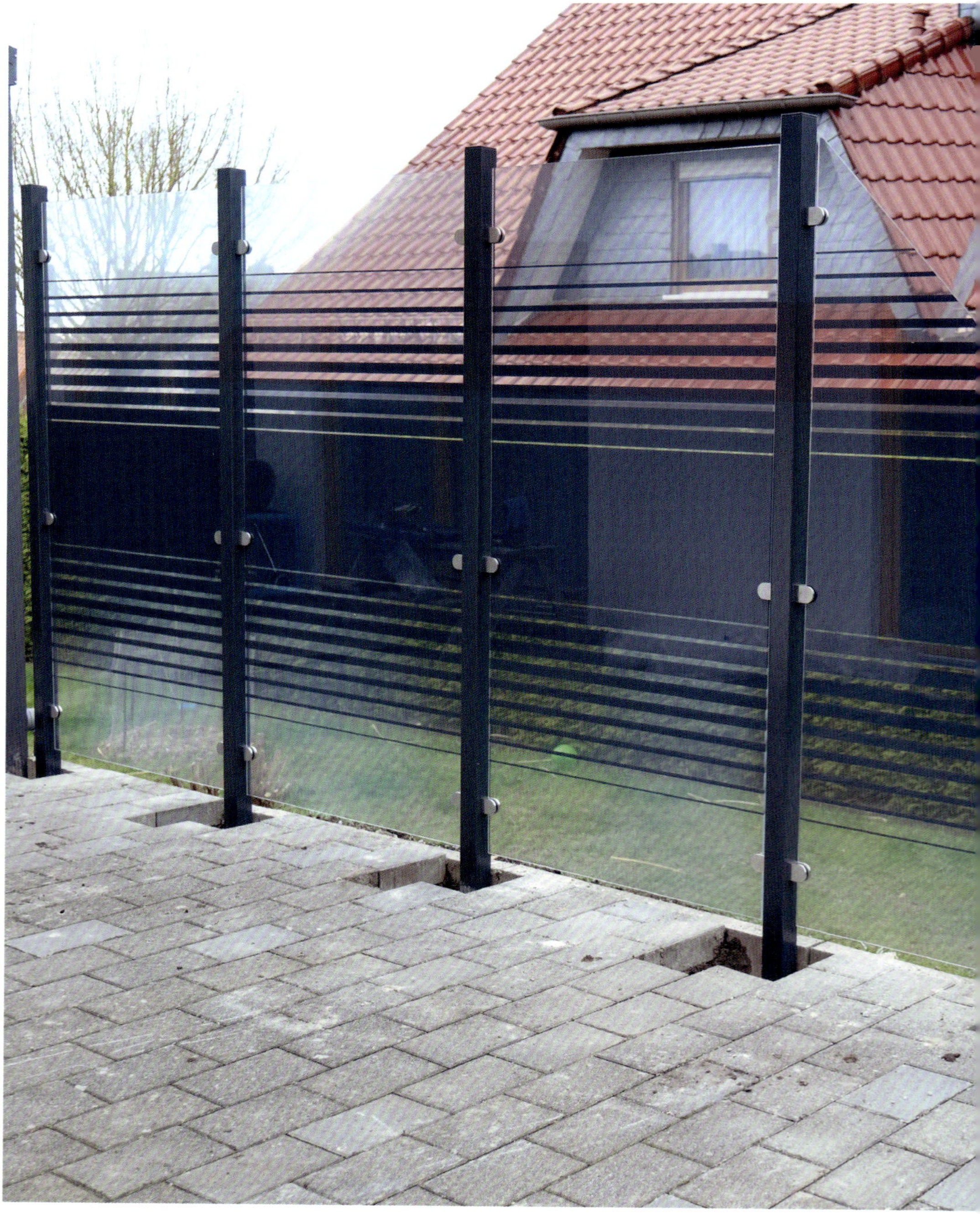

Stilvoll! Die fertig montierte Sichtschutz-Glas-Wand kann sich sehen lassen.

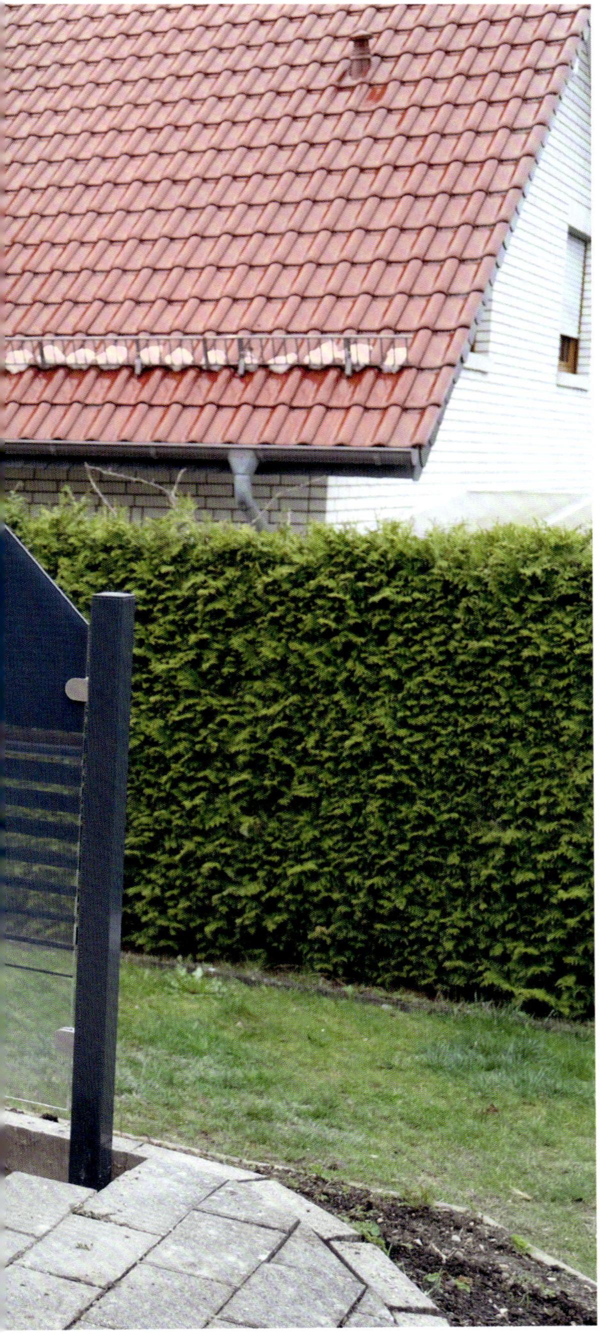

## Bruchsicher und windfest einbauen

Die Vorstellung, Glas in das Erdreich einzubauen, kann schon für ein gewisses Maß an Respekt sorgen. Aber so schwer ist es gar nicht. Wenn Sie die wichtigsten Grundregeln beachten, kann nicht viel zu Bruch gehen, und ob es dann eine ein Meter breite und zwei Meter hohe Scheibe oder gleich eine ganze Sichtschutzwand ist, macht keinen großen Unterschied mehr.

### PROJEKT: STILVOLLE SICHT-SCHUTZ-GLAS-WAND HÖHE 2 M, LÄNGE 4 M

Eine Glaswand (aus satiniertem Glas oder auch sehr raffiniert: Glas mit Siebdruckmuster) sieht elegant und sehr modern aus. Die heutige Gartengestaltung setzt oft auf das edle Aussehen von Glas, ein Material, das neben perfektem Windschutz auch großartige Lichtspiele ermöglicht und dennoch – bei der Verwendung von Sichtschutzgläsern – keinerlei Einblicke zulässt. Außerdem ist Glas eine dauerhafte und verlässliche Sichtschutzvariante, die leicht zu pflegen ist. Konstruktiv gehört solch eine stilvolle Sichtschutz-Glas-Wand in die Oberklasse (auch von den Kosten her), aber sie ist (selbst) machbar.

**Arbeitsschritte**

1. Maß nehmen, Pfosten einmessen, Flucht mit Schnur abstecken
2. Gegebenenfalls ist als Vormontage das Anschrauben der Glasklemmen an die Pfosten notwendig
3. Pfostenlöcher ausheben, je nach Untergrund einzelne Pflastersteine/Platten entnehmen. Die Löcher müssen ca. 80 cm tief (frostfrei) und 30 cm breit sein
4. 10 bis 20 cm Dränagekies in die Löcher einfüllen
5. Beton („Quick-Mix") anmischen
6. Pfosten fluchtgenau und lotrecht positionieren und Beton einfüllen, Beton mindestens 24 Stunden aushärten lassen, zur Sicherheit können die Pfosten mit passenden Brettern und Zwingen abgestützt werden
7. Glaselemente entsprechend vorsichtig und lot-/waagerecht zwischen die Klemmen einführen und erstmal locker verschrauben, in Bodennähe eine „Pufferzone" (Holzblock, Decke, Fleece etc.) vorhalten, um Glasbruch vorzubeugen
8. Alles noch einmal ausrichten und erst dann fest verschrauben
9. Optional können Sie der Glaswand noch eine schmale Abdeckung als Kantenschutz aus eloxiertem Aluminium geben; hierzu die Innenseite des U-Profils silikonieren und fest auf das Glas aufsetzen

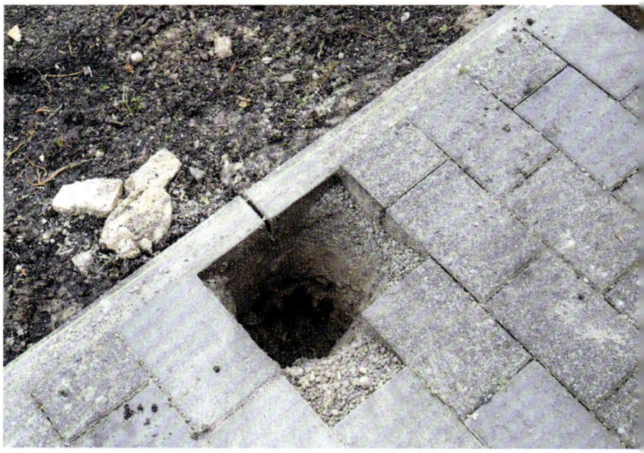

Erster Schritt: Maß nehmen, Flucht abstecken und Pfostenlöcher ausheben

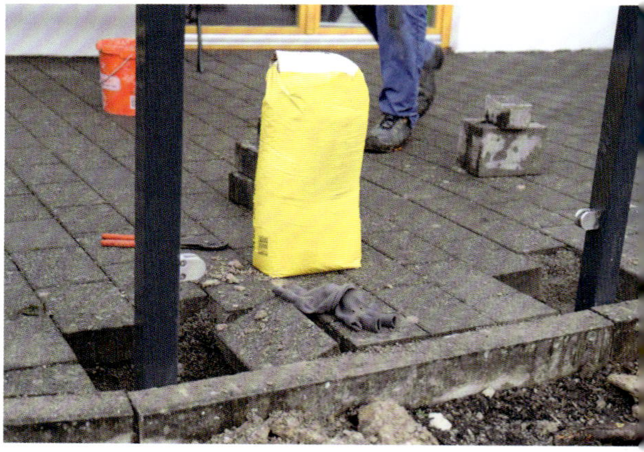

Fakt ist, ohne fest und lotrecht im Betonfundament sitzende Pfosten wird's nichts.

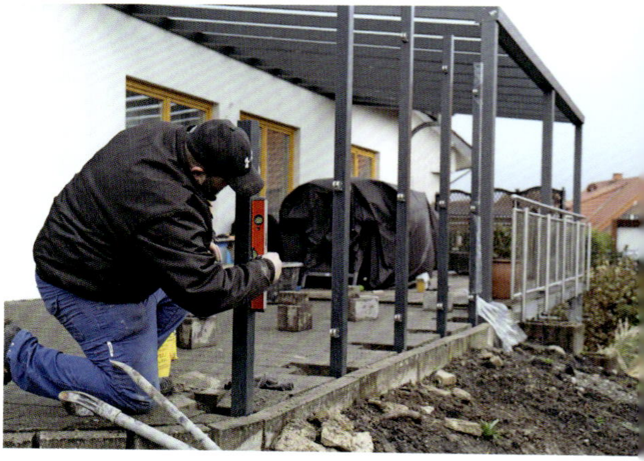

Bevor es an die Montage der Glaselemente geht, alles auf Lot und Maß kontrollieren.

Alternative Fundamentierung: Sie können auch einen durchgängigen Graben, 80 cm tief und etwa 30 cm breit ausheben, Dränagekies einfüllen und ein durchgehendes Streifenfundament herstellen. Die Pfosten werden dann über passende Bodenhalterungen (Bodenprofile/Konsolen zum Aufdübeln) aufgeschraubt. Diese Variante ist vor allem dann sinnvoll, wenn noch keine Pflasterfläche oder Terrasse vorhanden ist oder diese mit genügend Abstand zu den befestigten Flächen verlaufen soll.

Beachten: Pfosten zum Einbetonieren sind um etwa 50 cm länger als Pfosten zum Aufdüblen.

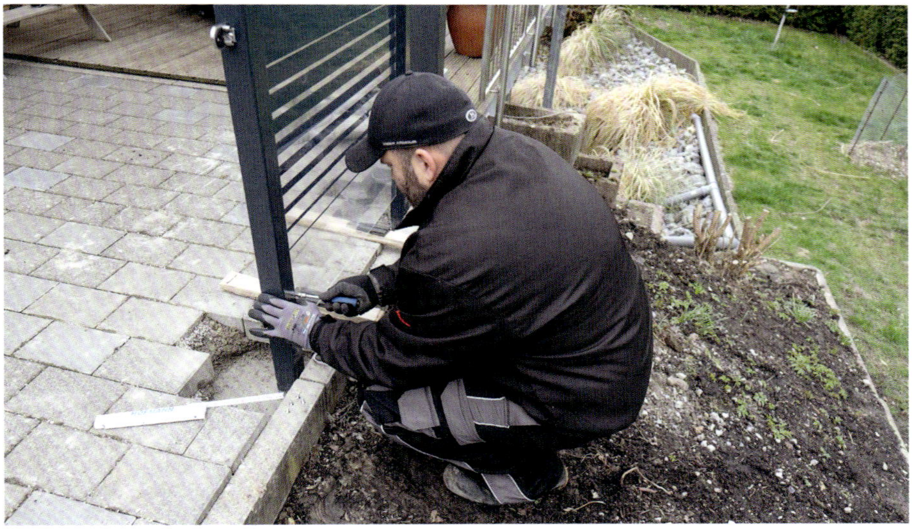

Scheiben behutsam einhängen und festschrauben.
Tipp: schützende Unterlage nutzen.

**INFO**

Schwierigkeit: schwer/anspruchsvoll

Zeitbedarf: 2–3 Tage ohne Materialbeschaffung

Material: 4 Elemente à 1 m Breite/ca. 2 m Höhe aus satiniertem oder bedrucktem Glas (ESG oder VSG, Stärke mind. 10 mm), dazu passende Pfosten, Glasklemmen und Befestigungsmaterial (Gewindestangen, Hutmuttern, Hutschrauben, 2-Komponentenkleber, Silikon), Dränagekies, 2 Säcke Gartenbeton (Quick-Mix oder Estrich-Beton)

Werkzeug: Werkzeugkasten, Akkuschrauber oder Bohrmaschine, Spaten und Schaufel, Gummihammer, Schubkarre, Maßband, Winkel, Maurerschnur, Pflöcke/Unterlegklötze/Keile; Arbeitskleidung und -schutz

Richtkosten: 1500–2000 Euro für 4 m Wand; jeweils abhängig von Glastyp, Untergrund, mit oder ohne Unterbrechung und anderen Faktoren.

# SICHTSCHUTZ-PROJEKTE MIT TEXTIL

## Entspannt zur perfekten Verspannung

Saisonaler Sichtschutz mit textilen Verspannungen besitzt gegenüber dauerhaften Konstruktionen (aus Stein oder Holz) gleich mehrere Vorteile. Er wirkt dann, wenn Sie ihn wirklich brauchen: in der Gartensaison. Er ist (baulich) weniger präsent und massiv. Schließlich ist der Aufwand bei einem eventuellen Abbau relativ gering.

Bedruckte Stoffbahnen, möglichst resistent gegenüber UV-Strahlen und in windsicherer Einspannung, sind ein idealer Sichtschutz und können mit dem ganz persönlichen Lieblingsmotiv versehen werden. Neidische Blick sind garantiert; bis in Ihren Garten dringen können diese Blicke allerdings nicht. Ein paar Haken, fest verspannte (und bestenfalls leicht nachstellbare) Stahlseile und passende, wetterfeste und mit Ösen versehene Textilien: und es kann losgehen. Wenn Sie dann noch daran denken, dass es bei Bedarf (Wind und Wetter, Verschmutzung, Risse) mit dem Abnehmen und Einrollen schnell gehen sollte, dann fehlt zur perfekten Verspannung nur noch ein passender Stoff. Aber auch dabei können Sie absolut entspannt bleiben, es gibt für alle Sichtschutzfälle etwas Passendes.

TIPP

### STOFF UND BEFESTIGUNG AUFEINANDER ABSTIMMEN

Zu einem wirkungsvollen Sichtschutz aus Textil gehört nicht nur der gute Stoff selbst, Sie benötigen auch Rahmen, Halterungen, Seile, Haken, Ösen, Federspanner – das ganze Programm eben. Natürlich muss es halten und funktionieren, es muss aber auch gut aussehen. Also sollten Sie in Hinsicht auf Material, Dimensionierung, Form und Farbe alles gut aufeinander abstimmen, damit nicht Dinge ein optisches Übergewicht bekommen, die Sie eigentlich gar nicht sehen wollen.

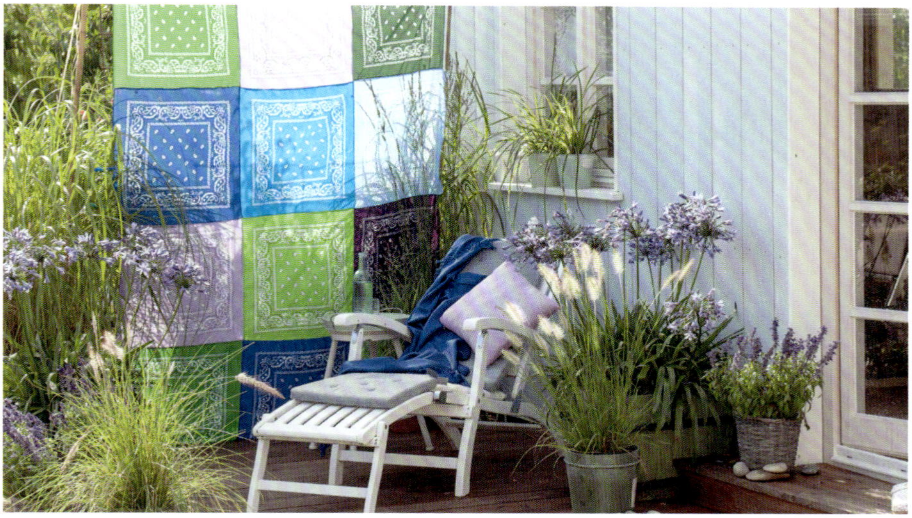

Ihrer Kreativität sind (fast) keine Grenzen gesetzt – wenn alles windfest verspannt ist.

Je nach Zweck (saisonal oder ganzjährig, Transparenz) gibt es spezifische Sonnensegel-Stoffe. Am gebräuchlichsten sind Mischgewebe aus Kunststofffasern (Polyester, Acryl). Beschichtung mit Fluorcarbon erhöht die Wasserabweisung, PVC die UV-Dichte. Höhere Schutzwirkung und höheres Flächengewicht bedingen höhere Kosten.

„Hart am Wind." Der Wind liefert einerseits ein gutes (naturgegebenes) Stück Seefahrerromantik, andererseits spielt er eine zentrale Rolle bei der Befestigung der schönen Sichtschutztextilien. Die Windlast, die auf vertikal oder horizontal gespannte Tücher und Segel trifft, ist nicht zu vernachlässigen, außerdem sorgt der Windsog für teils heftige Aufwölbungen. Die durch das windige Treiben entstehenden Zugkräfte führen zu starker Beanspruchung der Befestigung und rütteln vor allem an den Ösen und Verankerungen, entweder im Trägerrahmen, an Mauern und Wänden oder an der Holzpergola. Speziell für Tücher gilt daher: entweder locker und frei beweglich – oder so fest und straff wie möglich. Und generell gilt für die Befestigungspunkte und -arten: besser über- als unterdimensioniert. Seile sollten problemlos nachgespannt werden können. Ösen und Laschen sollten stets hochwertig und gut mit dem Tuch verbunden sein, das Tuch selbst muss ausgesprochen gartentauglich sein. Sparvarianten erweisen sich bereits nach kurzer Zeit als untauglich; die andauernde Beanspruchung durch Wind und Wetter reißt dann wahrlich Löcher in Tuch wie in Budget. Und ganz wichtig ist es, dass das Abnehmen oder Einrollen sehr schnell geht, falls der Wind einmal zu heftig werden sollte.

## Wind und Wetter und Alltagstauglichkeit

Guter Stoff ist und bleibt guter Stoff. Damit dieser auch seine Funktion erfüllt, sollte Ihr besonderes Augenmerk auf der Befestigung und Verankerung liegen. Zudem gilt es (im wahrsten Sinn des Wortes) die Spannung solcher Konstruktionen auch unter widrigen Bedingungen zu erhalten.

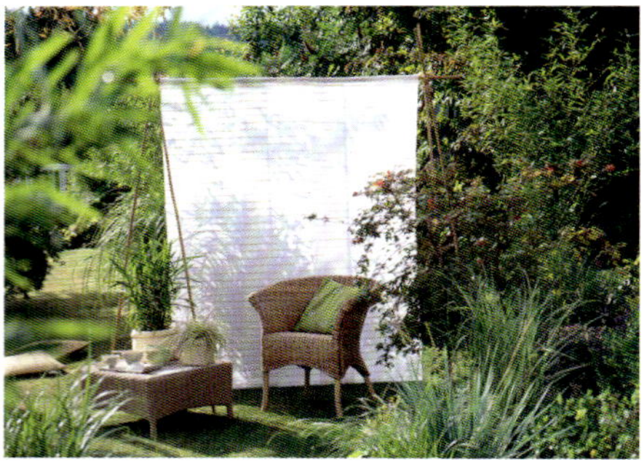

Tipi mal anders. Drei, vier Handgriffe: fertig ist der perfekte Instant-Sichtschutz!

## PROJEKT: APARTER GARTENVORHANG | VORHANG AUF ODER ZU, GANZ WIE SIE MÖGEN

Was brauchen Sie? Neben gutem Stoff für den Außenbereich und geeigneten Spannseilen, eine Pergola, zwei Holzpfosten, Wände oder Mauern, die problemlos ein paar Haken (ver-)tragen. Hauptsache, Sie können ein Stahlseil genügend straff spannen. Wählen Sie einen Vorhang mit Beschwerungsband, das reduziert die Windanfälligkeit.

**Arbeitsschritte**

1. Haken in genügend großem Abstand und passend zu den Abmessungen des Stoffes anbringen
2. Ist noch keine Befestigungsmöglichkeit vorhanden, dann zwei Zaunpfosten (Holz, kesseldruckimprägniert, rund oder vierkant, mindestens 7 cm Durchmesser beziehungsweise 7 x 7 cm) fest in der Erde verorten (über Stützenschuhe – Fundament-Trocknungszeiten beim Fundamentieren beachten – oder Ähnliches) und daran Haken anbringen; Pfosten leicht schräg stellen und gegebenenfalls mit Stahlseilen und Erdankern seitlich abspannen

TIPP

### NUR BESTEN STOFF WÄHLEN

Hier ein Sonderangebot, da ein schneller Griff: Besser nicht, denn im Garten lauern Wind und Wetter und damit allerhand mechanische und physikalische Beanspruchungen. Wählen Sie vor allem für dauerhafte Verspannungen (zum Beispiel Balkonsichtschutz) stets hochwertige Acryl- oder Polyestergewebe, die wetter- und reißfest, lichtecht und UV-beständig sind. Neben der Stoffqualität sollten Sie vor allem auf genügend viele und stabile Ösen zur Befestigung achten.

3. Stahlseil abmessen (gegebenenfalls müssen Schlaufen ausgebildet werden) und auf einer Seite anbringen; Länge einpassen (darf nicht durchhängen, aber auch nicht zu straff gespannt sein; Beanspruchung unter Windlast beachten
4. Stoff einfädeln
5. Stahlseil an gegenüberliegender Seite befestigen; nachspannen
6. Bei widrigen Witterungsbedingungen Stoff abnehmen

Wenn Sie über Kopf arbeiten (zum Beispiel beim Anbringen der Haken oder Einfädeln des Stoffes), dann nur mit standfester Leiter und zu zweit – Arbeitsschutz immer ernst nehmen!

Der Stoff lässt sich auch über einer Art Gardinenstange anbringen, die zum Beispiel an einer Pergola befestigt ist. Dabei ist wichtig, dass der Vorhang bei Bedarf (Wind, Wetter, Reinigung) leicht abgenommen werden kann.

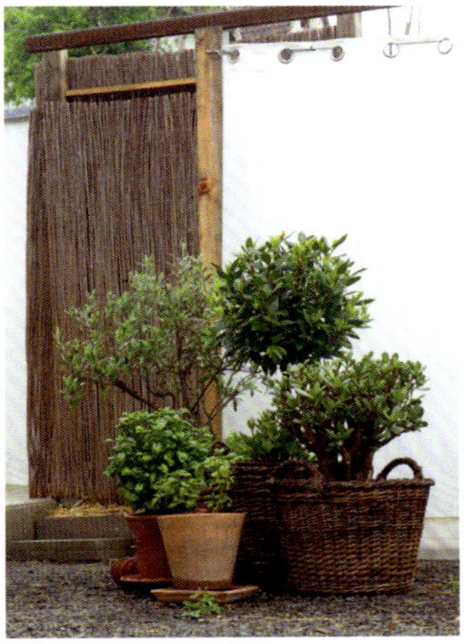

Für die Seilverortung an Pfosten und Pfeilern nur hochwertige Gewindeterminals verwenden.

**INFO**

Schwierigkeit: leicht

Zeitbedarf: 2 Tage ohne Materialbeschaffung

Material: Stoff für den Außenbereich nach Wahl (auf rostfreie Ösen achten); Haken und Stahlseile (nicht stärker als 6 mm, ausreichend sind 3 mm) aus Edelstahl; ideal sind nachspannbare Systeme; optional Zaunpfosten (plus 2 Stützenschuhe, Beton, Dränagekies, Kunststoffrohr), 1 Sack Gartenbeton (Quick-Mix oder Estrich-Beton)

Werkzeug: Werkzeugkasten, Seitenschneider, gegebenenfalls Leiter; müssen Pfosten errichtet werden dann noch Spaten und Schaufel, Hammer, Schubkarre; Arbeitskleidung und -schutz

Richtkosten: ab 60 Euro für Stoffvorhang à 130 x 250 m; ab 30 Euro für entsprechende Edelstahl-Seil-Kits (Stahlseil, Haken, Sonstiges)

**TIPP**

Es gibt auch Stoffe, die oben und unten mit Ösen ausgestattet sind – dann sorgen zwei Spannseile für hohe Windfestigkeit. Achten Sie darauf, dass die Spannseile nicht zu Stolperfallen werden.

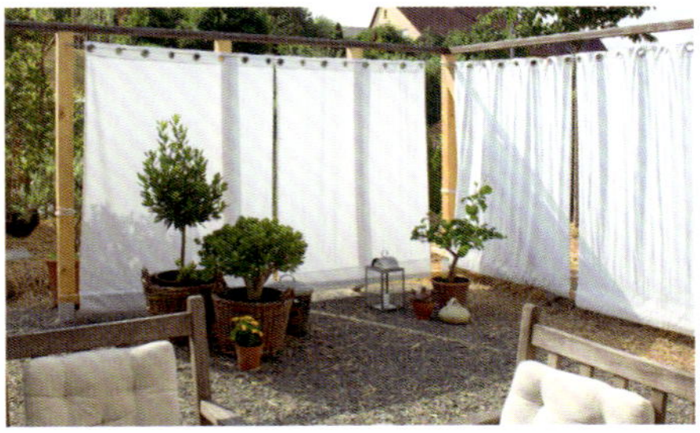

Zwischen fachgemäß errichteten Pergola-Pfeilern lässt sich der Gartenvorhang entspannt spannen.

# SICHTSCHUTZ-PROJEKTE MIT (KLETTER-)PFLANZEN

## Pflanzen und wachsen lassen

Es ist erstaunlich, zu welchen Höhen Kletterpflanzen sich Jahr für Jahr aufschwingen und ganze Häuser eingrünen können. Spätestens wenn Kletterrosen oder Waldreben blühen, ist die Faszination dann perfekt. Nicht minder attraktiv sind dichte Gründächer.

Der Traum vieler Gartenbesitzer, aber einer, der meist erst im Laufe der Zeit verwirklicht wird: grüne Dächer, Mauern und Wände. Neben der natürlich-romantischen Seite ist der grüne Vorhang ein großes Plus für das Mikroklima und die Behaglichkeit. Natürlich ist er zudem im Hinblick auf Sichtschutz schier konkurrenzlos. Also trauen Sie sich und grünen Sie ein, was einzugrünen geht. Die wichtigsten Vorrausetzungen sind eine passende Artenauswahl, die richtige Kletterhilfe und ein paar gärtnerische Handgriffe (Wasser- und Nährstoffversorgung; Schnitt; Kontrolle der Kletterhilfen). Es muss ja nicht gleich der wild-verwachsene Dornröschengarten sein, aber ein grünes Blätterdach (Platanen, Linden, Blauregen und Ähnliches) ist nicht nur ungemein anziehend, es ist vor allem auch wunderbar abweisend in Bezug auf Blicke, Lärm, Feinstaub und anderes Lästiges. Ein grünes Dach sieht klasse aus und schirmt nach ein paar Jahren hervorragend ab. Für Sitzbereiche sind Blätterdächer erste Wahl. Neben begrünten Pergolen kommen hier vor allem dachförmig gezogene und wachsende Gehölze zum Einsatz. Der Clou: Prima Klima stellt sich (fast) von selbst ein.

**Dachförmig gezogene Gehölze**

- Holländische Linde (*Tilia × vulgaris*)
- Platane (*Platanus × hispanica*)
- Zier-Apfel (*Malus* 'Evereste', 'Golden Hornet')
- Feld-Ahorn (*Acer campestre*)
- Sumpf-Eiche (*Quercus palustris*)
- Hänge-Ulme (*Ulmus glabra* 'Pendula')
- Spitz-Ahorn (*Acer platanoides* 'Charles Joly')
- Amberbaum (*Liquidambar styraciflua*)

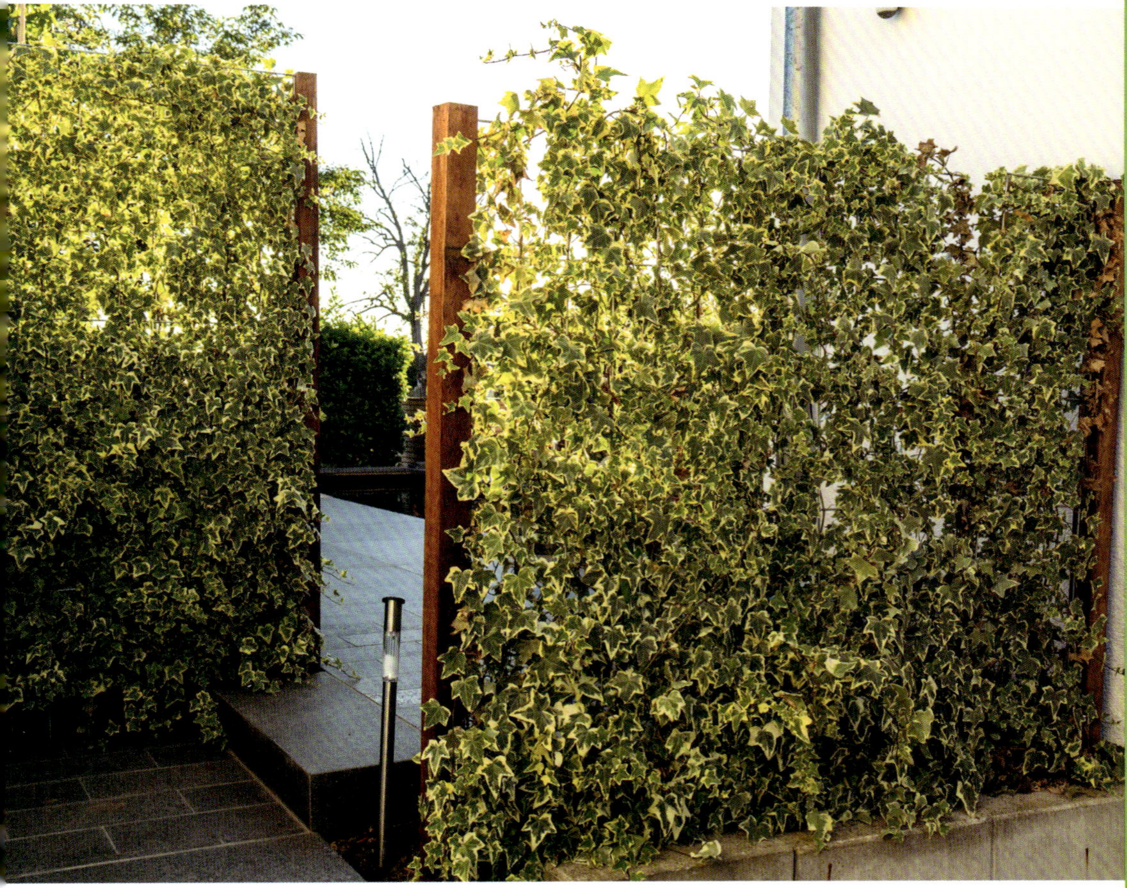

Verzinkte Baustahlmatte zwischen zwei stabilen Pfosten: alles bereit für die grüne Efeuwand

## PROJEKT: GRÜNDACH
## ALLZEIT ATTRAKTIVER SICHT-WETTER-LÄRM-STAUB-SCHUTZ

Einer der schönsten Gartenträume ist, es sich unter einem grünen Blätterdach bequem zu machen. Ein Traum, der mit ein wenig körperlichem Einsatz und etwas gärtnerischer Begleitung über die Jahre erlebbare Realität werden kann. Ein bisschen Geduld ist aber erforderlich, denn so ein Gründach muss erst einmal wachsen. Als Sichtschutz (nach oben) und als Staub- und Lärmfänger ist ein Gründach – neben dem fantastischen Effekt auf das Mikroklima – das Nonplusultra für Terrassen und Sitzplätze.

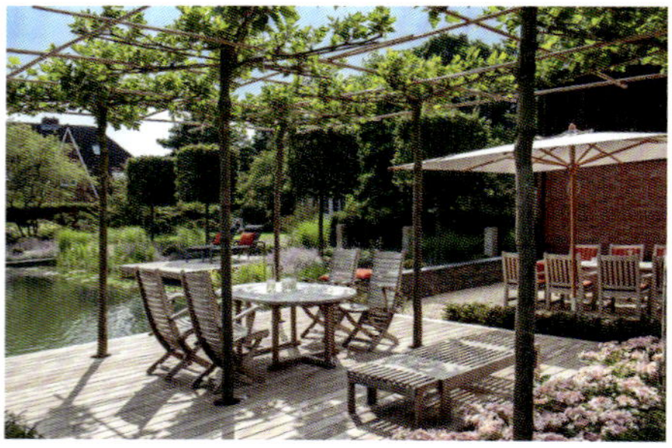

Genau so soll es werden. Damit das gelingt, sind einige gärtnerische Handgriffe nötig.

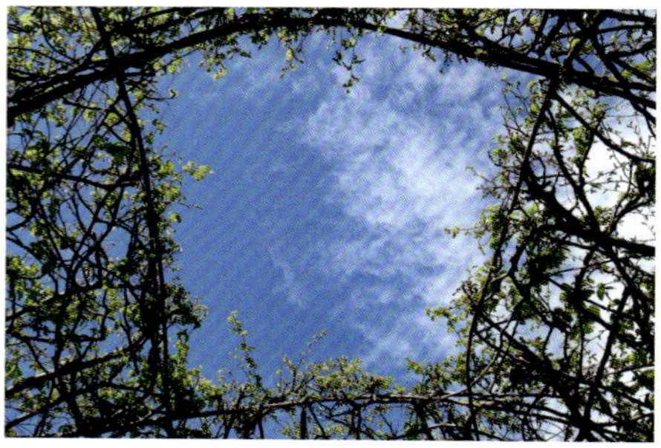

Gut zu erkennen: das Stützgeflecht aus leichten, aber stabilen Bambusstäben.

**Arbeitsschritte**

1. Baumabstand maximal 3 m wählen; Pflanzgruben ausheben (doppelt so tief und breit wie Wurzelballen, Erde an der Seite zwischenlagern
2. Sohle des Pflanzloches lockern und eine 10 bis 15 cm hohe Schicht nahrhaftes, lockeres Substrat einfüllen
3. Wurzelballen mit Messer reihum aufschlitzen und Feinwurzeln freilegen, das erleichtert das wichtige Einwurzeln
4. Gehölze einsetzen und Substrat bis zur Hälfte des Wurzelballens einfüllen
5. Wurzelballen fixieren (reihum festtreten); Erde nachfüllen; obere 5 cm können auch mit Kies oder Splitt befüllt werden
6. Stützpfahl ins Erdreich rammen; Gehölz anbinden (kann nach zwei, drei Jahren wieder abgenommen werden)
7. Dachform mit leichten Bambusstäben vorgeben und stützen
8. Gut wässern
9. Frühjahrstriebe benachbarter Bäume ineinanderflechten

Pflege: im Sommer (Juni) – Auslichtungsschnitt; im Herbst (Oktober) – Intensivschnitt; im Frühjahr düngen; über die heißen Sommertage gut wässern

Erhöhte Schwierigkeit: Integration der Stämme in Terrassenbelag aus Holz oder Platten; dann müssen einige Platten oder Terrassendielen herausgenommen werden, die dann mit Augenmaß und genügend Abstand zum Stamm wieder eingepasst werden. Generell wichtig: stets genügend Wurzelraum in lockerem Substrat belassen.

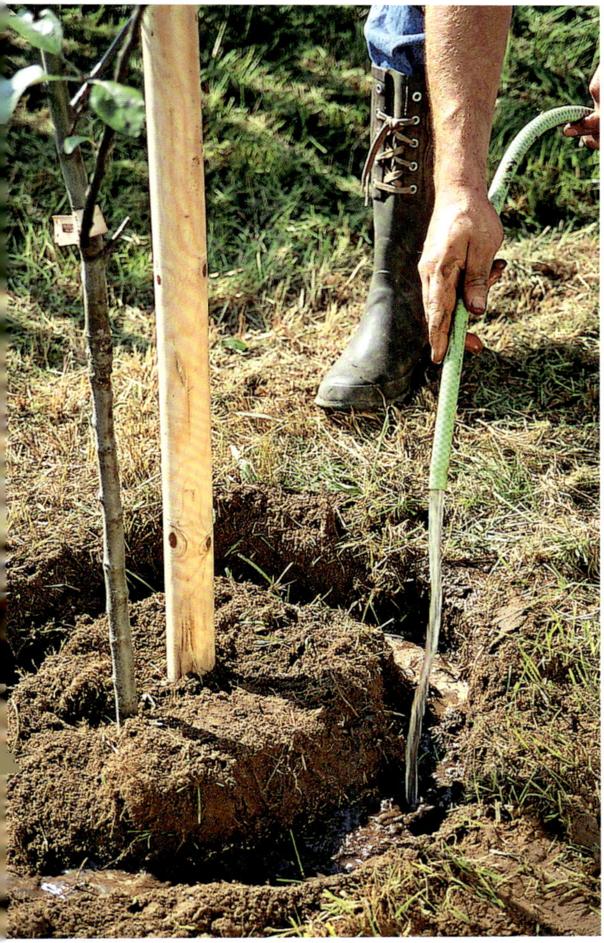

Richtiges Pflanzen ist die Basis. Stets Wasser- und Nährstoffhaushalt im Blick behalten.

**INFO**

Schwierigkeit: mittel, da Technikeinsatz und allerhand helfende Hände notwendig

Zeitbedarf: 1 Tag ohne Materialbeschaffung

Material: mindestens 2 genügend große dachförmig gezogene Solitärgehölze (siehe Seite 101) aus der Baumschule, passendes Baumsubstrat und gegebenenfalls Pfahlset (Stützpfahl, Baumnagel, Baumbinder) zum Fixieren

Werkzeug: Spaten und Schaufel, Bambusstäbe, Strick, Gießkanne oder Wasserschlauch; Arbeitskleidung und -schutz

Richtkosten: ab 300 Euro je Baum à 240 cm Stammhöhe, hinzukommen je ca. 40 Euro für Substrat, Bambusstäbe und Pfahlset zum Fixieren

## Kletterpflanzen richtig einsetzen

Damit keine Schäden an Bauwerken entstehen, gilt das besondere Augenmerk der Auswahl von Pflanzen und Rankhilfen. Überdies wollen Sie sicher auch nicht alle paar Tage mit der Gartenschere unterwegs oder ständig mit der Wasser- und Nährstoffversorgung beschäftigt sein.

Kletterpflanzen sorgen nicht nur für stimmungsvolle Bilder und ein angenehmeres Mikroklima, sie schützen auch die Bausubstanz vor Wetterstress – wenn konstruktive und statische Erfordernisse beachtet werden! An Mauern und Wänden herrschen grundsätzlich schwierige Bedingungen für Pflanzen. Es gilt neben der Exposition (Himmelsausrichtung) auch die Bodenverhältnisse zu berücksichtigen und etwaige Kletterhilfen genau auf Zuglasten und Wuchskraft abzustimmen. Keine Experimente, bitte, denn es soll ja lange halten. Alles, was für Mauern und Wände gilt, gilt in aller Regel auch für Pergolen, Zäune, Garagen und Ähnliches.

### PROJEKT: KLETTERPFLANZEN-RAHMEN | BESTE RAHMENBEDINGUNGEN SCHAFFEN

Ein Kletterpflanzen-Rahmen ist schnell errichtet, funktioniert sofort und wirkt nachhaltig. Zudem ist er multifunktionell einsetzbar und unterschiedlich konstruierbar. An und vor Mauern oder Wänden, freistehend (dann mit zwei entsprechend bodenfixierten Füßen), mit und auch ohne Pflanzen, aus Holz oder Metall. Der entscheidende Punkt ist der Rahmen selbst, denn der Rahmen und sein Inneres (Gitternetz, netzartige Verspannung oder Ähnliches) sind essenziell, damit die infrage kommenden Kletterpflanzen überhaupt ranken und wachsen können. Nachstehend finden Sie das Wesentliche für einen funktionellen Holz-Draht-Rahmen (2 x 1 m), der mit vier Fixpunkten an jede beliebige Mauer oder Wand geschraubt werden, aber auch freistehen kann. Die Pflanzen können Sie nach Lust und Laune aus der Gruppe der Ranker und Spreizklimmer oder einjährigen Kletterpflanzen wählen; siehe S. 51 und 108ff.

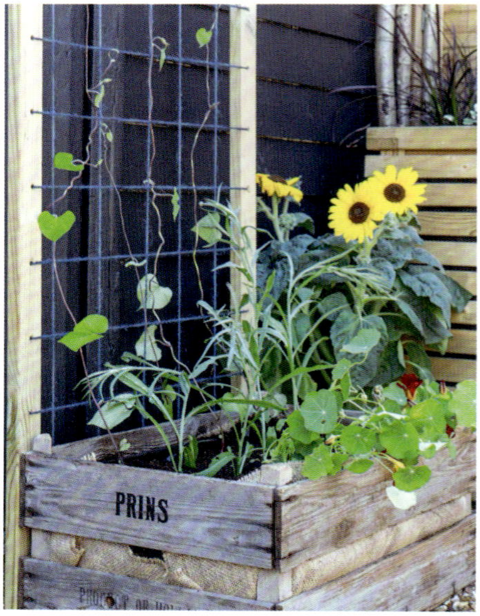


Einfach genial. Gute und standfeste Kombi, die raschen Begrünungserfolg garantiert.

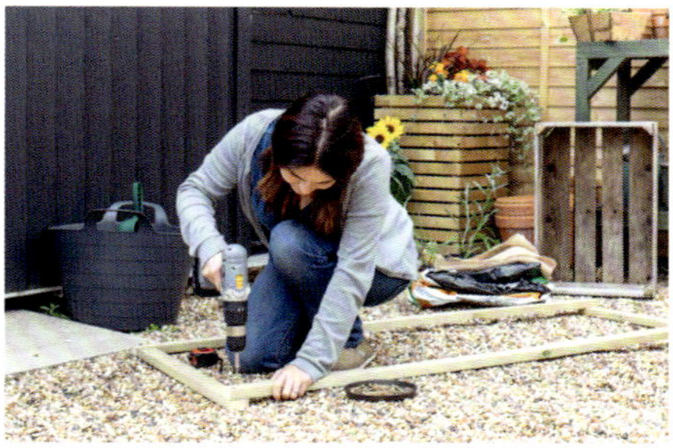

Das Zusammenbauen immer nach dem Prinzip vom Großen ins Kleine durchführen.

**Arbeitsschritte**

1. Holz mit Holzschutzmittel einstreichen, einziehen lassen; optional: Farbanstrich
2. 1 Latte halbieren
3. Rahmen bauen: Latten hochkant stellen, die 1-m-Stücke zwischen die 2-m-Stücke im 90° Winkel einpassen und von außen entweder verschrauben oder festnageln; als zusätzliche Stabilisierung innen an den Ecken Winkelverbinder anbringen
4. Gitternetz*: Haken im gewünschten Abstand eindrehen oder Krampen einschlagen, Spanndraht zwischen den Haken / Krampen spannen; nicht zu eng / weit abspannen: Zwischenräume von 10–15 cm sind ideal
5. Bohrlöcher an Mauer / Wand markieren (die Latten an vier Ecken mittig befestigen); Zollstock und Wasserwaage benutzen; Löcher in Mauer / Wand bohren, Dübel einführen
6. Rahmen mit Abstand an Mauer / Wand befestigen, am besten über Winkel
7. Kletterpflanzen pflanzen (oder säen), düngen und wässern; alternativ große Töpfe oder Kübel platzieren; die ersten Triebe beim Erscheinen an den Rahmen führen und mit Naturstrick locker anbinden

Soll der Rahmen freistehen, dann benötigt er Füße. Die untere Querlatte muss dann mindestens 30 cm nach oben versetzt und die senkrechten Latten müssen angespitzt sein, damit sie besser ins Erdreich eindringen. Außerdem muss der Rahmen beidseitig – ähnlich einer Zeltverspannung – abgespannt werden, damit er nicht umkippt.

**INFO**

Schwierigkeit: leicht

Zeitbedarf: 1 Tag ohne Materialbeschaffung

Material: 3 Dach- / Konstruktionslatten (18 x 36 x 2000 mm, Fichte/Kiefer, gehobelt), Spanndraht, Schrauben, Nägel, Dübel und passende Distanzhülsen oder Winkel, Holzschutz (z. B. Leinölfirnis), optional Farbe – wenn Ihnen natürliches Holz zu rustikal-klassisch ist, dann nutzen Sie Farbe, um es gediegen (weiß, anthrazit) oder knallig-modern aussehen zu lassen

Werkzeug: Säge, Zimmermannshammer, Anschlagwinkel, Werkzeugkasten, Schleifmittel, Bohrmaschine oder Akkuschrauber, Zollstock, Zange, Wasserwaage; Arbeitskleidung und -schutz

Richtkosten: 35 Euro

* Alternative: Verspannung aus PP-Seilen (PP = Polypropylen)

## Wächst nur selten ganz von allein

Nicht jede kletternde und rankende Pflanze wächst einfach so in genau die Richtung, die Sie sich wünschen. Von allein tut sie das nur in besonderen Ausnahmefällen. Ein paar gärtnerische Handgriffe und konstruktive Unterstützung müssen sein. Das A und O dabei ist die vorherige gute Planung.

Generell sind für Wandbegrünungen aller Art ungünstig: beschädigte Oberflächen (Risse, verwittertes Mauerwerk); Putze, die regelmäßig erneuert werden müssen; Putze oder Wandverkleidungen mit nicht ausreichender Tragfähigkeit. Hier sollte man nicht lange nachdenken und auch nicht experimentieren: Das hält meist nicht lange, und wenn Schäden an Bauwerken entstehen, dann ist guter Rat wahrlich teuer. Man bekommt hochwertige und verlässliche Berankungssystem für jeden Zweck und in jeder Dimension leicht übers Internet. Am besten wendet man sich an etablierte, professionelle Anbieter (siehe Bezugsquellen ab S. 136), die meist auch Maßanfertigungen anbieten.

**Richtige Kletterhilfen sind das A und O!**

- Gerüstkletterpflanzen, Ranker (zum Beispiel Clematis): günstig sind gitterartige Seilverspannungen, Netze, Spaliere; nicht zu dicke Durchmesser wählen (artabhängig!); Gitterweiten: 10 bis 20 (mindestens 5, maximal 30) cm; Abstand zur Wand* zwischen 5 und 10 cm.
- Gerüstkletterpflanzen, Schlinger und Winder (großes Artenspektrum, zum Beispiel Hopfen, Blauregen, Knöterich, Feuer-Bohne, Geißblatt): Konsequent senkrecht ausrichten; seitliche Führung nicht unter 45°, da es sonst zu Kümmerwuchs kommt; Stabilität (vor allem Mauerfixierung) hat höchste Priorität; einfaches Abnehmen sollte gewährleistet sein; runde Profile sind besser als kantige; bei Spanndrähten nicht mehrere Triebe um ein Seil leiten (Selbstdrosselung!); Seile dürfen nicht einwachsen (nicht zu dünn sein); Abstand zur Wand* zwischen 5 cm (nur Clematis!), und 10 bis 15 cm, bei starkwüchsigen Blauregen und Knöterich mindestens 20, besser 25 bis 30 cm wählen.
- Gerüstkletterpflanzen, Spreizklimmer (zum Beispiel Kletterrosen, Brombeeren, Winterjasmin): vorzugsweise horizontal ausgerichtete und stabile Kletterhilfen (waagerechte Sprossen, Latten, Stahlgitter,

Spanndrähte); bei gitterartigen Kletterhilfen Gitterweiten von 50 cm nicht unterschreiten; Abstand zur Wand* von 5 cm ausreichend; Pflegeaufwand beachten.

- Selbstklimmer, Haftscheibenkletterer (zum Beispiel Wilder Wein): keine Kletterhilfe notwendig; ähnlich wie Wurzelkletterer.
- Selbstklimmer, Wurzelkletterer (zum Beispiel Kletterhortensie): keine Kletterhilfe notwendig; eingeschränkte Haftwirkung bei glatten, hellen und weißen, wasserabweisenden, mit bioziden Zusätzen behandelten und sich extrem rasch aufheizenden Oberflächen; generell sonnig-trockene Lagen.

* Triebe ausschließlich auf der Außenseite der Kletterhilfe entlangführen!

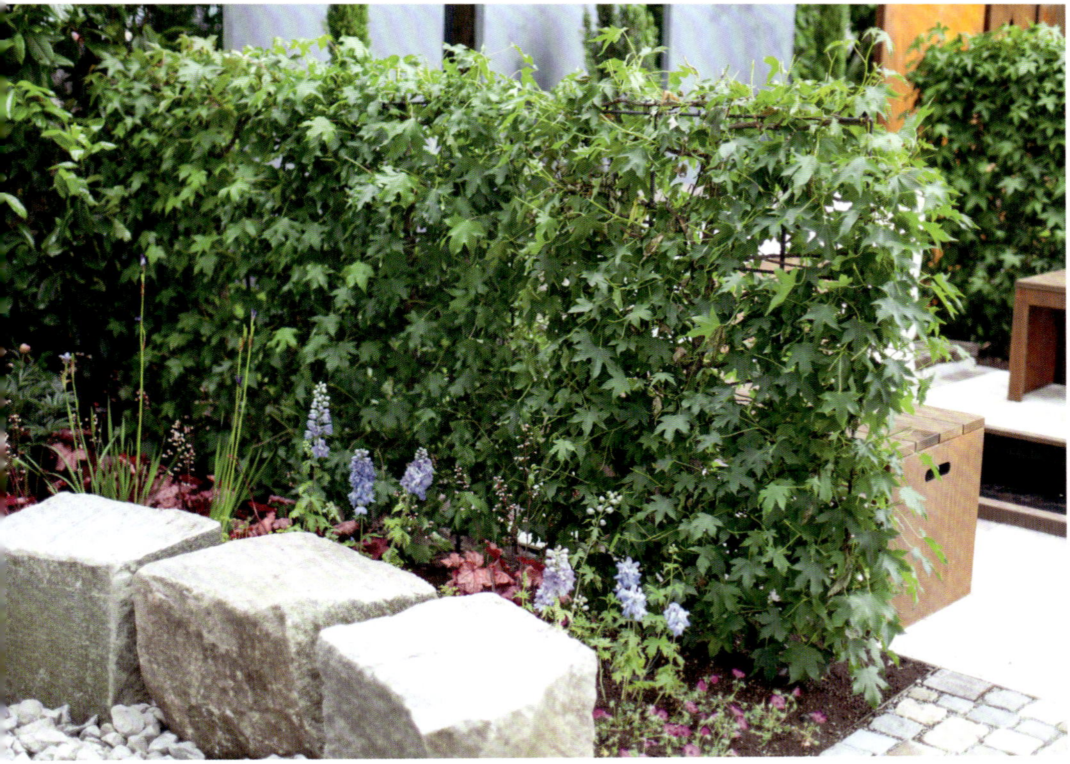

Pragmatismus pur: Das Rankgitter ist im eingewachsenen Zustand kaum noch zu sehen.

## Besonderer Reiz durch jahreszeitliche Dynamik

Die Natur und Landschaft und das eigene grüne Reich im Wandel der Jahreszeiten zu erleben ist immer wieder eine besonders faszinierende Erfahrung. Je mehr Pflanzen sich im Garten entfalten können, desto größer ist die jahreszeitliche Dynamik. Das Wechselspiel zwischen Gewachsenem und Gebautem spielt dabei eine große Rolle.

Ein regendichtes Blätterdach? Das ist natürlich möglich. Allerdings sollten Sie die richtige Kletterpflanze und das richtige Klettergerüst verwenden. Generell kommen nur Arten infrage, die ein sehr dichtes Blattwerk ausbilden, zur Begrünung von Pergolen geeignet sind und ausreichend kräftig wachsen. Die Pfeifenwinde (*Aristolochia macrophylla*) und die Weinrebe (*Vitis vinifera*) sind gute Beispiele. Dachförmige Bäume, vor allem Linden (*Tilia*) und Platanen (*Platanus × hispanica*), sollten sehr eng stehen. Mit leichten Querverstrebungen (Bambusstäbe) können Sie die grünen Dächer noch verstärken beziehungsweise die gewünschte Dachform vorgeben.

**Sonnig oder schattig?**

Dicht = Schattengarantie

- Wilder Wein (*Parthenocissus*)
- Schlingknöterich (*Fallopia aubertii*)
- Pfeifenwinde (*Aristolochia macrophylla*)

Luftig = etwas Sonne

- Trompetenblume (*Campsis*)
- Waldrebe (*Clematis*)
- Blauregen (*Wisteria sinensis*)

Lecker (aber nur bei Weinbauklima)

- Kiwi (*Actinidia arguta*)
- Akebie (*Akebia quinata*)

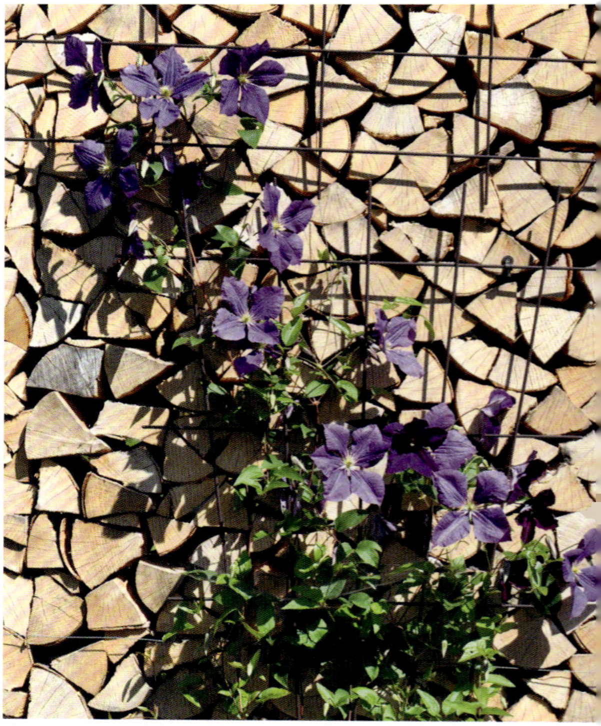

Clematis benötigt schattige Füße, dann kommt sie (fast überall) rasch zur Entfaltung.

## PROJEKT: WANDBEGRÜNUNG LEICHT GEMACHT | ALLES IST BEGRÜNBAR

Rohes Mauerwerk und blanke Wände sind nicht schön, und aus dem Gartenidyll auf Betonwände, Garagenrückseiten und Ähnliches zu blicken, ist auf keinen Fall ein Vergnügen. Da Sichtschutz auch den Zweck hat, Unschönes zu verbergen, sollte man aus der Not eine Tugend machen. Hier eine (schöne) Notlösung.

**Arbeitsschritte**

1. Mauer oder Wand, die begrünt werden soll, freiräumen, abputzen und gegebenenfalls mit einem Farbanstrich versehen (zusammen mit Pflanzengrün lassen sich schöne Kontrasteffekte erzeugen); Klinkermauern wirken rustikal am besten
2. Rank- und Kletterhilfe mit gitter- oder netzartiger Struktur anschrauben (Abstand 2 bis 3 cm)
3. In ein paar Zentimeter Abstand zur Mauer oder Wand Pflanzloch ausheben
4. Kletterpflanze in vorbereitete Pflanzgrube (gut gelockert, mit nahrhafter Erde befüllt) pflanzen; angießen; für saisonale Begrünung können Sie auch einfach einen Pflanzkübel mit der gewünschten Pflanze aufstellen (oder einjährige Kletterpflanzen aussäen; siehe S. 51 und 113)
5. Einzelne Triebe mit Strick, Kordel oder Pflanzenbinder an die Rank- und Kletterhilfe binden

Variante: Anker auf die Mauer oder Wand aufschrauben und mithilfe von Stahlseilen (3 mm) ein maschenartiges Netz spannen. Komplettsets gibt es schon ab 25 Euro.

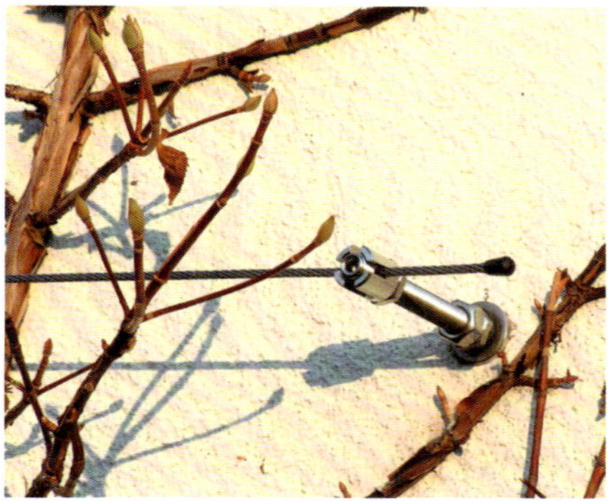

Vorbildliche, professionelle Wandverankerung. Nur so sind Schäden zu vermeiden.

**INFO**

Schwierigkeit: einfach

Zeitbedarf: 1 Tag

Material: Rankpflanzen nach Standort und Wahl; Holzgitter, Lochblech (Alu oder Edelstahl) oder Stabgitterzaunelement; passende Schrauben

Werkzeug: Spaten und Schaufel, Werkzeugkasten, Bohrmaschine oder Akkuschrauber; Arbeitskleidung und -schutz

Richtkosten: 35 Euro

## Einjährige Arten: Schnell wird alles (schön) dicht

Alles soll ganz schnell dicht zuwachsen? Ja, aber bitte nicht unbedingt mit Thuja und Ähnlichem! Besser als solche „grüne Mauern", die Licht wie Stimmung gleichermaßen abtöten, sind ein, zwei stolze Solitäre oder bewährte Laubgehölze. Oder man greift am besten gleich zu spannenden „Turbobegrünern" wie den folgenden.

Manchmal soll es ganz schnell und unkompliziert gehen. Beim Thema Sichtschutz ist es oft mit der Geduld nicht weit her. Das ist jedoch kein Grund zur Sorge. Auf schnelle Ergebnisse haben sich einjährige Kletterpflanzen spezialisiert – dafür sind die Powerpflanzen aus der Samentüte absolut die richtige Wahl! Unkomplizierter können Sie grüne Vorhänge, Wände oder Dächer nicht gestalten. Bei effektivem und blitzschnellem Sichtschutz sind einjährige Kletterpflanzen genau in ihrem Metier. Sie eignen sich auch hervorragend für die rasche, unkomplizierte und preiswerte Berankung von Zäunen oder Gittern und machen in genügend großen Töpfen auch auf Balkon und Terrasse eine sehr gute Figur. Es sind einfach hervorragende vertikale Blickfänge!

Der gärtnerische Umgang mit diesen Pflanzen ist kinderleicht. Sie werden einfach zu Jahresbeginn ausgesät oder als vorgezogene Jungpflanzen zugekauft. Die Sortenvielfalt ist kaum zu überschauen, es gilt nach Einsatzzweck und Standorteignung auszuwählen und dann einfach auszuprobieren. Das Experimentieren ist ausdrücklich erlaubt. Die Pflege? Gießen (Staunässe vermeiden); von Beginn an für gute Kletterbedingungen sorgen (nicht zu dicke Bambus- oder Holzstäbe, griffige Seile oder Stricke, engmaschige Netze); normale und nährstoffreiche Substrate verwenden, etwas Startdünger geben; gelegentlich den Pflanzen beim Hochranken helfen, also in die jeweils gewünschte Richtung leiten.

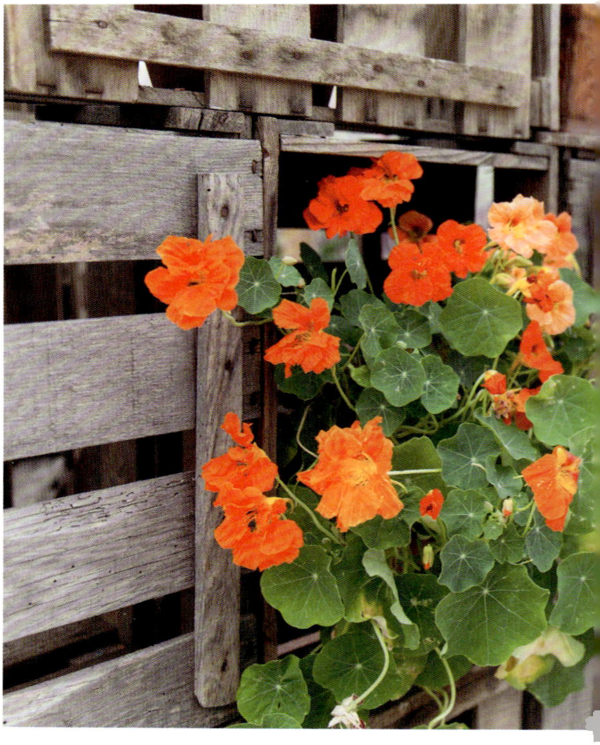

Ein paar Kisten gekonnt aufgestapelt, Turbobegrüner dazu: fertig, grün und lecker

**Starke Turbobegrüner**

- *Cobaea* (Glockenrebe): sonniger, warmer und geschützter Standort; bis 4 m Wuchshöhe; Aussaat ab Ende Mai; für wild-romantisches Flair
- *Ipomea tricolor* (Prunkwinde): sonniger, warmer und geschützter Standort; 3 bis 5 m Wuchshöhe; Aussaat ab Ende Mai, die großen Blüten sind eine Augenweide
- *Ipomea batata* (Süßkartoffel): sonniger, warmer und geschützter Standort, wächst auch im Halbschatten; 1 bis 2 m Wuchshöhe; Aussaat ab Ende Mai; markante Blattschönheit
- *Ipomea quamoclit* (Sternwinde): sonniger, warmer und geschützter Standort; 3 bis 5 m Wuchshöhe; Aussaat ab Ende Mai; quirlig bunter Blickfang

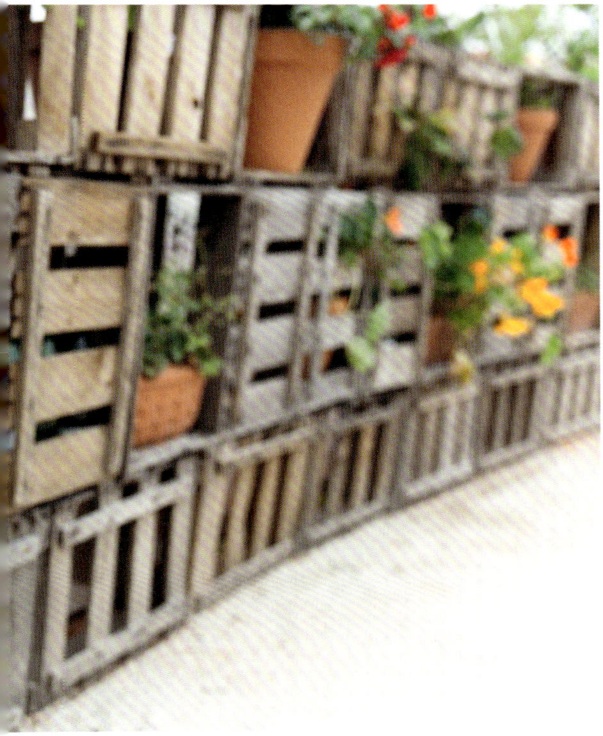

- *Lathyrus odoratus* (Duft-Wicken): sonniger, warmer und geschützter Standort; 1 bis 2 m Wuchshöhe; Entfernung von Verblühtem fördert die Blühwilligkeit; Aussaat ab Ende März; perfekt für Zäune
- *Phaseolus coccineus* (Feuer-Bohne): sonniger Standort; 1 bis 2 m Wuchshöhe; Aussaat ab Mai; bildet prächtige „Wände“ (Stangenzelt)
- *Rhodochiton atrosanguineum* (Rosenkleid): sonniger, warmer und geschützter Standort; bis 1,50 m Wuchshöhe; Aussaat ab Ende Mai; sehr elegante Blüten
- *Thunbergia alata* (Schwarzäugige Susanne): sonniger, warmer und geschützter Standort; 3 bis 5 m Wuchshöhe; Aussaat ab Ende Mai; Alleskönner, aber im Topf oder Kübel am schönsten!
- *Tropaeolum*-Hybriden (Kapuzinerkresse): sonniger, warmer und geschützter Standort; 2 bis 4 m Wuchshöhe; Aussaat ab Ende Mai; leuchtend schöner Klassiker mit essbaren Blüten

**Unbedingt probieren!**

- *Eccremocarpus scaber* (Schönranke): wunderschöne Blüten, mit etwas Glück sogar mehrjährig
- *Tropaeolum peregrinum* (Kanarische Kresse): sonniger, maximal halbschattiger Standort; fröhlich gelbe Alternative zu Kapuzinerkresse

## Hybride Konzepte schaffen schnell Mehrwert

Warum zierendes Grün nur zur Kaschierung von Holzwänden einsetzen, wenn sich aus der zweiten Haut noch viel mehr rausholen lässt? Leckeres für den Naschgarten zum Beispiel. Die erhöhte, parzellierte Lage der Pflanzen macht das Gärtnern zudem äußerst entspannt (rückenfreundlich) und effektiv, denn Konkurrenz um Wasser und Nährstoffe entfallen.

Selbstversorgung ist ein immer stärkerer Trend, und mit wachsendem Klimabewusstsein steigt auch die Erkenntnis, dass es sich wirklich lohnt, für Obst, Gemüse und Kräuter jeden Quadratmeter des eigenen Gartens zu nutzen. Das spart Wege und Zeit und allerhand CO2. Vertikale Sichtschutzwände eignen sich hervorragend für Anbau und Kultur verschiedener gesunder Vitaminspender. Die Lichtausbeute bei bestem Windschutz ist sensationell – und der optische Effekt sucht seinesgleichen. Vor allem Paletten-Wände bieten sich hierfür an, was jedoch keineswegs heißt, dass es den vertikalen Naschgarten nicht auch in anderer Gestaltungsform gibt.

### PROJEKT: GENUSSWAND FÜR DIE TERRASSE | VIER GEWINNT

Das Prinzip ist denkbar einfach: Man nehme ein vierteiliges Paravent (Weide, Bambus, Holzgitter oder -lamellen) und hänge (nicht nur) als Dekoration ein paar Blumentöpfe mit geschmackvollem Inhalt daran. Für ein schönes Projekt Marke Eigenbau benötigen Sie: vier Lamellentüren (entweder nigelnagelneu oder Shabby Chic vom Flohmarkt; wichtig sind schräge Lamellen; auch Fensterläden sind gut geeignet), Türwinkel samt Schrauben, Obst oder Gemüse für Topfkultur und ein paar Haken.

**Arbeitsschritte**

1. Holzschutz oder Farbe auftragen, einziehen beziehungsweise trocknen lassen
2. Lamellentüren verbinden. So montieren, dass die Lamellen auf der Innenseite nach oben zeigen, sonst wird es schwer mit dem Einhängen der Töpfe
3. Paravent auf ebener Fläche aufstellen
4. Töpfe in der gewünschten Position einhängen, darauf achten, dass die einzelnen Lamellen nicht zu stark belastet werden

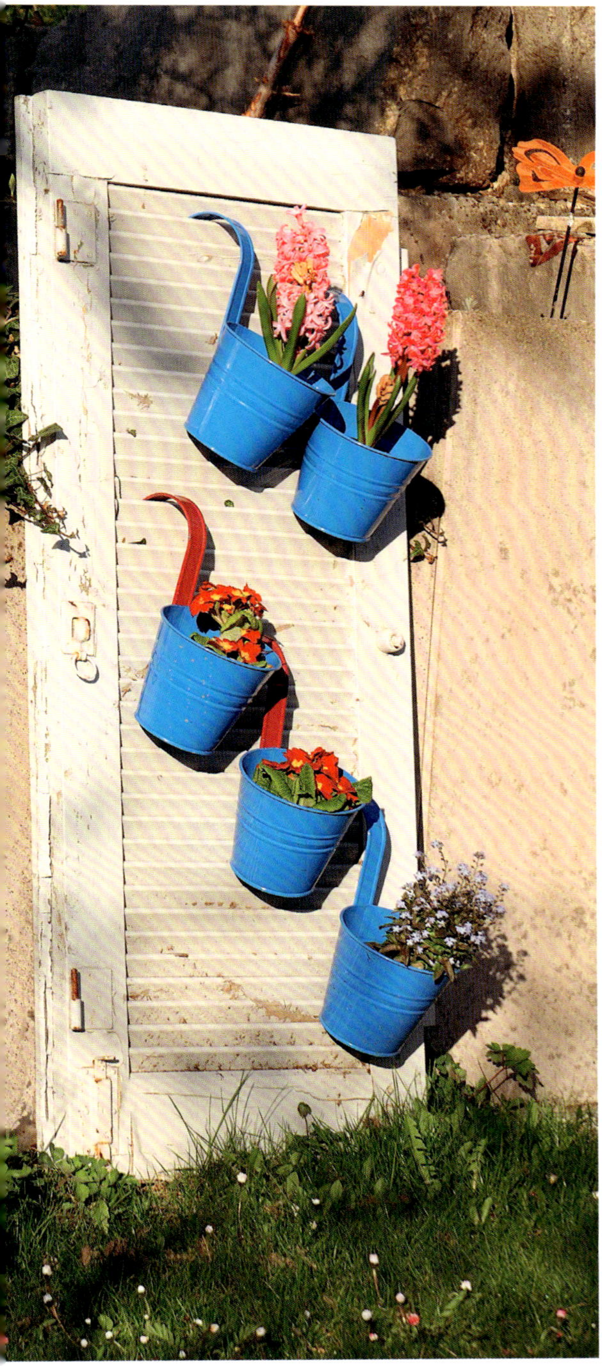

Statt Obst und Gemüse können natürlich auch (nicht essbare!) Blumen verwendet werden.

Variante: Anstatt die Töpfe direkt an das Paravent zu hängen, können Sie auch zwei, drei nicht zu dicke, aber genügend lange Bretter in verschiedenen Höhen durch die einzelnen Wandelemente stecken. Dafür muss in jedem Element auf gleicher Höhe jeweils eine Lamelle entnommen werden. Fertig ist ein perfekter Regalplatz, der zugleich als hervorragender Windschutz dient.

**INFO**

Schwierigkeit: einfach

Zeitbedarf: 1 Tag

Material: Lamellentüren mit schrägen Lamellen (oder Fensterläden), Blumentöpfe zum Aufhängen, Türwinkel oder Einbohrbänder, Obst oder Gemüse für Topfkultur

Werkzeug: Akkuschrauber oder Bohrmaschine, Werkzeugkasten, Schleifmittel, Holzschutz, optional Farbe; Arbeitskleidung und -schutz

Richtkosten: 150 Euro

## Grüne Wände – Darauf kommt es an

Ein wunderbarer, belebender Anblick und obendrein noch gut fürs (Mikro-)Klima: Grüne Wände sind ein vorzüglicher Sichtschutz – und Blickfang. Je nachdem, was Sie an die grüne Wand hängen, kann sie auch zu einem ganz aromatisch-duftigen Erlebnis werden. So ein vertikaler Kräutergarten wäre doch was, oder?

Grüne Wände sind eine perfekte Illusion, denn hinter dem üppigen Grün stecken meist nackte, massive Betonwände oder Holzbretter. Diese benötigen wiederum eine entsprechende Verankerung, und dann muss auch noch für die Infrastruktur gesorgt werden, also die Wandaufhängung für die Pflanztaschen und bei automatisierten Systemen Wassertanks. Falls Sie nicht auf ein Komplettsystem zurückgreifen wollen, wie es sie in wachsender Anzahl gibt, dann beschränken Sie sich in der Pflanzenauswahl auf kleinbleibende Arten, die mit einem Minimum an Substrat, Wasser und maximaler Sonnen-Licht-Exponierung zurechtkommen. Dann müssen Sie bei der Versorgung nicht so großen Aufwand betreiben.

Locker überhängende Pflanzenpolster, „grüne Vorhänge" und extrovertierte Nischenkünstler sind für jede Mauer das i-Tüpfelchen. Aber längst nicht alle Pflanzen kommen für die Mauerbegrünung infrage. Stützmauern zu begrünen ist ein Fall für Spezialisten. Grundsätzlich bestimmt die Mauerkonstruktion (Trockenmauerwerk, gebundene Bauweise, Ortbeton, verputzt und so weiter) die Art der Begrünung.

Die Bedingungen für die Pflanzen hingegen sind bei allen Mauertypen recht ähnlich. Fachgerechte Baukonstruktionen sind auch ohne zusätzliche Begrünung unabdingbar, jedoch erhöhen sich die Ansprüche an Statik und Feuchtigkeitsresistenz durch die Pflanzen deutlich. Deshalb muss einiges schon vorab bedacht werden. Bei Trockenmauern müssen zum Beispiel die Fugen bereits während des Setzens mit Substrat (nährstoffarm, durchlässig, kein Humus) befüllt und entsprechende Pflanzen platziert werden. Falls das nachträglich in größerem Rahmen geschieht, gerät die gesamte Konstruktion buchstäblich ins Wanken. Bei Stützmauern müssen Sie auf rückseitigen Erdanschluss achten, damit sich die Pflanzen gut verankern können. Achten Sie bei den Pflanzen auf einen hohen Anteil vitaler Feinwurzeln. Die Setzlinge dürfen weder mit Druck in die Fugenzwischenräume gepresst noch eingeschwemmt werden.

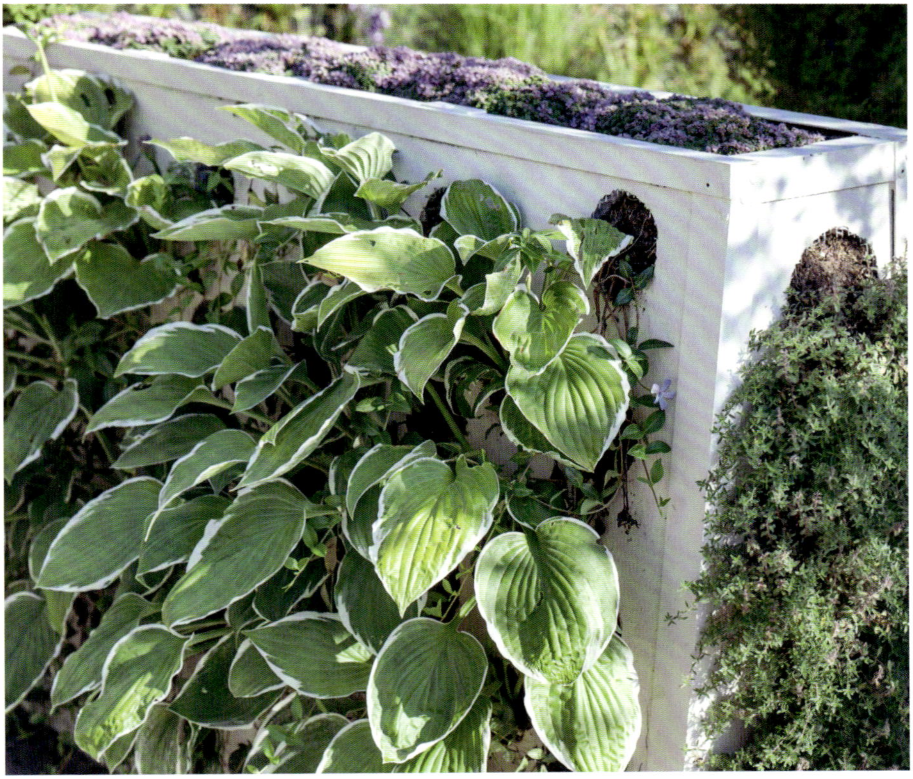

Blattstarke „Grüne Wände" entwickeln sich nur bei guter Wasser-Nährstoff-Versorgung.

Damit es vorne üppig grünt, bedarf es hinten einer gewissen Logistik, vor allem muss die Wasserversorgung gesichert sein. Das ist zugleich die größte Herausforderung. Nicht selten entstehen verborgene Wasserschäden (diesbezüglich Versicherungsschutz prüfen). Wenn Sie also selbst wässern, dann bitte vorsichtig und so wurzelnah wie möglich. Die Tragekonstruktion sollte genügend Abstand zu Mauern und Wänden haben. Für automatische Bewässerungssysteme gilt: Fachgerecht installieren und nie übermäßig strapazieren; regelmäßig Schläuche und andere Bestandteile auf Dichtheit und Funktionalität prüfen. Die möglichst dünnen und biegsamen Schläuche sollten immer gleichmäßig auf alle Pflanzen der grünen Wand verteilt werden, damit es keine Über- oder Unterversorgung gibt. Bei Anlagen, die nur die oberen Reihen bewässern und überschüssiges Wasser abtropfen lassen, muss die Pflanzenanordnung und -auswahl entsprechend an das Wasserangebot angepasst werden. Praktisch sind Systeme, die über einen Wassertank verfügen, sodass man nicht ständig den Wasseranschluss verwenden muss.

## Kräutergarten vertikal

Sowohl Sichtschutz als auch Lieferant von Aromatisch-Köstlichem für die Küche – das ist eine Win-win-Situation. Der entscheidende Punkt ist die Ausrichtung zur Sonne, denn ohne Sonnenlicht wird es nichts. Wenn Sie sich auf genügsame Kräuterarten beschränken, hält sich auch der Gießaufwand sehr in Grenzen.

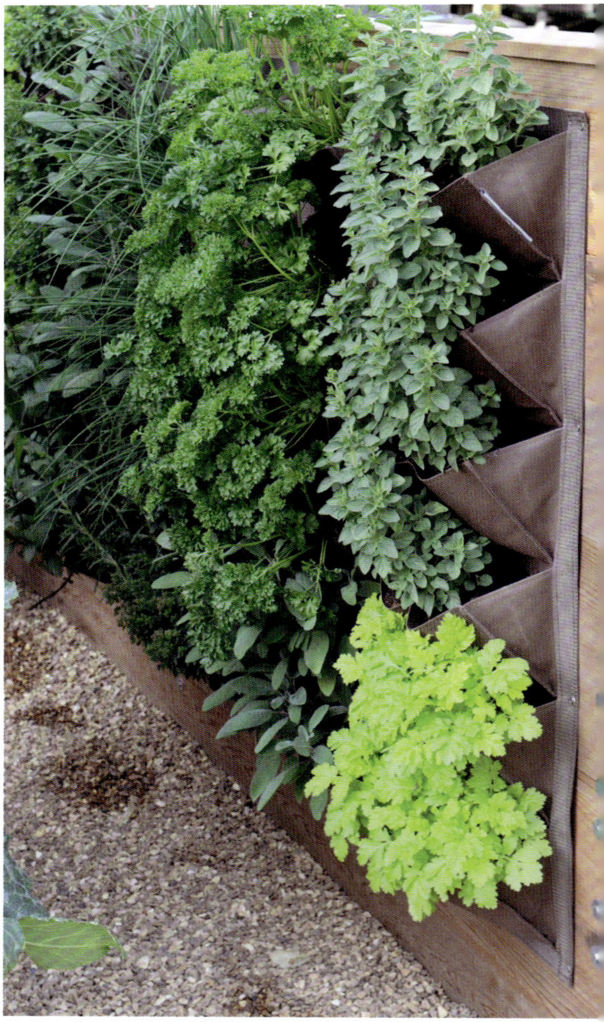

Praktische Pflanztaschen spendieren jedem Kräuterklassiker einen Erste-Reihe-Platz.

Aus gärtnerischer Sicht ist der wichtigste Punkt bei der Artenauswahl für einen nicht nur schönen, sondern auch Wohlgeschmack bietenden vertikalen Kräutergarten: Die Pflanzen müssen in Hinsicht Platzbedarf und Wasser- und Nährstoffversorgung genügsam sein. Außerdem ist es wichtig, dass überschüssiges Wasser immer rasch abfließen kann. Prinzipiell kommen (fast) alle klassischen Küchenkräuter infrage, wenngleich es die besonders wärmeliebenden Arten (etwa Basilikum, Zitronengras, Koriander, Oregano und Ähnliches) in den hiesigen winterkühlen Lagen von Natur aus schwer haben. Man sollte in frostgefährdeten Lagen besser gleich auf kälteverträgliche Kandidaten setzen. Minzen, Melisse, Bohnenkraut, Bärlauch und ähnlich Raumgreifendes kommt nur infrage, wenn genügend Platz zur Verfügung steht.

## PROJEKT: KRÄUTERGARTEN VERTIKAL | ETAGENWEISE FRISCHE KRÄUTER

Einfach und schnell muss es gehen, multifunktional soll es sein, und es soll auch optisch ansprechen. Dann ist dieser vertikale Kräutergarten, basierend auf einem Doppelstabzaunelement oder einer Baustahlmatte mit angehängten Blumenkästen, das Mittel der Wahl. Geht flott – und sieht flott aus!

**Arbeitsschritte**

1. Wandbefestigung: Metallgitter an vier Ecken mithilfe von Wandhaltern anschrauben
2. Kräuter nach Wahl (und Standort) in die Töpfe einpflanzen
3. Töpfe nach Lust und Laune verteilen; bei Bedarf einfach umhängen

Einfache Variante mit Pfosten für ein freistehendes Element: im ersten Schritt Pfosten setzen (entweder klassisch in Punktfundamente oder zwei passende Rundholzpfähle direkt ins Erdreich rammen). Dann die Doppelstabmatte mithilfe von Haken (zum Eindrehen) und Drahtschlaufen an die Pfosten befestigen.

**TIPP**

Geschälte, naturgewachsene Robinienstämme ergeben besonders markante Pfosten.

**INFO**

Schwierigkeit: leicht

Zeitbedarf: 1 Tag

Material: Gitternetz (z. B. 800 x 2000 mm, Farbe nach Wahl) oder Baustahlmatte, 5-10 einfache Blumentöpfe zum Einhängen (Hängetöpfe; Drahtkörbe sind ebenfalls sehr gut geeignet), Haken oder sonstige Wandbefestigung, Kräuter und Substrat

Werkzeug: Werkzeugkasten, Akkuschrauber oder Bohrmaschine; Arbeitskleidung und -schutz

Richtkosten: 50 Euro

**Aromatisch-Würziges für vertikale Kräutergärten**

- Sonne pur: Lavendel, Oregano, Bohnenkraut, Estragon, Salbei, Koriander, Basilikum, Rosmarin, Thymian, Zitronengras
- Gern schattig: Schnittlauch, Knoblauch, Zitronen-Melisse, Kapuzinerkresse, Knoblauchsrauke, Currykraut, Estragon, Kresse, Duft-Veilchen, Waldmeister, Liebstöckel

# SICHTSCHUTZ-PROJEKTE MIT BAMBUS

## Das Supergras richtig einsetzen

Bambus entfaltet mit seiner strukturstarken Aura schon auf den ersten Blick eine große Wirkung. Ob mobil in (genügend großen) Töpfen oder als flächige Pflanzung: Bambus ist ein Blickfang und Stimmungsaufheller erster Güte. Darüber hinaus dient er als Sichtschutz par excellence.

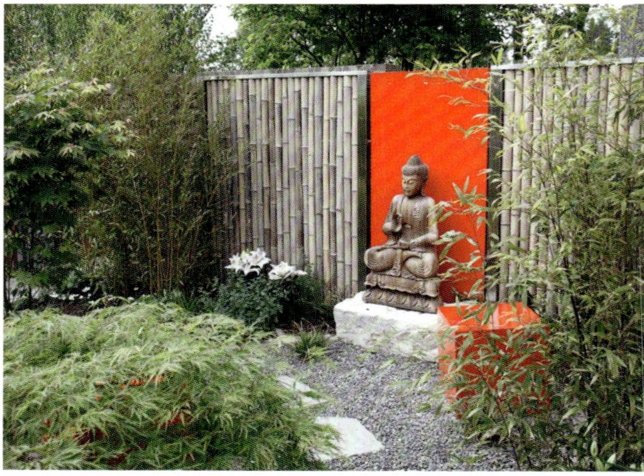

Sieht super aus, das fernöstliche Arrangement mit dem Supergras.

Da die allermeisten Bambusarten extrem stark treibende Ausläufer (Rhizome) ausbilden, muss man für eine wirkungsvolle Rhizomsperre sorgen. Es sei denn, Sie wollen Ihrem Bambus regelrecht hinterhergärtnern. Das ist nicht nur mühsam, sondern sorgt im eigenen und nicht selten auch in fremden Gärten für unnötigen Stress. Unterschätzen Sie die Wuchskraft nicht! Bevor es mit dem Bambus in die Höhe geht, sollten Sie deshalb tief graben. Eine funktionelle Rhizomsperre sollte etwa 60 bis 70 cm unter der Geländeoberfläche liegen, am besten aus einer stabilen und biegsamen Kunststoffbahn (Teichfolie) bestehen, und einmal rund um den Wurzelbereich des Bambus reichen. Am besten ist es, die Rhizomsperre leicht schräg (nach oben breiter) zu stellen.

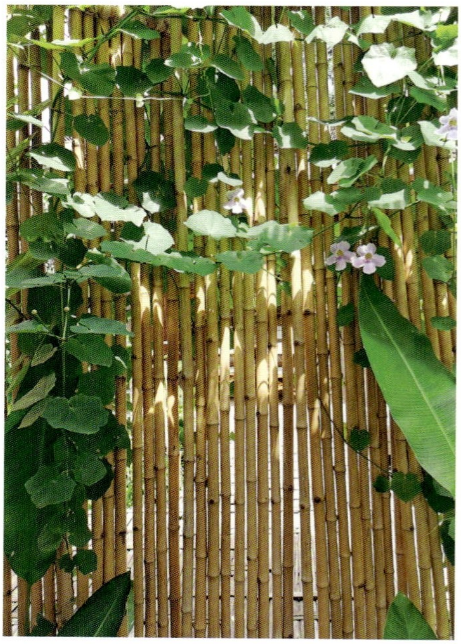

Solch ein Zaun ist rasch aufgebaut – und hält jahrelang. Im Zweifel sind Rohre schnell getauscht.

## PROJEKT: BAMBUS-ROHR-ZAUN
## HÖHE 1,50 M, LÄNGE 3 M

Bambus ermöglicht die Gestaltung unzähliger Sichtschutzformen. Letztlich funktionieren und wirken fertige Matten, zwischen Rahmen fest fixierte Rohre oder halbierte und rückseitig mit einer Tragkonstruktion versehene Elemente alle recht ähnlich. Auf Bambus ist in Hinsicht auf Sichtschutz (und Haltbarkeit) Verlass. Ein Bambus-Lamellen-Zaun aus genügend dicken und langen Bambusrohren, die einfach in Reihe in eine Kiesschicht (direkter Erdkontakt ist ungünstig) gerammt werden, ist eine leicht umzusetzende, charmante Art, Bambus als Sichtschutz und Gestaltungselement gleichzeitig einzusetzen.

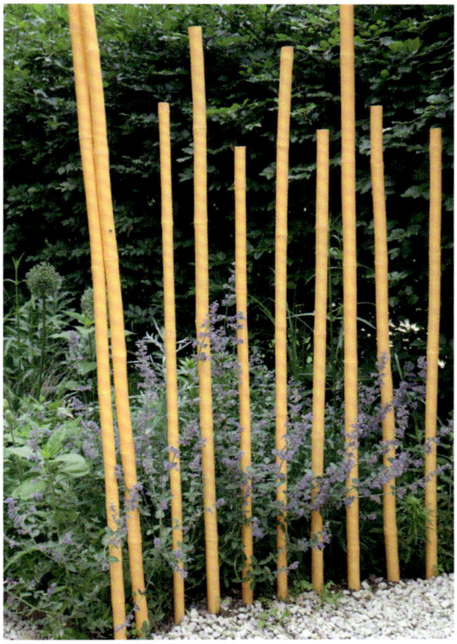

Markante Optik! Rohre ca. ein Drittel der Länge ins Erdreich einbinden, dann hält's.

**Arbeitsschritte**

1. Bambusrohre mit geeigneter Holzschutzfarbe einstreichen, trocknen lassen
2. Verlauf abstecken und Graben (etwa 60 cm tief, 20 cm breit) ausheben; Erde seitlich lagern
3. Dränagekies (Schichthöhe etwa 10 cm) einfüllen
4. Bambusrohre stückweise und auf Lücke (je weiter auseinander, desto geringer ist natürlich der Sichtschutzeffekt) anordnen und mit Kraft in den Kies eindrehen
5. Kies bis etwa 10 cm zur Oberkante einfüllen; Bambusrohre nachjustieren
6. Mit Erde auffüllen, diese gut festtreten, Gras aussäen
7. Bei Bedarf die Rohre mit Strick (Kokosfaser) verbinden

Wenn Sie ganz sicher gehen wollen, dass die Rohe auch wirklich feststehen, dann führen Sie jedes der Rohre im Graben in ein entsprechend dickeres Kunststoffrohr (Kanalgrundrohr, KG-Rohr, DN 150) ein und füllen den Zwischenbereich mit kleinkörnigem Kies randvoll auf. Man kann natürlich auch alles sauber einbetonieren, aber diese Variante verursacht zusätzlichen Aufwand, wenn einmal etwas ausgetauscht werden muss.

Bearbeitungshinweis: Beim Bohren und Sägen von Bambus immer behutsam (mit langsamer Geschwindigkeit) vorgehen; zum Kürzen eignet sich am besten eine elektrische Stichsäge. Wenn möglich die Rohre fest einspannen, denn aufgrund ihrer hohen Spannung kommt es sehr schnell zu Rissen.

Ganz einfach: Einige nicht zu dicke Bambusstäbe in die Erde oder einen Pflanzkübel rammen und einjährige Kletterpflanzen, etwa Schwarzäugige Susanne oder Kapuzinerkresse (siehe S. 51 und 113), hochranken lassen.

**INFO**

Schwierigkeit: leicht

Zeitbedarf: 2 Tage ohne Materialbeschaffung

Material: 30 St. Bambusrohr (Durchmesser 8-10 cm, Länge 200 cm), Dränagekies (Körnung 8/16 oder 16/32 mm), Holzschutz für Bambus im Außenbereich, optional KG-Rohr DN 150

Werkzeug: Spaten und Schaufel, Hammer, Werkzeugkasten; Arbeitskleidung und -schutz

Richtkosten: 80 Euro für 1 Lfm. Zaun

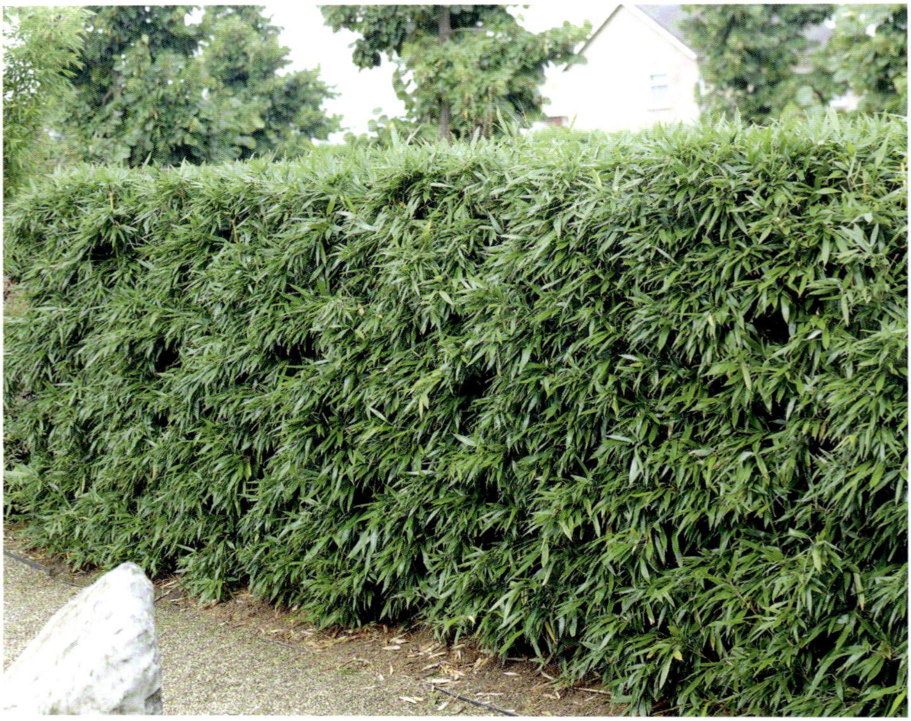

Bambus-Grundregel: Nicht zu eng, mit Rhizomsperre und in gutes Substrat pflanzen.

## Welche Arten für welchen Zweck?

Bambus gibt es in so vielen Arten und Sorten, dass es nicht einfach ist, den Überblick zu behalten. Das ist aber auch bis ins Detail nicht nötig. Wichtig ist nur, dass Sie nach ungefährer Größe auswählen und den artspezifischen Drang, zu wuchern oder nicht zu wuchern berücksichtigen (Stichwort Rhizomsperre). Alles andere ist Geschmackssache.

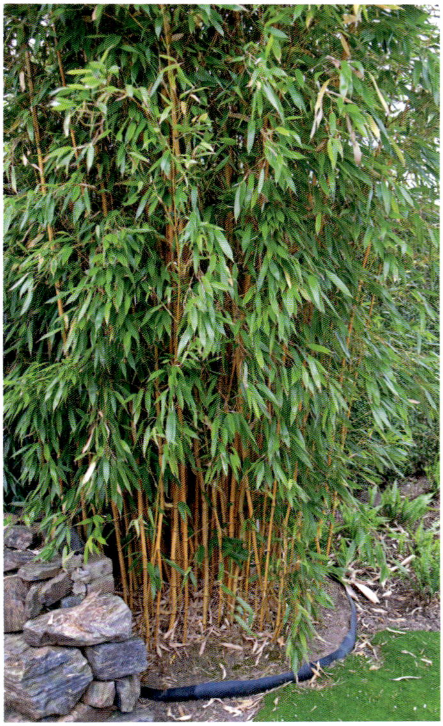

Sieht imposant aus – die Rhizomsperre sorgt dafür, dass es nicht zu imposant wird.

**Bambus ist ein wahres Wundergras**

- extrem frosthart, einige Sorten sogar bis -25 oder -30°C! (*Phyllostachys aureosulcata* 'Spectabilis', *Phyllostachys nigra* 'Henonis', *Phyllostachys bissetii*)
- riesig: Zauber-Bambus (*Phyllostachys vivax*)
- winzig: Zwergbambus (*Pleioblastus*), der sogar für Formschnitt geeignet ist
- schwarze Halme: Schwarzer Bambus (*Phyllostachys nigra* 'Punctata')
- gelbe Halme: *Phyllostachys aureosulcata* 'Spectabilis'
- rötliche Halme: Jadebambus (*Fargesia jiuzhaigou*)
- wächst kompakt und wuchert nicht: *Fargesia murielae* 'Standing Stone'
- Hecken bis 1,50 m: *Fargesia murielae* 'Bimbo'

## PROJEKT: BLICKDICHTE BAMBUS-PFLANZUNG | IM NU ALLES ZU

Bambus: einmal gepflanzt, immerwährendes Blickdichtdickicht. Bambushecken sind das Mittel der Wahl, wenn man besonders schnell einen pflanzlichen Sichtschutz haben möchte – außerdem ist ein frischgrüner Bambuswall immer ein natürlicher, schöner und lebendiger Blickfang. Spannend sind Bambussorten mit gelben oder schwarzen Halmen. Wenn Sie Sorten von *Phyllostachys* wählen, ist eine effektive Wurzelsperre überaus wichtig. Darüber hinaus sollten Sie immer genügend Abstand zur Grundstücksgrenze und zu nahen Bauwerken einplanen; ein Meter sollte es mindestens sein. Günstig ist die Frühjahrspflanzung. Der Boden sollte locker, humus- und nährstoffreich und durchlässig sein.

**Arbeitsschritte**

1. Flucht abstecken und Graben (etwa doppelt so tief und breit wie der Ballendurchmesser) ausheben; Achtung: ist eine Wurzelsperre notwendig, dann Grabentiefe 60-70 cm und ums doppelte der Ballenbreite nach außen versetzt; ein durchgängiger Graben ist effektiver, als Loch für Loch beziehungsweise extra für die Wurzelsperre einen zusätzlichen Graben auszuheben
2. Bambuspflanzen einwässern (Ballen in Wasser tränken)
3. Grabensohle gut lockern und etwa 10 cm nahrhafte Erde einfüllen
4. Pflanzen setzen (Abstand mindestens 70 cm), locker andrücken
5. Erde aus seitlich lagerndem Aushub einfüllen und nochmal alles rundherum andrücken; bis knapp unter das umgebende Niveau (Gießrand)
6. Pflanzschnitt: Halme etwa um ein Drittel einkürzen (gestuft vorgehen)
7. Wässern

Pflege: Im Frühjahr etwas organischen Dünger geben, Erde auflockern, regelmäßig und ausgiebig wässern; auch im Winter gießen, dann an frostfreien Tagen; Schnitt: Die einzelnen Halme komplett entnehmen, nicht einkürzen.

Ähnlich opulent im Wuchs wie Bambus, aber nicht näher mit ihm verwandt: Pampasgras, Chinaschilf.

**INFO**

Schwierigkeit: leicht

Zeitbedarf: 1 Tag

Material: Bambuspflanzen nach Bedarf (Pflanzgröße: 80-100 cm; Bedarf 1 bis maximal 2 Pflanzen je Meter), optional Teichfolie (bei *Phyllostachys*-Sorten wichtig, Rollenware), frischer Komposterde

Werkzeug: Spaten und Schaufel, Schubkarre, Pflanzenschere oder Gartenmesser, Gießkanne oder Wasserschlauch; Arbeitskleidung und -schutz

Richtkosten: ab 40 Euro/Pflanze

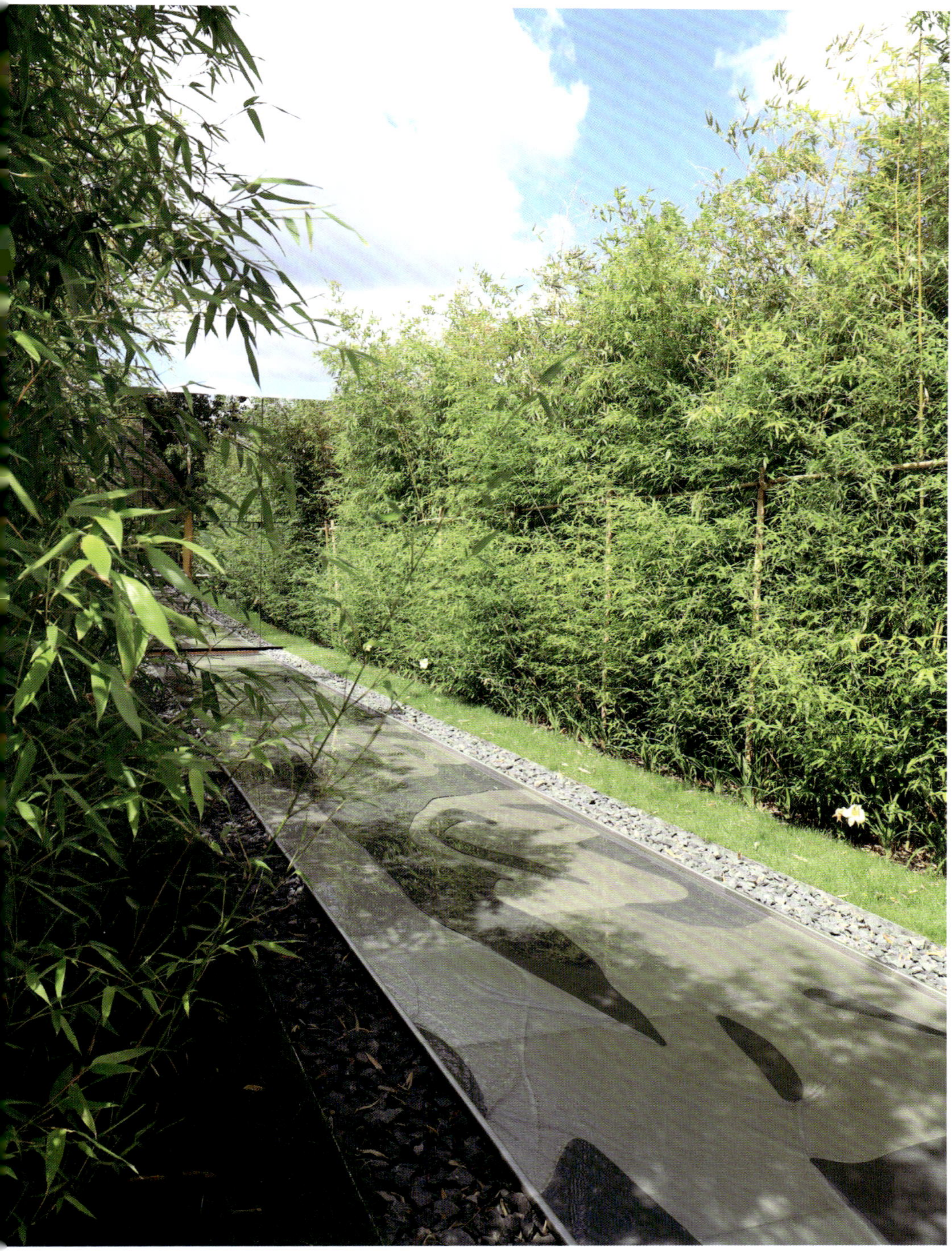

Ist genügend Platz, dann gerne wachsen lassen und mit einem Rahmen (Bambus!) stützen.

# SICHTSCHUTZ-PROJEKTE MIT HECKEN

## Einmal gepflanzt: auf lange Sicht blickdicht

Bei Hecken haben Sie den meisten Aufwand bei der Pflanzung, den regelmäßigen Schnitt können Sie schon etwas lässiger angehen. Maximal zweimal im Jahr schneiden genügt vollkommen, um die Wuchskraft zu bändigen, beziehungsweise in die richtige Form zu leiten. In trockenen Zeiten gießen nicht vergessen – et voilà, der perfekte Gartensichtschutz.

Laubholzhecke oder „Immergrüne Wand"? Das sollten Sie genau abwägen und bei – gelungenen wie auch weniger gelungenen – Beispielen aus der Nachbarschaft die Eignung für das eigene grüne Reich prüfen. Ihr Sichtschutz oder Schattenspender sollte dann grün und dicht sein, wenn Sie draußen leben – im Sommer und Hochsommer. Das ist neben der Anordnung (Staffelung, Höhe und Breite) das wichtigste Kriterium für die Auswahl der Pflanzen. Sommergrüne Laubholzhecken und Kletterpflanzen sind daher die richtige Wahl. Der Laubabfall bringt im Herbst und Winter genügend Licht in Ihren Garten und macht den Weg frei für den Rückschnitt. Besonders blickdicht (und zudem schön anzusehen) sind Hecken aus Rot-Buche (*Fagus sylvatica*), erstaunlich blütenstark ist ein Sichtschutz mit Waldreben (*Clematis*).

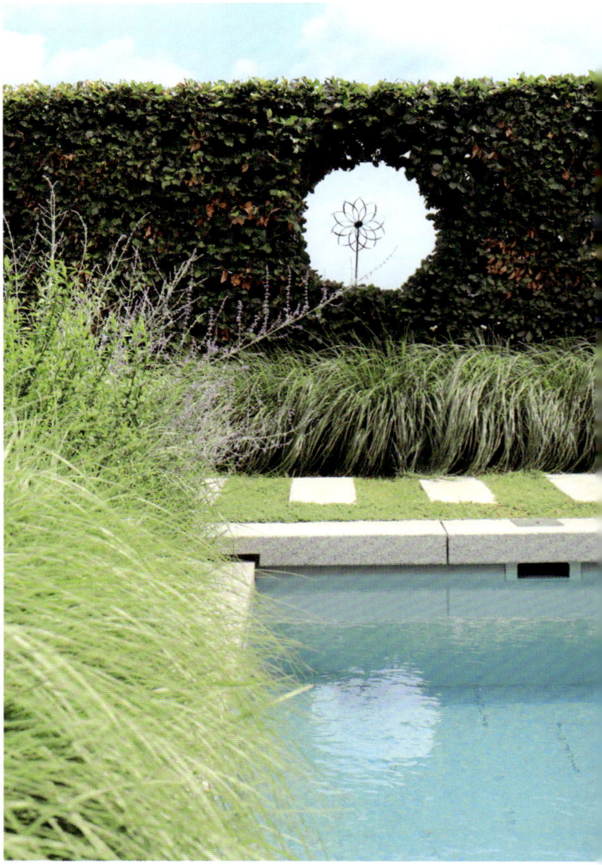

Der richtige Ausschnitt an der richtigen Stelle ist das i-Tüpfelchen. Mut zur Lücke ist gefragt!

TIPP

### SCHNITT HÄLT HECKEN FIT

Unabhängig von der Art muss die Schere ran. Nicht nur der Form wegen, sondern vor allem, um Luft in die Pflanze zu lassen, schwache und kranke Triebe zu entfernen und für kompakte Pflanzen zu sorgen. Im Sommer immer nach dem Johannistrieb (um den 24. Juni herum), ansonsten am besten im späten Herbst schneiden. Wenn Sie nur einmal schneiden (wollen), dann am besten im Frühjahr. Achten Sie beim Schneiden auf Vögel und ihre Nester!

Die Ausgestaltung des Gartens endet nicht bei rahmenden und abgrenzenden Hecken, vielmehr wirken sowohl die Hecken selbst als auch alles, was vor ihnen steht beziehungsweise davor gepflanzt wird. Man sollte die kulissenhafte Wirkung von Hecken aller Art nicht vernachlässigen! Der Schnitt (Konturen, Lücken) und die Anordnung (durchgehend, lückig, linearer oder horizontaler Versatz und Ähnliches) sind neben dem Heckentyp an sich (freiwachsend, Formschnitthecke) die wichtigsten Stellschrauben, um der Hecke eine markante Note zu geben. Gestalterisch interessant und ein probates Mittel, um (wegen Lichtmangel) verkahlte Stellen zu verbergen, sind schmale Saumpflanzungen, die einen attraktiven und fließenden Übergang zum Garten gewährleisten. Das kann sehr locker und natürlich, extrovertiert oder eher sachlich und formal gestaltet werden, muss sich aber immer nach den besonderen Licht- und Standortbedingungen richten.

Neben ausreichend guter Pflanzenqualität (mindestens 2 x verpflanzt; genügend vitale Triebe, gesundes Blattwerk, kompakter, gut feuchter Ballen; Baumschulware sticht Supermarktpflanzen immer aus) ist vor allem die Pflanzung selbst entscheidend dafür, ob die Hecke überhaupt grün und dicht wird.

**Hecken mit reizvollen Farbakzenten**

- Gelbe Mooszypresse (*Chamaecyparis pisifera* 'Plumosa'): markant gelbliche Nadeln
- Lorbeerkirsche (*Prunus laurocerasus*): großartige, weiße Frühjahrsblüte
- Feuerdorn (*Pyracantha*): gelb-orangefarbener Fruchtschmuck; sehr stachelig!
- Tatarische Heckenkirsche (*Lonicera tatarica*): weiß-rosa Blütenhecke mit natürlich-üppiger Aura
- Hainbuche (*Carpinus betulus*): unverwüstlicher Klassiker mit schönem Herbstgelb
- Rot-Buche (*Fagus sylvatica*): standfester Klassiker mit ganzjährig prächtigem Laub

## PROJEKT: KLASSISCHE LAUBGEHÖLZHECKE | HÖHE 1,50 BIS 1,80 M, LÄNGE 5 M

Keine Frage, eine (ausgewachsene) Hecke ist ein wahrer Lärm-, Staub- und Sichtschutz, und je nach Pflanzenart zudem ein echter Blickfang. Bis die einzelnen Pflanzen zu einer stattlichen Hecke gewachsen sind, müssen Sie sich allerdings ein paar Jahre gedulden, dann aber haben Sie quasi immerwährenden Sichtschutz. Geben Sie Ihrer Hecke vier, fünf Jahre Zeit, um in Ruhe groß und dicht zu werden.

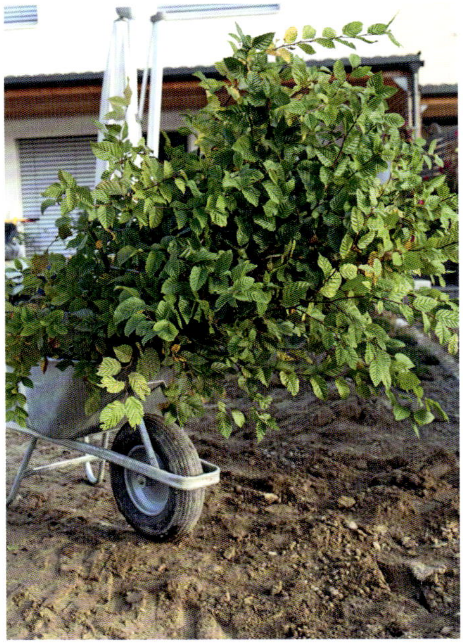

Die gebündelte Pflanzenware sollte so schnell wie möglich verpflanzt werden.

**Arbeitsschritte**

1. Lage und Flucht festlegen
2. Für Hecken immer gleich einen durchgehenden Graben (40 cm tief) ausheben und Aushub direkt daneben platzieren; geht in der Abwicklung schneller von der Hand als Einzellöcher; Pflanzloch stets etwa doppelt so tief, wie der Ballen groß ist
3. Heckenpflanzen gut einwässern (am besten in Kübel oder Wanne stellen)
4. Grabensohle gut lockern und etwas Kies und sandige, nährstoffreiche Erde einfüllen
5. Ballen der Pflanzen mit Messer reihum aufschlitzen und Feinwurzeln freilegen, das erleichtert das wichtige Einwurzeln)
6. Pflanzen einsetzen (3 bis 4 pro Lfm., etwa so hoch wie Ballenoberseite)
7. Erde bis zur Hälfte einfüllen und rundum gut andrücken
8. Bis zur Oberkante Ballen mit Erde befüllen
9. Wenn notwendig, die Jungpflanzen mit einem Stab fixieren
10. Alles richtig einwässern und für die kommenden 14 Tage gut feucht halten, um das entscheidende Einwurzeln zu sichern; ein Gießring erleichtert die Wasserhaltung
11. Der Profi gibt den Pflanzen noch einen Pflanzschnitt (Einkürzen der Triebe um etwa ein Drittel); das reduziert die Pflanzenmasse (und dadurch die Verdunstung) und regt zur Wurzel- und Triebneubildung an
12. Bei Frühjahrspflanzung frischen Kompost oder Hornspäne beimischen

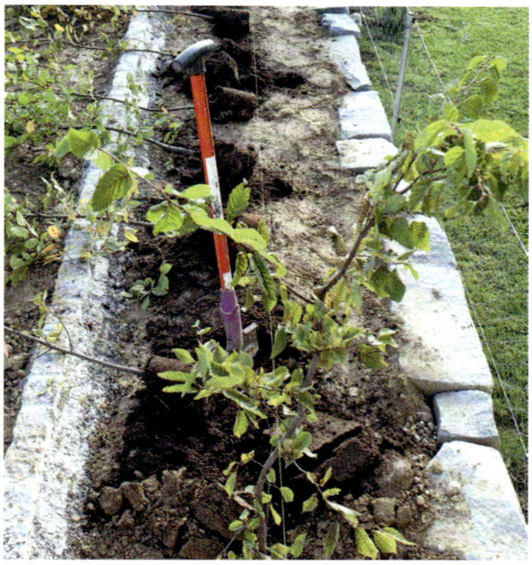

Flucht abstecken, Pflanzlöcher ausheben, Substrat lockern und dann sukzessive einpflanzen.

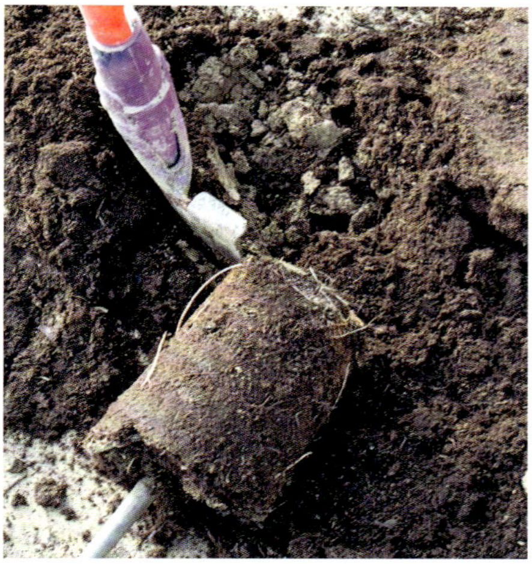

Die Wurzelballen vorm Einpflanzen „öffnen" und generell den Boden auflockern.

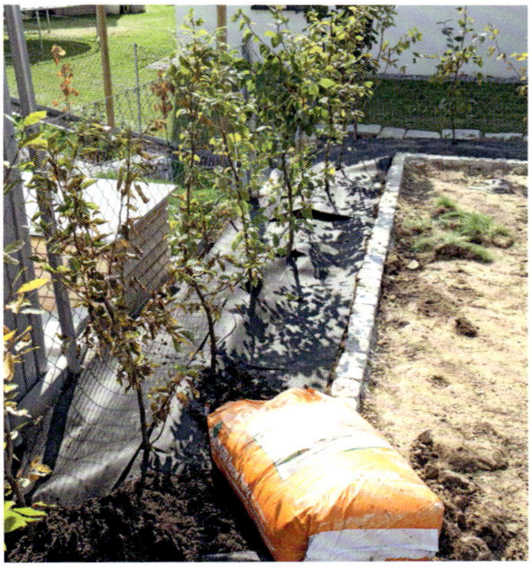

Ein passgenau eingeschnittenes Vlies ist nicht Pflicht, hält aber lästige Unkräuter fern.

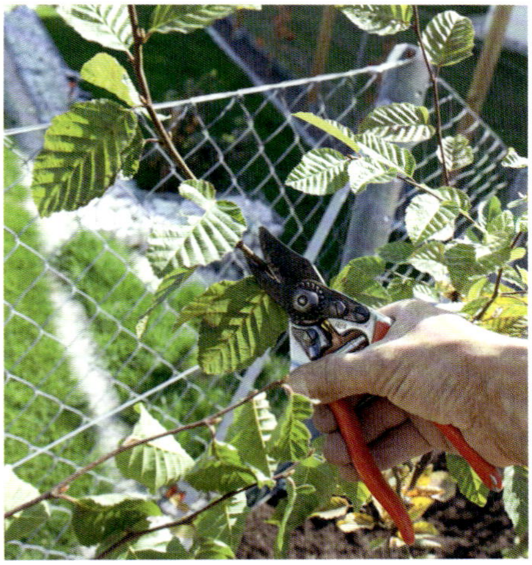

Direkt nach der Pflanzung werden die Triebe um etwa ein Drittel eingekürzt (Pflanzschnitt).

**INFO**

Schwierigkeit: leicht, aber körperlicher Einsatz notwendig

Zeitbedarf: 1 Tag

Material: Heckenpflanzen nach Wahl (Empfehlung: Hainbuche, Rot-Buche oder Kornelkirsche; Größe: 100-125 oder 125-150 cm), etwas Sand oder Kies, Dünger (frischer Kompost oder Hornspäne)

Werkzeug: Spaten und Schaufel, Schubkarre, Gartenschere/Messer, eventuell Holz- oder Bambusstäbe mit Strick zum Fixieren, Gießkanne oder Wasserschlauch; Arbeitskleidung und -schutz

Richtkosten: 100 Euro für 5 Lfm. Hecke bei einreihiger Pflanzung

# SICHTSCHUTZ-PROJEKTE ALS KREATIVE RESTEVERWERTUNG

## Anders geht immer. So zum Beispiel!

Alles immer so machen, wie man es eben so macht: Das ist auf Dauer oft langweilig, vor allem aber auch eine Typfrage. Im Garten stellt sich auch die Frage nach der Gestaltung und schließlich nach den Kosten. Weil es aber für fast alles eine Lösung gibt, gibt es sie natürlich auch für „die anderen" Sichtschutz-Projekte.

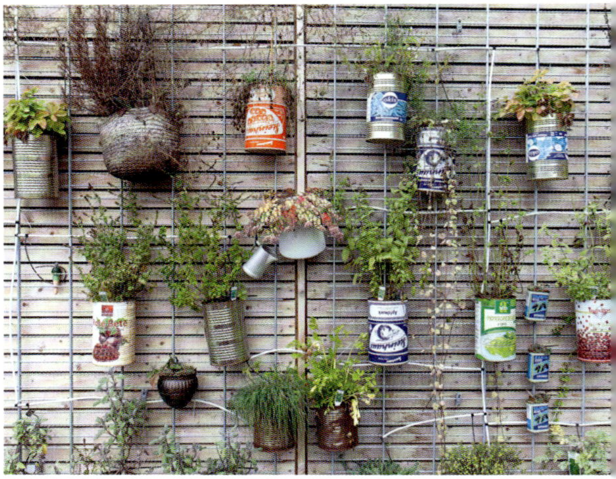

So geht es eben auch! Keine Frage, dieser multifunktionelle Wandvorhang wirkt.

Anders geht es immer! Natürlich müssen Sie die Fantasie haben, auf etwas Anderes zu kommen, und den Mut, nicht die ausgetretenen Pfade zu begehen. Ausgefallene und zuweilen kostengünstige Sichtschutzzäune lassen sich aus ausrangierten Paletten, Holzbohlen (denken Sie an Holzbuhnen an Gewässern), Bahnschwellen, diversen Baumaterialresten (Fensterrahmen, Mauerbruch und Ähnlichem), Metallgittern und -platten und auch mit (farbigen, transluzenten) Kunststoffelementen (Acrylglas) errichten. Wenn Sie noch eins draufsetzen wollen, dann binden Sie einfach die Natur für Ihre Zwecke ein – Stichwort einjährige Kletterpflanzen (siehe S. 51 und 113).

## PROJEKT: PALETTEN-WAND
## DAS LÄSSIGE MULTITALENT

Der superpraktische Trendsetter eignet sich natürlich auch ganz hervorragend für eine voll funktionsfähige Sichtschutzwand. Alles, was Sie brauchen: ein paar Europaletten in gutem Zustand und ein paar Zutaten aus dem Baumarkt. Günstige und gut erhaltene Paletten gibt es entweder im Internet oder bei Palettenhändlern Ihrer Region. Neuware (meist recht teuer) bekommt man auch im Bau- oder Gartenmarkt.

### Arbeitsschritte

1. Vorab: Holzschutzfarbe auf Paletten und Pfosten auftragen
2. Löcher für rückseitige Pfosten ausheben; Stützenschuhe einschlagen oder einbetonieren (siehe S. 62/63)
3. Pfosten setzen (Abstand etwa 60 bis 70 cm) und fest verschrauben
4. Paletten dazwischen aufstapeln; 2 Europaletten in Querlage ergeben 1,60 m Höhe bei 2,40 m Breite.
5. Paletten fest an den Pfosten und gegebenenfalls untereinander verschrauben oder vernageln
6. Pfostenlänge anpassen (absägen)
7. Optional: Paletten farbig anstreichen, Pflanzgefäße anhängen oder die Wand verkleiden (Mattenzaun, Bretter, Spiegelglas, farbige Acrylglasscheiben oder Ähnliches)

**INFO**

Schwierigkeit: mittel, aber körperlicher Einsatz oder helfende Hände notwendig

Zeitbedarf: 2 Tage ohne Materialbeschaffung

Material: Paletten nach Wahl (Europaletten, Einwegpalette), Pfosten (9 cm Durchmesser, Kiefer, kesseldruckimprägniert, Länge etwa 210 cm) passend zu den Paletten (müssen durch die Hohlräume der Paletten passen)

Werkzeug: Spaten und Schaufel, Werkzeugkasten, Vorschlaghammer, Säge, Holzschutzfarbe, Pinsel; Arbeitskleidung und -schutz

Richtkosten: ab 25 Euro/Palette (größen- und qualitätsabhängig); für Pfosten, Farbe, Schrauben und anderes noch mindestens 75 Euro einplanen

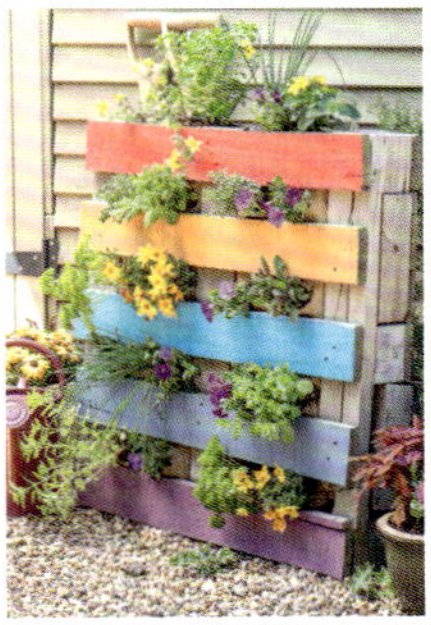

Es braucht nicht viele Handgriffe für diesen farbenfrohen, vertikalen Kräutergarten.

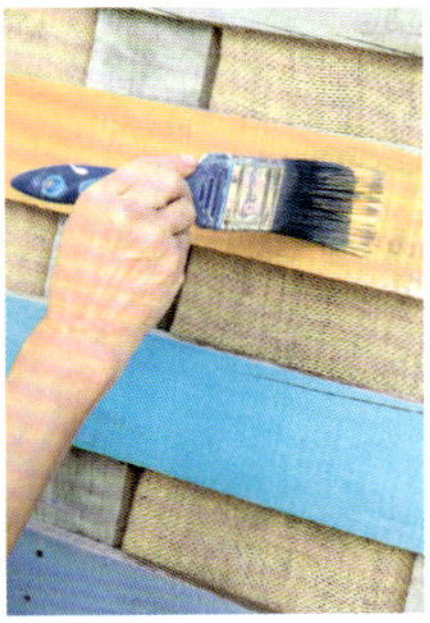

Das Innenleben wird mit Pflanzsäcken gefüllt, das Äußere bekommt frische Farbe.

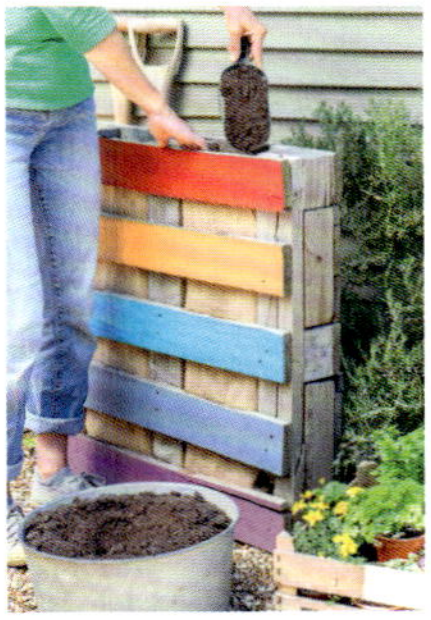

Dränfähiges, nahrhaftes Substrat locker einfüllen und Befestigung der Säcke prüfen.

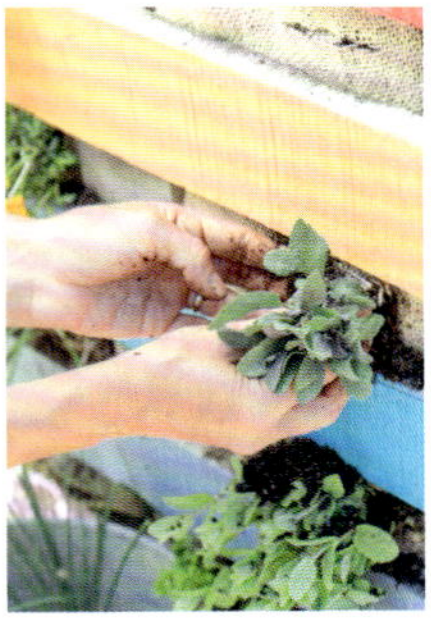

Mit scharfem Messer Schlitze in die Säcke ritzen und Pflanzen vorsichtig einsetzen.

## Perfekt unperfekt – einfach genial

Geringe Kosten – großartiges Aussehen: Dieses geniale Prinzip erfordert vor allem Kreativität und Improvisationsvermögen. Denn so schön die gefundenen, geschenkten und übrig geblieben Schätze auch sind, meist reicht es nicht, um alles wie gewünscht umzusetzen. Halb so wild: unperfekt hat sowieso mehr Charme!

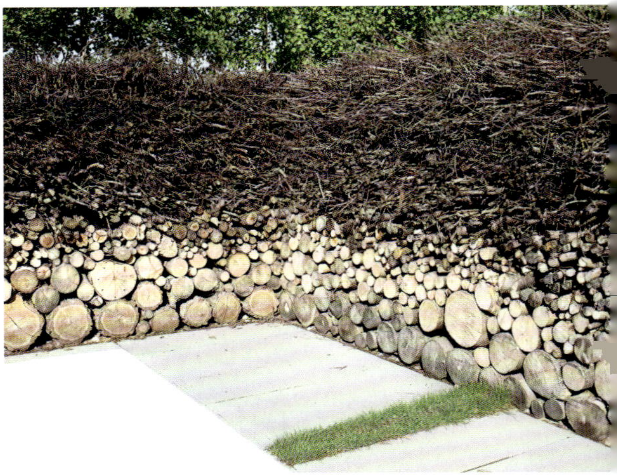

Einst ein kompletter Baum, nun ein imposanter und attraktiver Sichtschutzwall

Paletten, Holztüren, Bahnschwellen, Stahlplatten – aus Scheunenfunden, vom Flohmarkt und Schrottplatz oder aus der Internetauktion: Das sind wahre Schätze, die aber auch eingebaut oder verbaut werden müssen, nachdem man sie ergattert hat. Dabei gilt wie bei allen anderen Sichtschutzvarianten: „felsenfest und bombensicher" muss es sein. So kreativ witzig die jeweiligen Eigenkreationen auch sein mögen, Unfallgefahren dürfen sie nicht darstellen, und der Windlast und einer gewissen Temperaturdynamik sollten sie auch standhalten. Verwenden Sie nur Material ohne sicherheitsrelevante Beschädigungen – kein brüchiges Glas, Holz mit Pilzbefall und sonstigen stärkeren Schäden aufgrund zu hoher Feuchtigkeit, Metall mit Rost an statisch wichtigen Stellen, scharfkantigen Abplatzungen, großflächigen Aufsplitterungen, und Ähnlichem.

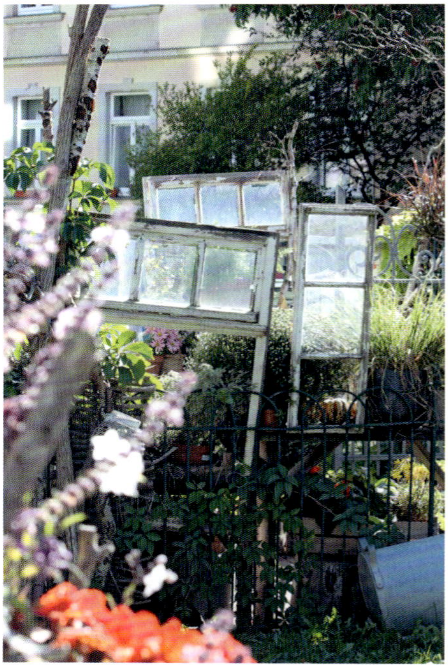

Ein paar alte Fenster, Dekoallerlei und Pflanzen, mehr braucht es manchmal nicht.

**Sichtschutz-Projekt-Ideen aus der Abteilung „Kreativ und einfach genial"**

- Zaun aus vertikal aufgestellten Skibrettern; erste Wahl für Wintersportfanatiker
- Zaun aus Holztüren und Fensterläden; ausgediente Exemplare lassen sich bei Antik-Trödel-Händlern en masse aufstöbern
- Totholz-Zaun; wächst mit jedem Spaziergang
- Reste-Zaun; alles was woanders nicht mehr zum Zug kam
- Aufgereihte oder -getürmte Schwemmhölzer
- Stapel aus alten Kisten (Obst-, Wein- oder andere)
- Unverwüstliche Kreativ-Klassiker: alte Bahnschwellen
- Bepflanzte Regale oder Werkzeugschränke (Kommoden)
- Eingegrabene Holzleiter als Rankhilfe oder mit angehängten Blumentöpfen; Klappleiter mit Holzbrettern und Blumentöpfen
- Aufgetürmte und begrünte Rasengittersteine
- Zaun aus alten Holzpfählen im Buhnen-Look
- Baumscheiben-Wand; entweder aneinandergeschraubt oder zwischen zwei Baustahlmatten eingeklemmt
- Stapel aus verschieden großen Rundhölzern
- Sichtschutz aus oder mit alten Baustahlmatten; entweder mit Beton- oder Natursteinsäulen oder rustikalen Holzbalken als Stütze
- An einer Pergola hängende, bepflanzte (halbe) Regenrinnen; gern auch mit mehreren Etagen
- Rustikale Ziegelmauer im Ruinenstil
- Zaun aus alten Rohren; im Boden eingebaut, dann aus jedem wetterfesten Material denkbar; hängend wegen des Gewichts nur Alu- oder Kunststoffrohre verwenden
- Trapez- oder Wellblechzaun; farbig besonders cool

TIPP

**JEDES FUNDSTÜCK ZÄHLT**

Wenn man einmal auf den Modus „kreative Resteverwertung" getrimmt ist, lässt sich mit jedem Fundstück etwas anfangen: Bruchsteine für Steinschüttungen oder Dekomauern, alte Ziegel oder Klinker für rustikale Mauern, Fliesenbruch für farbenfrohe Mosaike, Holzbretter für vertikale Statements, alte Metalplatten als Verblender, alte Obst- oder Weinkisten als praktisches Regal. In der Gestaltungsdisziplin kreativer Schichtschutz gibt es für alles einen passenden Einbauort.

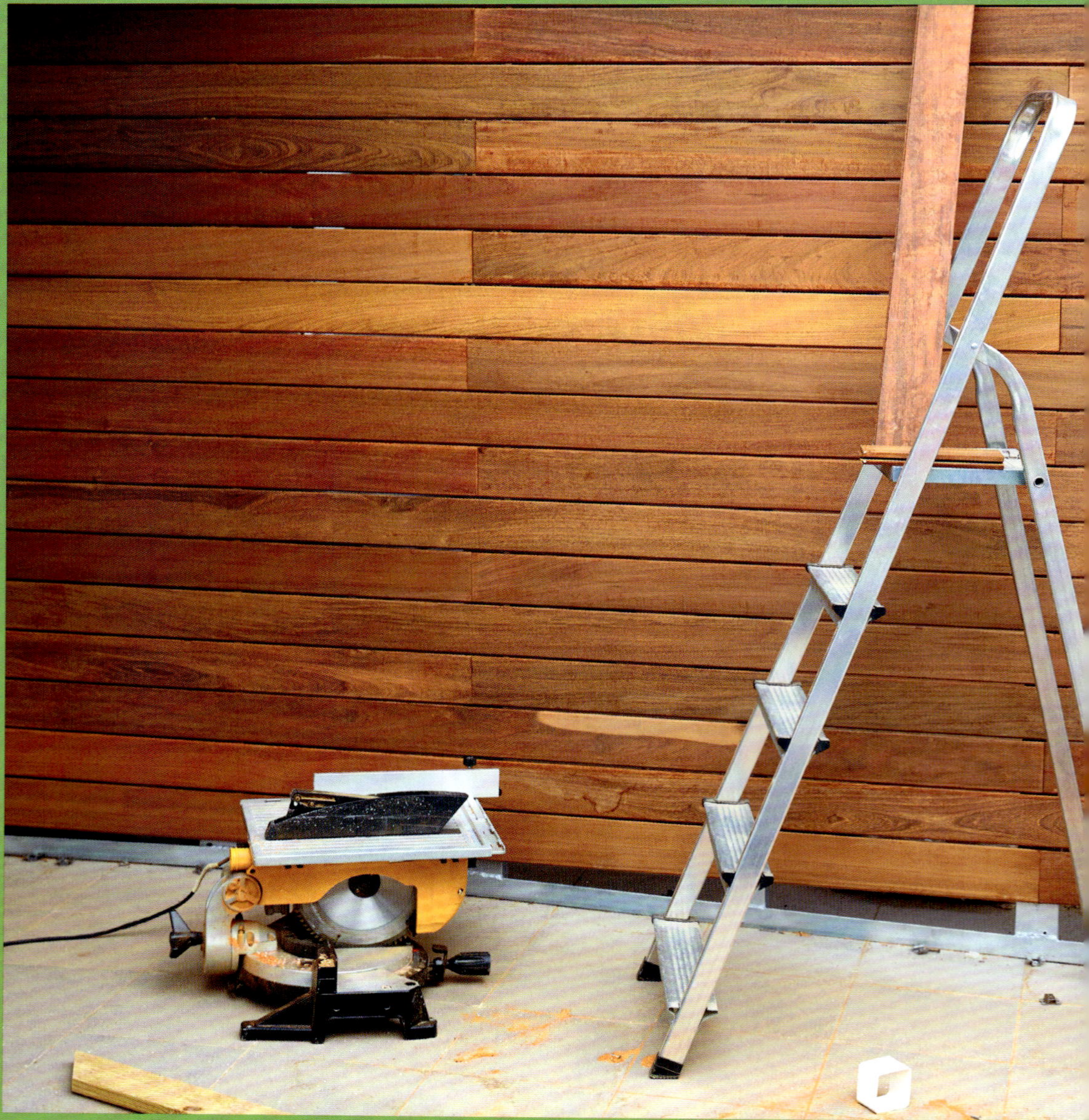

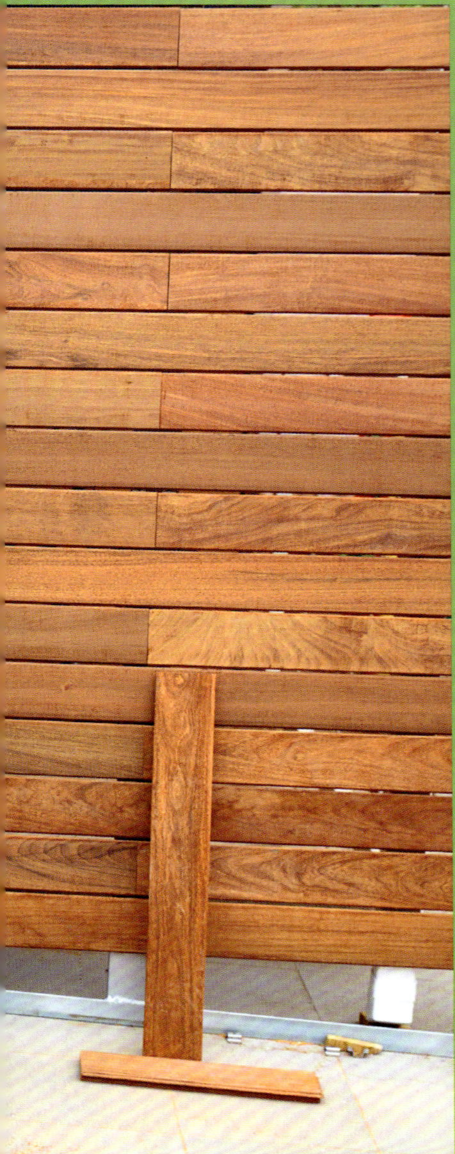

# Service

Dieses Buch kann, trotz größtmöglicher inhaltlicher Bandbreite und konzeptioneller Vielfalt, nur einen Überblick über die zentralen Sichtschutzfragen geben. Es lohnt sich jedoch immer, über den eigenen Gartenzaun zu blicken und auf dem aktuellen Stand zu bleiben. Deshalb finden Sie im Folgenden interessante Empfehlungen sowie weiterführende Informationen für Ihr eigenes Sichtschutz-Projekt.

# BEZUGSQUELLEN, INSPIRATION UND ZUSATZWISSEN

## Schneller und direkter zum Ziel

### Bezugsquellen | Alles, was Sie benötigen

#### Pflanzen, Pflanzen, Pflanzen

*Baumschule Horstmann*
www.baumschule-horstmann.de

*Baumschule New Garden*
www.baumschule-newgarden.de

*Bingenheimer Saatgut*
www.bingenheimersaatgut.de

*Die Staudengärtnerei*
www.die-staudengaertnerei.de

*Durchgeblüht*
www.durchgeblueht.de

*Foerster Stauden*
www.foerster-stauden.de

*Frikarti Stauden*
www.frikarti.ch

*Mobilane*
www.mobilane.com

*Pflanzen Janssen*
www.heckenpflanzen.de

*Sarastro-Stauden*
www.sarastro-stauden.com

*Staudengärtnerei Gaißmayer*
www.gaissmayer.de

*Staudengärtnerei Kirschenlohr*
www.stauden-kirschenlohr.de

*Staudenkulturen Stade*
www.stauden-stade.de

*Staudenring*
www.staudenring.com

*Thelen Pflanzenhandel*
www.fertigheckenversand.de

#### Gartenbedarf von A-Z

*Baldur-Garten*
www.baldur-garten.de

*Dehner*
www.dehner.de

*Garten im Quadrat*
www.garten-im-quadrat.de

*Gartenzauber*
www.gartenzauber.com

*Gärtner Pötschke*
www.poetschke.de

*Greenbob*
www.greenbob.de

*Greenlabshop*
www.greenlabshop.de

*Manufactum*
www.manufactum.de

*Mein Gartenversand*
www.meingartenversand.de

*Olerum*
www.olerum.de

*Pflanzen-Kölle*
www.pflanzen-koelle.de

## Sichtschutzelemente und Ähnliches

*Bambus Conbam*
www.bambushandel-conbam.de

*Bambus Discount*
www.bambus-discount.com

*Bellagarda Natursteinfachmarkt*
www.bellagarda.de

*Biohort*
www.biohort.de

*Complexma*
www.complexma.de

*Gadero*
www.gadero.de

*Gartenbunt*
www.gartenbunt.de

*Gartenzaun 24*
www.gartenzaun24.de

*Mein Zaunshop*
www.mein-zaunshop.de

*Ombra*
www.wieland-schiers.ch

*Planeo*
www.planeo.de

*PLUS*
www.plus.dk

*Sichtschutz Shop*
www.sichtschutz-shop.de

*Sichtschutzwelt*
www.sichtschutz-welt.de

## Steine aller Couleur

*Betonstein*
www.betonstein.org

*Birkenmeier Stein + Design*
www.birkenmeier.de

*Braun Steine*
www.braun-steine.de

*Franken Schotter*
www.Franken-schotter.com

*MC Stone*
www.mc-stone.de

*Natursteinkontor Allagen*
www.natursteine-online-kaufen.de

*Natursteinonline.de*
www.natursteinonline.de

*Natursteinpark*
www.natursteinpark.de

*Natursteinwerk Theuma*
www.natursteinwerk-theuma.de

*Rumberg Natursteinhandel*
www.steinhandel24.de

*Sächsische Sandsteinwerke*
www.sandstein.de

*Steinzeit*
www.steinzeit.de

*Stolz Granithandel*
www.stolz-granithandel.de

*Traco Deutsche Travertin Werke*
www.traco.de

**Klasse Glas!**

*Glasprofi 24*
www.glasprofi24.de

*VITRAGO Glasdesign*
www.zaun-aus-glas.de

**Gut Holz!**

*Holzland*
www.holzland.de

*Holzprofi 24*
www.holzprofi24.de

*Thermoholz Deutschland*
www.thermoholz-deutschland.de

*Zimmerei Weisenfeld*
www.holz-westerwald.de

**Heavy Metall**

*Die Metallprofis*
www.lochbleche4you.de

*Gartenmetall*
www.gartenmetall.de

*Mecondo*
www.mecondo.de

*Metallbau Onlineshop*
www.metallbau-onlineshop.de

*Metallmichl*
www.metallmichl.de

**Sonnensegel und Outdoor-Stoff**

*Glatz AG*
www.glatz.ch

*Moondream*
www.moondreamwebstore.de

*Outdoor-Vorhang*
www.vorhang123.at

*Raumtextilienshop*
www.raumtextilienshop.de

*Schirmfritzen*
www.schirmfritzen.de

*Solarprotect*
www.solarprotect.de

*Sunnysail*
www.sunnysail.de

*Warema*
www.warema.de

**Kletterhilfen vom Profi**

*Brandmeier*
www.brandmeier.de

*Fassadengrün*
www.fassadengruen.de

**Pflanztaschen und -säcke für 3D-Grün**

*Bloomling*
www.bloomling.de

*Lionshome*
www.lionshome.de

*Urban Kraut*
www.urban-kraut.de

**Lohnt sich immer**

*Ebay*
www.ebay.de
www.ebay-kleinanzeigen.de

*Lokal und regional*
Holzbauer, Metallbaubetriebe, Garten-/Baumärkte (Dehner, OBI, Hornbach, Bauhaus, Toom, Hagebau), Baustoffhändler sowie Garten- und Landschaftsbaubetriebe Ihrer Region

## Inspiration | Fachbücher, Magazine und Blogs

**Bücher**

Frank M. von Berger: *New German Style.* Verlag Eugen Ulmer 2016

Bärbel Faschingbauer: *Sichtschutz: Ideen für Garten, Balkon und Terrasse.* BLV 2014

Bernd Hertle: *Mit Gräsern gestalten.* Gräfe und Unzer Verlag 2013

Ian Hodgson: *Gartendesign.* Callwey 2015

Matt James: *Gestalten mit Pflanzen.* Callwey 2016

Marion Lagoda: *Sichtschutz und Raumteiler.* Becker Joest Volk Verlag 2017

Torsten Matschiess: *Avantgardening.* Verlag Eugen Ulmer Verlag 2017

Wolf Meyer-Ricks, Andres Christine: *Zäune, Tore und Gabionen im Garten- und Landschaftsbau: Planen – Gestalten – Ausführen.* Verlag Eugen Ulmer 2019

Wolfgang Milan, Andrea Weber: *Zäune aus Holz: Alte Vorbilder – Neue Formen.*

Leopold Stocker Verlag 2018

Tanja Minardo: *Design für pflegeleichte Gärten*. Becker Joest Volk Verlag 2012

Petra Reidel: *Moderne Gartenkonzepte*. Becker Joest Volk Verlag 2015

Manuel Sauer: *Junges Gartendesign Terrassen und Sitzplätze*. Becker Joest Volk Verlag 2017

Manuel Sauer: *Sichtschutz im Garten. Das große Ideenbuch*. Becker Joest Volk Verlag 2011

Michelle Slatala: *Gardenista*. Christian Verlag 2018

Martin Staffler: *Sichtschutz für den Garten*. Franckh Kosmos Verlag 2015

Ulrich Timm: *Modernes Gartendesign*. Becker Joest Volk Verlag 2013

Lars Weigelt: *Gartenideen*. Becker Joest Volk Verlag 2016

Lars Weigelt: *Ideenbuch Gartengestaltung*. Verlag Eugen Ulmer 2018

Lars Weigelt: *Designgärten für kleine Budgets*. Becker Joest Volk Verlag 2017

Peter Wirth (Hrsg.): *Der große Gartenplaner*. Verlag Eugen Verlag 2019

## Gartenmagazine und -blogs

*Das wilde Gartenblog*
www.das-wilde-gartenblog.de

*Dega-Galabau*
www.dega-galabau.de
*Der kleine Horrorgarten*
www.der-kleine-horror-garten.de

*Gardenista*
www.gardenista.com (in Englisch)
*Gardify*
www.gardify.de

*Garten + Landschaft*
www.garten-landschaft.de

*Garten Fräulein*
www.garten-fraeulein.de

*GÄRTEN*
www.gaerten-magazin.net

*Gartendesign Inspiration*
www.GD-Inspiration.de

*GartenFlora*
www.gartenflora.de

*Mein schöner Garten*
www.mein-schoener-garten.de

*Mein Traumgarten*
www.mein-traumgarten.de

*Parzelle 94*
www.parzelle94.de

*smarticular*
www.smarticular.net

*Taspo*
www.taspo.de

# BILDQUELLEN

Alle Fotos stammen von Lars Weigelt, außer:
André Hellberg: S. 83 rechts
Biegert GmbH, Leingarten: S. 80/81
Brilliant Eye/ Shutterstock.com: S. 87 unten
Carmen Hauser/Shutterstock.com: S. 115
chanthavisouk kommameuang/Shutterstock.com: S. 120 unten
Flora Press/A. F. Endress: S. 101 links und rechts
Flora Press/FocusOnGarden/ Jürgen Becker: S. 104 oben
Flora Press/FocusOnGarden/ Volker Michael: S. 37, 103
Flora Press/Tomek Ciesielski: S. 78
Flora Press/Ute Klaphake: S. 4/5, 79 (beide)
Flora Press/Visions: S. 122
Friedrich Strauss Gartenbildagentur / Strauss, Friedrich: S. 99, 100
GALANET-Bilderpool (www.galanet.org): S. 24, 87 oben
GAP Photos: S. 106, 107, 131 (alle)
GAP Photos/J S Sira - The Burgon and Ball 5-a-day Garden.Hampton Court Flower show 2011Design: Heather Culpan and Nicola R: S. 118
GAP Photos/Michael Howes: S. 121
gartenfoto.eu/Martin Staffler: Titelfoto, S. 34 Mitte unten und unten, 46, 50 unten, 68, 93, 109, 112/113, 117, 120 oben, 130
Glasprofi24: S. 92
Hocke, Garten- und Landschaftsbau, Klingelbach: S. 44 unten
Hoklartherm GmbH: S. 12
hydebrink/ Shutterstock.com: S. 104 unten
Julius Images/Wolfgang Redeleit: S. 105
Koeber Landschaftsarchitektur GmbH: S. 83 links
Konrad Weiss/ Shutterstock.com: S. 29 unten
Love Silhouette/Shutterstock.com: vordere Klappe innen (Arbeitsschutzkleidung)
lunamarina/ Shutterstock.com: S. 134/135
Mandy Uhlemann, Dresden: hintere Klappe außen
mauritius images: S. 47 unten, 123
Mygate/Shutterstock.com: vordere Klappe innen (Werkzeugkasten)
Nils Reinhard: S. 40
Rüdiger Schemm IZB: S. 82
Sasin Paraksa/ Shutterstock.com: S. 52
Seydell, Garten- und Landschaftsbau GmbH, Karlsruhe: hintere Klappe innen (gerahmte Holzstapel), S. 8 oben, 10 oben, 20, 22 unten, 56
Sugarless/Shutterstock.com: S. 58
tawin bunkoed/Shutterstock.com: S. 75
VITRAGO Glasdesign GmbH: S. 94/95, 96 (alle), 97
Wendebourg, Tjards: vordere Klappe innen (alle außer Werkzeugkasten und Arbeitsschutzkleidung)
Wildigarten, Garten- und Landschaftsbau, Villingen-Schwenningen: S. 16, 23, 27 unten, 33, 34 oben, 38 unten, 42, 48 Mitte unten, 60 unten, 70 oben, 76 oben, 110
www.fassadengruen.de: S. 111
www.gartenfoto.at: hintere Klappe innen (Hecke, Holzlamellenzaun), S. 8 unten, 34 Mitte oben, 54/55, 60 oben, 62 (alle), 66, 70 unten, 71, 72, 76 unten, 77 (beide), 84 unten, 86, 88, 89 (alle), 91 (alle), 128, 129 (alle), 132 oben

# REGISTER

# IMPRESSUM

Die in diesem Buch enthaltenen Empfehlungen und Angaben sind vom Autor mit größter Sorgfalt zusammengestellt und geprüft worden. Eine Garantie für die Richtigkeit der Angaben kann aber nicht gegeben werden. Autor und Verlag übernehmen keine Haftung für Schäden und Unfälle. Bitte setzen Sie bei der Anwendung der in diesem Buch enthaltenen Empfehlungen Ihr persönliches Urteilsvermögen ein.

Der Verlag Eugen Ulmer ist nicht verantwortlich für die Inhalte der im Buch genannten Websites.

**Anmerkung zur Schreibweise (Gendering) der weiblichen, männlichen und unbestimmten Form:** Ausschließlich aufgrund der deutlich besseren Lesbarkeit wird in diesem Werk auf die jeweilige Mehrfachnennung oder Anpassung der Schreibweise bestimmter Bezeichnungen verzichtet.

**Bibliografische Information der Deutschen Nationalbibliothek**
Die Deutsche Nationalbibliothek verzeichnet diese Publikation in der Deutschen Nationalbibliografie; detaillierte bibliografische Daten sind im Internet über http://dnb.d-nb.de abrufbar.


Wollgrasweg 41
70599 Stuttgart (Hohenheim)
E-Mail: info@ulmer.de
Internet: www.ulmer.de
Projektleitung: Carolin Witte
Konzept: Folko Kullmann
Lektorat: Michael Auwers
Herstellung: Katharina Merz
Umschlaggestaltung: red.sign, Stuttgart: Anette Vogt
Satz: Marion Schreiber, www.marionschreiber.de
Reproduktion: time:ray, Jettingen
Druck und Bindung: Westermann Druck, Zwickau
Printed in Germany

**ISBN 978-3-8186-1275-7**